秦汉英雄气运

王子今 著

山西出版传媒集团
北岳文艺出版社
·太原

图书在版编目(CIP)数据

秦汉英雄气运/王子今著.—太原:北岳文艺出版社,2022.1
ISBN 978-7-5378-6490-9

Ⅰ.①秦… Ⅱ.①王… Ⅲ.①历史人物—生平事迹—中国—秦汉时代—通俗读物 Ⅳ.①K820.3-49

中国版本图书馆CIP数据核字(2021)第249589号

秦汉英雄气运

王子今 著

//

出 品 人
郭文礼

选题策划
韩玉峰

责任编辑
韩玉峰

书籍设计
张永文

印装监制
郭 勇

出版发行:山西出版传媒集团·北岳文艺出版社
地址:山西省太原市并州南路57号
邮编:030012
电话:0351-5628696(发行部)　0351-5628688(总编室)
传真:0351-5628680
印刷装订:山西人民印刷有限责任公司

开本:787 mm×1092mm　1/16
字数:300千字　印张:22.75
版次:2022年1月第1版
印次:2022年1月山西第1次印刷
书号:ISBN 978-7-5378-6490-9
定价:68.00元

本书版权为本社独家所有,未经本社同意不得转载、摘编或复制

目录

引言 / 001

秦史考察的意义 / 001
秦文化的实用风格 / 012
秦"力士"与秦文化的"尚力"倾向 / 018
秦始皇"天下一统"的历史新识 / 039
秦"抑商"辨疑：从商君时代到始皇帝时代 / 044
再议"焚坑" / 052
里耶发现：秦史认识的新视窗 / 061
迁陵"邮人"的历史足音 / 066
秦始皇帝的海洋意识 / 071
秦汉宫苑的"海池" / 077
《史记》的海洋视角 / 086
关于"刘项不读书" / 092
英雄歌哭：太史公笔下刘项的心思和表情 / 099
《汉书》的海洋纪事 / 104
汉代的"海人" / 118
汉武帝与汉武帝时代 / 129

汉武帝的人才意识与人才政策 / 140

北边"群鹤"与泰畤"光景":汉武帝后元元年故事 / 147

长安:西汉经学的"天府" / 156

东方朔言"海上""仙人" / 169

张骞"凿空"事业 / 186

合浦的海气珠光 / 194

究天人之际,通古今之变 / 207

史家的"童心":《史记》阅读体验 / 210

"好会":《史记》记述的和平外交 / 216

司马迁的行旅 / 228

楚风与海气:汉史考察视野中的楚文化 / 241

海昏侯墓发掘的意义 / 256

丝绸贸易史视角的汉匈关系考察 / 265

战国秦汉政论的"美善" / 274

称谓研究与秦汉社会文化的新认识 / 280

秦汉时期的生态环境 / 287

秦汉史研究理论认识散谈 / 292

说唐诗"苏武"咏唱 / 300

吕思勉和吕著《秦汉史》 / 317

星崇拜与"救星"意识的发生 / 331

鲁迅读汉画 / 346

后记 / 351

引 言

　　《晋书》卷八四《刘牢之传》记载，桓玄派遣何穆说刘牢之，有一段论功臣命运的名言，其中说到"乱世""英雄"："自古乱世君臣相信者有燕昭乐毅、玄德孔明，然皆勋业未卒而二主早世，设使功成事遂，未保二臣之祸也。鄙语有之：'高鸟尽，良弓藏。狡兔殚，猎犬烹。'故文种诛于句践，韩白戮于秦汉。彼皆英雄霸王之主，犹不敢信其功臣，况凶愚凡庸之流乎。自开辟以来，戴震主之威，挟不赏之功，以见容于暗世者而谁？至如管仲相齐，雍齿侯汉，则往往有之，况君见与无射钩屡逼之仇邪。今君战败则倾宗，战胜亦覆族，欲以安归乎？孰若翻然改图，保其富贵，则身与金石等固，名与天壤无穷，孰与头足异处，身名俱灭，为天下笑哉。惟君图之。"

　　发表这篇论说的人，当然是从传统史观出发，首先以军事政治业绩论"英雄"，而我们知道，创造历史的"英雄"事业，本来自有普通百姓如农人、兵士、商贾，甚至妇女儿童们的贡献在内。何穆所谓"乱世君臣"，从"燕昭乐毅"到"玄德孔明"，前者处于秦人奠基帝业的时代，后者处于汉末王朝衰微的时代。可以说，他总结的"英雄霸王"时代的历史体会，是关心秦汉史的朋友们所熟悉的。另一位对历史心存特别的关注，也有特别的见解的政治家毛泽东，在青年时代表露的历史感想中，也曾涉及秦汉历史。他在《〈伦理学原理〉批注》中谈到读史的个人情趣倾向。毛泽东写道："吾人揽〈览〉史，恒赞叹战国之时，刘项相争之时，汉武与匈奴竞争之时，三国竞争之时，事态百变，人才辈出，令人喜读。至若承平时代，则殊厌弃之，非好乱也，安逸宁静之境，不能长处，非人生之所能堪，而变化倏忽，乃人性之所善也。"毛泽东的这段文字，说明了一般人回顾历史时共同的心理倾向。他所说到的"吾人""赞叹"的四个重要时段，即"战国之时，刘项相争之时，汉武与匈奴竞争之时，三国竞争之时"，正是自"燕昭乐毅"到"玄德孔明"的时代，也可以理解为秦汉时期的略微扩展。

秦汉是中国古史的英雄时代。自秦始皇实现统一至曹丕代汉，这441年的历史阶段成就了政治建设、经济开发与文化繁荣。这一时期的思想家、发明家、隽才学者、逸人高士、农夫工匠、僮仆贩客，以及有作为的政治家、军事家、外交家，均各有贡献。可以说全社会共同创造了辉煌的秦汉文化。他们推进历史进步之事业，成功的基点在于富有英雄主义特色的时代精神。实际上，战国时期秦崛起与扩张的历程中，已经表现出在秦汉时期得以发扬光大的进取精神、务实态度和开放胸怀。

本书集合了作者有关秦汉文化风格的若干文章，从不同角度试图说明这一英雄时代的精神风貌。起初以《秦汉英雄器宇运》为题，是借用与秦汉前后相距不远的史家对秦汉人物的评价。《三国志》卷五三《吴书·薛莹传》："（薛莹）著书八篇，明曰《新议》。"裴松之注引王隐《晋书》："（薛）莹子兼，字令长，清素有器宇，资望故如上国，不似吴人。""器宇"言度量、胸怀、仪表、气概。《晋书》赞美人物，有"器宇宏旷"（《晋书》卷三五《裴宪传》），"器宇高雅"（《晋书》卷三七《宗室传·任城景王陵传附弟斌传》），"器宇弘劭"（《晋书》卷八五《魏咏之传》），"神明器宇"（《晋书》卷一一六《姚襄载记》）等说法。后来人们习用的"器宇轩昂"语，最早见于《三国演义》第四三回《诸葛亮舌战群儒，鲁子敬力排众议》，是用来形容汉末英雄人物诸葛亮的："张昭等见孔明丰神飘洒，器宇轩昂，料道此人必来游说。""器宇"也写作"气宇"。后来的文献中，我们可以看到"气宇调畅"（〔南朝梁〕陶弘景：《寻山志》）、"气宇清明"（〔宋〕储泳：《祛疑说·邪正》）、"气宇清深"（〔元〕辛文房：《唐才子传·包佶》）等。唐人吕岩《七言》诗之十四有"虎将龙军气宇雄"句。所谓"气宇雄"，正与本书初拟题名"英雄器宇"意思相近。

　　后来再三思索，觉得"器宇"或"气宇"作为对"秦汉英雄"基本正面的判断，仍未能全面涵盖我们所讨论主题的内容。要全面考察和说明"秦汉英雄"的得失、成败、盛衰，兴起与凋落，得意与困顿，光荣与诟辱，想到了可能较为适宜的"气运"一语。《六韬·盈虚》："文王问太公曰：天下熙熙，一盈一虚，一治一乱，所以然者何也？"关于"一盈一虚，一治一乱"，注："指气运言。"（清《平津馆丛书》本）《潜夫论·德化》关于"人君之治"的讨论，也说"气运感动，亦诚大矣"。"气运"似乎又超越人为所能的神秘力量，影响着社会历史进程。《艺文类聚》卷二八引曹植《节游赋》："感气运之和润，乐时泽之有成。"此"气运"则体现自然伟力，似乎又有天地规律的意义。治道与"气运"相关。生命亦与"气运"相关。"英雄"事业之"盈""虚"，有时也以"气运"解说。元人邵亨贞《悼赵士弘先生宋宗室良字行》诗："英雄随气运，浩荡济艰危。"（《蛾术诗选》卷二《五言长律》，《四部丛刊》三编景明本）清人罗天尺《洛阳》诗："园囿盛衰关气运，图画零落叹英雄。"（《瘿晕山房诗删》卷八《七律》，清乾隆二十五年刻三十一年罗天俊增修本）张埙《秋试》诗："文章关气运，科目重英雄。"（《竹叶庵文集》卷八《凤皇池上集四》，清乾隆五十一年刻本）吴锡麒《韩蕲王将台三首》其二："盗贼有时关气运，英雄无策救危亡。"（《有正味斋集》诗集卷二《严江集》，清嘉庆十三年刻《有正味斋全集》增修本）感叹历史世事，都言"英雄""气运""气运""英雄"，对于我们的秦汉史考察均有启示。于是这本小书最终取"英雄""气运"语，以《秦汉英雄气运》名题。

历代文献多见史论家赞誉战国秦汉"英雄"时代的文例。如：

迄乎周秦，兵革迭兴，英雄互起。（〔唐〕谢偃：《杂文九·玉谍真记》，《文苑英华》卷三五九）

秦始皇亦是英雄之主。（《魏郑公谏录》卷四《对有天下者皆欲子孙万代》录太宗语）

汉兴，高祖躬神武之材，行宽仁之厚，总揽英雄，以诛秦、项。（《汉书》卷二三《刑法志》）

汉高祖起于布衣，提三尺之刃而取天下，用六国之资，无唐虞之禅，岂徒赖良平之奇谋，尽英雄之智力而已乎，亦由项氏为驱人也。（《晋书》卷四八《段灼传》）

汉之兴，驱取英雄，以成大业。（〔宋〕蔡襄：《端明集》卷九《太平可致绝所施为》）

高祖入关，既因秦制，世宗挺英雄之略，总文景之资……。（《晋书》卷二五《舆服志》）

汉武英雄思拓边，昆明习战遗风传。（〔宋〕王十朋：《观习水胜》，《梅溪先生后集》卷三）

汉武帝英雄盖世。（〔明〕李乐：《见闻杂记》卷五之三十八）

汉武英雄主，蚁视诸豪酋。（〔明〕刘遵宪：《读史有感》其八，《来鹤楼集》卷一）

汉武英雄略，羌胡两截分。玉关连斥堠，张掖变耕耘。（〔清〕陈田撰辑《偶读边报各赋九塞一首》录一，《明诗纪事（五）》庚签卷二〇）

光武以仁厚之德，济英雄之志。（〔元〕胡一桂：《双湖先生文集》卷八《东汉纪·光武》）

兴亡一半由天意，一半亦贵人谋工，我思光武真英雄。（〔清〕俞樾：《昆阳怀古》，《春在堂诗编》甲丙编）

冲、质不永，桓、灵坠败，英雄云布，豪杰盖世，家挟殊议，人怀异计。故从横者歘披其胸，狙诈者暂吐其舌也。（《三国志》卷四二《蜀书·郤正传》）

汉室陵迟，为日久矣，今欲兴之，不亦难乎？且英雄并起，各据州郡，连徒聚众，动有万计，所谓秦失其鹿，先得者王。（《后汉书》卷七四上《袁绍传》）

董卓作逆，英雄并起，阻兵擅命，人自封殖。（《三国志》卷一四《魏书·程昱传》）

董卓煽祸，英雄群起而攻之。（〔元〕胡一桂：《双湖先生文集》卷八《三国·汉昭烈》）

明公定冀州之日，下车即缮其甲卒，收其豪杰而用之，以横行天下。及平江、汉，引其贤俊而置之列位，使海内回心，望风而愿治，文武并用，英雄毕力，此三王之举也。（《三国志》卷二一《魏书·王粲传》）

自操破于汉中，海内英雄望风蚁附。（《三国志》卷三二《蜀书·先主传》）

益州险塞，沃野千里，天府之土，高祖因之以成帝业。刘璋暗弱，张鲁在北，民殷国富而不知存恤，智能之士思得明君。将军既帝室之胄，信义著于四海，总揽英雄，思贤如渴，若跨有荆、益，保其岩阻，西和诸戎，南抚夷越，外结好孙权，内修政理。天下有变，则命一上将将荆州之军以向宛、洛，将军身率益州之众出于秦川，百姓孰敢不箪食壶浆以迎将军者乎？诚如是，则霸业可成，汉室可兴矣。（《三国志》卷三五《蜀书·诸葛亮传》）

……其惟玄德、孔明，可谓英雄耳。（〔宋〕胡寅：《致堂读史管见》卷五）

信古之英雄，惟诸葛孔明为不可及矣。（〔明〕胡应麟：《少室山房集》卷九七《论八首·尔朱荣》）

蜀汉人材，孔明而下，定推赵云。孔明以圣贤而英雄，子龙以英雄而圣贤也。（〔清〕郑光祖：《一斑录》杂述八《陈寿〈三国志〉》）

将军以神武雄才，兼仗父兄之烈，割据江东，地方数千里，兵精足用，英雄乐业，尚当横行天下，为汉家除残去秽。（《三国志》卷五四《吴书·周瑜传》）

回顾古代"英雄"史观，应当注意到"英雄"之高大身形的背后，与光辉对应，往往有阴暗的影子。观察对于秦汉史影响深刻的人物，如商鞅、秦始皇、汉武帝等，都应当注意到他们在当时推进历史的另一面，也为后世若干严重的政治罪恶提供了先期条件。

当然，以上这些有关"英雄"的历史感慨，依然多是从战争史和行政史视角赞叹当时"事态百变，人才辈出"。而历史之丰富多彩，往往也表现于作为政治家、军事家之"英雄互起""英雄并起""英雄群起"时段之间的"承平时代"，文化之进步，亦多实现于并非"兵革迭兴"的所谓"安逸宁静之境"。

回顾秦汉时期的历史，是可以看到这一情形的。

《秦汉英雄气运》选取作者近年关于秦汉史研究以随笔、短论以及并非十分专深的论文形式发表的若干成果，从英雄主义、进取精神、开放胸怀等方面介绍秦汉时期我们民族精神具有历史积极意义的时代特色。希望通过通俗解读历史学知识的方式，与读者一起深化对中华民族优秀文化传统的认识、理解和说明，以利于继承其中适应现代社会文化生活的内容。成败得失，不敢妄做乐观预想，愿意虚心接受读者的评判。

秦史考察的意义

公元前221年，秦王嬴政完成了统一大业，建立了中国历史上第一个高度集权的"大一统"的专制主义帝国。秦王朝执政时间短暂，公元前207年被民众武装暴动推翻。秦短促而亡，其失败，在后世长久的历史记忆中更多地被赋予政治教训的意义。然而人们回顾秦史，往往都会追溯到秦人从立国走向强盛的历程，也会对秦文化的品质和特色有所思考。许多代学者就此进行了长期的认真的研究，得考古发掘收获等多重证据，相关认识有所深入。

"虽在僻陋之国，威动天下"

秦人有早期以畜牧业作为主体经济形式的历史。《史记》卷五《秦本纪》说秦人先祖柏翳"调驯鸟兽，鸟兽多驯服"，《汉书》则作"育草木鸟兽"（卷一九上《百官公卿表上》），"养育草木鸟兽"（卷二八下《地理志下》），经营对象包括"草木"，暗示农业和林业在秦早期经济形式中也曾经具有相当重要的地位。秦作为政治实体，在两周之际得到正式承认。秦人起先在汧渭之间地方建设了畜牧业基地，又联络草原部族，团结西戎力量，国力逐渐强大，后来向东发展，在雍（今陕西凤翔）定都，成为西方诸侯国家，与东方列国发生外交和战争关系。秦国的经济进步，有利用"周余民"较成熟农耕经验的因素。秦穆公时代"益国十二，开地千里，遂霸西戎"，"广地益国，东服强晋，西霸戎夷"（《史记》卷五《秦本纪》），是以关中西部地区作为根据地实现的政治成功。

史书明确记载，商鞅推行变法，将秦都由雍迁到了咸阳。《史记》卷六八《商君列传》记载，商鞅任大良造，"居三年，作为筑冀阙宫庭于咸阳，秦自雍徙都之"。定都咸阳，是秦史具有重大意义的事件，因此形成了秦国兴起的历史过程中的显著转折。迁都咸阳，有将都城从农耕区之边缘转移到农耕区之中心的用意。定都咸阳，是秦政治史上的辉煌亮点。商鞅颁布的新法，有扩大农耕的规划，奖励农耕的法令，保护农耕的措施。于是使得秦国在秦孝公执政、商鞅变法时代实现了新的农业跃进。而指导这一历史变化的策划中心和指挥中心，就在咸阳。咸阳附近也自此成为关中经济的重心地域。《史记》卷二八《封禅书》说："霸、产、长水、沣、涝、泾、渭皆非大川，以近咸阳，尽得比山川祠……"说明"近咸阳"地方水资源得到合理利用。关中于是"号称陆海，为九州膏腴"（《汉书》卷二八下《地理志下》），被看作"天府之国"（《史记》卷五五《留侯世家》），因其丰饶，千百年居于经济优胜地位。

回顾春秋战国时期列强竞胜的历史，对后世影响比较显著的国家，多位于文明程度处于后起地位的中原外围地区。其迅速崛起，对于具有悠久的文明传统的"中国"即黄河中游地区，形成了强烈的冲击。这一历史文化现象，就是《荀子·王霸》中所说的："虽在僻陋之国，威动天下，五伯是也。""是皆僻陋之国也，威动天下，强殆中国。""五霸"虽然都崛起在文明进程原本相对落后的"僻陋"地方，却能够以新兴的文化强势影响天下，震动中原。"五霸"所指，说法不一，如果按照《白虎通·号》有关"五伯"的说法，是包括秦穆公，即所谓"秦穆之霸"的。

在战国晚期，七雄之中，以齐、楚、赵、秦为最强。到了公元前

3世纪的后期,则秦国的军威,已经势不可当。在秦孝公与商鞅变法之后,秦惠文王兼并巴蜀,宣太后与秦昭襄王战胜义渠,实现对上郡、北地的控制,使秦的疆域大大扩张,时人除"唯秦雄天下"(《史记·鲁仲连邹阳列传》)之说外,又称"秦地半天下"(《史记》卷七〇《张仪列传》)。秦国上层执政集团可以跨多纬度空间控制,实现了对游牧区、农牧并作区、粟作区、麦作区以及稻作区兼行管理的条件。这是后来对统一王朝不同生态区和经济区实施全面行政领导的前期演习。当时的东方六国,没有一个国家具备从事这种政治实践的条件。

秦兼并天下,"如暴风雷雨,闪击中原"

秦统一的形势,翦伯赞说,"如暴风雷雨,闪击中原",证明"任何主观的企图,都不足以倒转历史的车轮"(翦伯赞:《秦汉史》,北京大学出版社,1983年,第8页)。秦的"统一",有的学者更愿意用"兼并"的说法。注意"历史的车轮"之说,应当理解当时社会意识向往"天下""定于一"(《孟子·梁惠王上》)的共同倾向。《公羊传·隐公元年》首见"大一统"说。而儒学之外的其他学派,也有相近的文化表现。如《庄子·天道》:"帝道运而无所积,故天下归。""帝王天子之德也……功大名显而天下一也。"又说"一心定而王天下"。《墨子·尚同中》:"选择天下贤良圣知辩慧之人,立以为天子,使从事乎一同天下之义。"《荀子·不苟》也说"总天下之要,治海内之众"。作为法家思想的集大成者,《韩非子》一书中"天下"这一语汇出现频度最高,达267次。如《解老》"进兼天下",《饰邪》"强匡天下",《制分》"令行禁止于天下"等。成书于秦地的《吕氏春秋》可见"天下"凡281次。

秦统一的实现,后人称之为"六王毕,四海一"(〔唐〕杜牧:

《阿房宫赋》）。其实，秦始皇完成统一的空间范围，并不限于黄河流域和长江流域原战国七雄统治的地域，亦包括对岭南珠江流域的征服以及"西北斥逐匈奴"（《史记》卷六《秦始皇本纪》）。据《史记》卷七三《白起王翦列传》，"（王翦）虏荆王负刍，竟平荆地为郡县，因南征百越之君"。从记述次序看，事在王贲、李信"破定燕、齐地"及"秦始皇二十六年，尽并天下"之前。远征南越，是秦统一的战略主题之一。而蒙恬经营北边，又"却匈奴七百余里"（《史记》卷六《秦始皇本纪》）。南海和北河两个方向的进取，使得秦帝国的版图远远超越了秦本土与"六王"故地的总和。

秦实现统一的原因

在对于秦文化的讨论中，不可避免地会导入这样一个问题：为什么战国七雄的历史竞争中最终秦国取胜？为什么是秦国而不是其他国家完成了统一这一历史进程？

应当怎样认识秦人实现统一的原因？按照秦始皇自己的宣传，称"德并诸侯""烹灭强暴"，又说："寡人以眇眇之身，兴兵诛暴乱，赖宗庙之灵，六王咸伏其辜，天下大定。"（《史记》卷六《秦始皇本纪》）自诩立足正义以"诛暴乱"，同时感谢"宗庙之灵"。而贾谊《过秦论》"续六世之余烈"的说法，也肯定秦王嬴政前代君主的历史作用。李斯的总结，突出强调其政策和策略的合理："谨奉法令，阴行谋臣，赍之金玉，使游说诸侯，阴修甲兵，饰政教，官斗士，尊功臣，盛其爵禄"（《史记》卷八七《李斯列传》）。

司马迁《史记》有归结为"天命"，又言"若天所助"的说法："是善用兵，又有天命。"（卷四《周本纪》）"论秦之德义不如鲁卫之暴戾者，量秦之兵不如三晋之强也，然卒并天下，非必险固便形势利也，盖若天所助焉。"（卷一五《六国年表》）

对于秦所以能够实现统一的原因，近世尤多有学者讨论。有学者认为，秦改革彻底，社会制度先进，是主要原因。曾经负责《睡虎地秦墓竹简》定稿、主持张家山汉简整理并进行秦律和汉律对比研究的李学勤曾经指出："睡虎地竹简秦律的发现和研究，展示了相当典型的奴隶制关系的景象。""有的著作认为秦的社会制度比六国先进，笔者不能同意这一看法，从秦人相当普遍地保留野蛮的奴隶制关系来看，事实毋宁说是相反。"（《东周与秦代文明》，上海人民出版社，2007年，第290—291页）

对于秦富国强兵，终于一统的具体的条件，可以进行技术层面的分析。研究者注意到秦国在水利经营、交通建设、机械发明、动力革命等方面体现的优势，实现了国家综合实力的上升，成为在军事竞争中势不可当的重要因素（王子今：《秦统一原因的技术层面考察》，《社会科学战线》2009年9期）。而管理方式的进步与铁质工具的普及，也表现出对东方六国的某种意义上的超越。秦的学术文化倾向特别注重实用之学的特点（王子今：《秦文化的实用之风》，《光明日报》2013年7月15日），与这一历史现象有关。秦在技术层次的优胜，使得秦人在兼并战争中能够"追亡逐北，伏尸百万"，"宰割天下，分裂河山"，最终"振长策而御宇内"，"履至尊而制六合"（贾谊：《过秦论》）。当然，正如有的学者所指出的，"秦国专制君权较早就发展出了相当之高的政治控制和社会动员能力"（阎步克：《士大夫政治演生史稿》，北京大学出版社，1996年，第226页），能够"有效地规范行政秩序和官员行为"，"保证行政机器的精密运转"（阎步克：《波峰与波谷——秦汉魏晋南北朝的政治文明》，北京大学出版社，2009年，第56页），也是重要的原因。从秦执政者自我宣传的言辞看，若干措施"使秦国成为战国七雄中政治最为清明的国家"（陈苏镇：《〈春秋〉与汉道：两汉政治与政治文化研究》，中华书局，2011年，第10

页），而这正是能够"武威旁畅，振动四极，禽灭六王"（《史记·秦始皇本纪》）的重要条件。

"二千年来之政，秦政也"

秦的统一，是中国史的大事件，也是东方史乃至世界史的大事件。对于中华民族的形成，对于后来以汉文化为主体的中华文化的发展，对于统一政治格局的定型，秦的创制有非常重要的意义。秦王朝推行郡县制，实现中央对地方的直接控制。皇帝制度和官僚制度的出现，也是推进政治史进程的重要发明。秦始皇时代实现了高度的集权。皇室、将相、后宫、富族，都无从侵犯或动摇皇帝的权威。执掌管理天下的最高权力的，唯有皇帝。"夫其卓绝在上，不与士民等夷者，独天子一人耳。"（章太炎：《秦政记》）与秦始皇"二世三世至于万世，传之无穷"（《史记》卷六《秦始皇本纪》）的乐观设想不同，秦的统治未能长久，但是，秦王朝的若干重要制度，特别是皇帝独尊的制度，却成为此后两千多年的政治史的范式。后来历代王朝的行政体制形式有所不同，但是皇权至上的专制主义性质并没有改变。秦政风格延续长久，对后世中国有长久的规范作用，也对东方世界的政治格局形成了影响。如毛泽东诗句所谓"百代都行秦政法"（《建国以来毛泽东文稿》第13册，中央文献出版社，1998年，第361页）。而谭嗣同对自秦以来君权"横暴"激烈批判的言辞，则称"（李斯）其为祸亦暴著于世矣"，"以尊君卑臣愚黔首，自放纵横暴而涂锢天下之心"，而历代承袭，甚者推崇君权，"显背民贵君轻之理，而谄一人，以犬马土芥乎天下，至于'臣罪当诛，天王圣明'"，"悲夫悲夫！民生之厄，宁有已时耶！故当以为二千年来之政，秦政也，皆大盗也。"（谭嗣同：《仁学》）

秦王朝在全新的历史条件下带有试验性质的的经济管理形式，是值得重视的。货币的统一，度量衡的统一，创造了经济进步的条件。其他经济措施，在施行时有得有失。秦时由中央政府主持的长城工程、驰道与直道工程、阿房宫工程、丽山工程等规模宏大的土木工程的规划和组织，表现出经济管理水平的空前提高，也显示了相当高的行政效率。秦王朝经济管理的军事化体制，以苛急的政策倾向为特征。而以关中奴役关东的区域经济方针显现的弊病，也为后世提供了深刻的历史教训。秦多以军人为吏，必然使各级行政机构都容易形成集权专制的特点，行政和经济管理于是有军事化的风格，统一后不久即应结束的军事管制阶段在实际上无限期延长，终于酿成暴政。

秦王朝的专制统治表现出高度集权的特色，其思想文化方面的政策也具有与此相应的风格。秦王朝虽然统治时间不长，但是所推行的文化政策却在若干方面对后世有规定性的意义。"书同文"原本是孔子提出的文化理想。子思作《中庸》，引述了孔子的话："今天下车同轨，书同文，行同伦。""书同文"，成为文化统一的一种象征。但是在孔子的时代，按照儒家的说法，有其位者无其德，有其德者无其位，"书同文"实际上只是一种空想。战国时期，"书"不"同文"的情形更为严重。正如东汉许慎《说文解字叙》所说，"诸侯力政，不统于王"，于是礼乐典籍受到破坏，天下分为七国，"言语异声，文字异形"。于是，秦灭六国，实现统一之后，丞相李斯就上奏建议以"秦文"为基点，欲令天下文字"同之"，凡是与"秦文"不一致的，统统予以废除，以完成文字的统一。历史上的这一重要文化过程，司马迁在《史记》卷六《秦始皇本纪》的记载中写作"书同文字"与"同书文字"，在《史记》卷一五《六国年表》与《史记》卷八七《李斯列传》中分别写作"同天下书""同文书"。秦王朝的"书同文"虽然没有取得全面的成功，但是当时能够提出这样的文化进步的规划，并且开始了这样的文化进步的实践，应当说，已经是一个值得肯定的伟大的创举。

秦王朝在思想文化方面谋求统一，是通过强硬的专制手段推行有关政策的。秦始皇焚书坑儒，是商鞅"燔《诗》《书》而明法令"（《韩非子·和氏》）行为的继续，即企图全面摈斥东方文化，以秦文化为主体实行强制性的文化统一。对于所谓"难施用"（《史记》卷二八《封禅书》）"不中用"（《史记》卷六《秦始皇本纪》）的学说，不惜采用极端残酷的手段。对于这种文化政策，东方知识人或以"吾为无用之学"，"秦非吾友"的态度予以抵制（《资治通鉴》卷七《秦纪二》"始皇帝三十四年）。

钱穆曾经发表的意见，我们未必完全赞同，但也许依然可以提供开拓思路的启示："中国版图之恢廓，盖自秦时已奠其规模。近世言秦政，率斥其专制。然按实而论，秦人初创中国统一之新局，其所努力，亦均为当时事势所需，实未可一一深非也。"（钱穆：《秦汉史》，三联书店，2004年，第20页）

秦史的世界影响

李学勤《东周与秦代文明》将东周时代的中国划分为中原、北方、齐鲁、楚、吴越、巴蜀滇、秦七个文化圈。关于其中的"秦文化圈"，论者写道："关中的秦国雄长于广大的西北地区，称之为秦文化圈可能是适宜的。秦人在西周建都的故地兴起，形成了有独特风格的文化。虽与中原有所交往，而本身的特点仍甚明显。"关于战国晚期至于秦汉时期的文化趋势，论者指出"秦文化的传布"这一时代特点，"秦的兼并列国，建立统一的新王朝，使秦文化成为后来辉煌的汉代文化的基础"。秦的统一"是中国文化史上的重要转折点"，继此之后，汉代创造了辉煌的文明，其影响，"范围绝不限于亚洲东部，我们只有从世界史的高度才能估价它的意义和价值"（《东周与秦代文明》，第10—11页，第294页)。理解秦文化影响宏远的意义，应当重视"从世界史的高度"进行考察。

秦人接受来自西北的文化影响，应当是没有疑义的。周穆王西行，据说到达西王母之国，为他驾驭乘车的，就是以"善御"得"幸"的秦人先祖造父（《史记》卷五《秦本纪》）。秦早期养马业的成功，应当借鉴了草原游牧族的技术。青铜器中被确定为秦器者，有的器形"和常见的中国青铜器有别，有学者以之与中亚的一些器物相比"。学界其实较早已经注意到这种器物，以为可能"模仿中亚的风格"。有学者正确地指出，应当重视秦与西北方向的文化联系，重视秦文化与中亚文化的关联。但是以为郡县制的实行可能来自西方影响的看法可能还有待于认真的论证。战国时期，不仅秦国，不少国家都实行了郡县制。李学勤指出："郡县制在春秋时已有萌芽，特别是'县'，其原始形态可以追溯到西周。到战国时期，郡县制在各国都在推行。"（《东周与秦代文明》，第146页，第289—290页）

蒙恬抗击匈奴，"斥逐北胡"（《史记》卷一一〇《匈奴列传》张守节《正义》引服虔云），有人认为最终使得匈奴无法南下，只得西迁，影响了后来的世界民族分布格局。陈序经在考察公元前3世纪中原民族与匈奴的关系时写道："欧洲有些学者曾经指出，中国的修筑长城是罗马帝国衰亡的一个主要原因。他们以为中国修筑长城，使匈奴不能向南方发展，后来乃向西方发展。在公元四至五世纪的时候，匈奴有一部分人到了欧洲，攻击哥特人，攻击罗马帝国，使罗马帝国趋于衰亡。"陈序经认为："长城的作用，主要用于防御匈奴入侵。匈奴之西徙欧洲是匈奴经不起汉武帝和汉和帝的猛烈攻击，但是中国劳动人民所修筑的长城，象征了秦王朝的强盛和阻止匈奴南下掠夺的决心。长城的主要作用是防守，当然，做好了防守同时也为进攻做好准备。长城不一定是罗马帝国衰亡的一个主因，然长城之于罗马帝国的衰亡，也不能说是完全没有关系的。"（陈序经：《匈奴史稿》，中国人民大学出版社，2007年，第184—185页）匈奴向西迁徙至于欧洲的历史趋向，有的学者认为起始于秦始皇令蒙恬经营"北边"（比新：《长城、匈奴与罗马帝国之覆灭》，《历史大观园》1985年第3期）。有的学者更强调蒙恬主持修筑秦直道的军事史作用（徐君峰：《秦直道道路走向与文化影响》，陕西师范大学出版总社，2018年，第158—226页）。相关讨论，可能还需要更细致的学术考察。

秦实现统一，"地东至海暨朝鲜"（《史记》卷六《秦始皇本纪》）。而据汉文帝时人追述，"朝鲜自全秦时内属为臣子"（《史记》卷二五《律书》）。朝鲜王满，即曾"居秦故空地上下障，稍役属真番、朝鲜蛮夷及故燕、齐亡在者王之"（《汉书》卷九五《朝鲜传》）。《三国志》卷三〇《魏书·东夷传》记载："辰韩在马韩之东，其耆老传世，自言古之亡人避秦役来适韩国。""其言语""有似秦人"。其部族代号使用"秦"字："今有名之为秦韩者。"

秦代徐市东渡，"得平原广泽，止王不来"（《史记》卷一一八《淮南衡山列传》）。所择定的新的适宜的生存空间，《后汉书·东夷传·倭》推定为与"倭"相关的"海外"之"洲"。这或许可以看作东洋航线初步开通的历史迹象。斯里兰卡发现半两钱（〔斯里兰卡〕查迪玛·博嘎哈瓦塔，柯莎莉·卡库兰达拉：《斯里兰卡藏中国古代钱币概况》，《百色学院学报》2016年第6期），或许可以作为南洋航线早期开通的文物证明。理解并说明秦文化的世界影响，也是丝绸之路史研究应当关注的主题。

西汉时期匈奴人和西域人仍然称中原人为"秦人"，《史记》卷一二三《大宛列传》、《汉书》卷九四上《匈奴传上》及《汉书》卷九六下《西域传下》均有记载。东汉西域人使用"秦人"称谓，见于《龟兹左将军刘平国作关城诵》。肩水金关汉简称谓史料也可见"所将胡骑秦骑名籍"简文（73EJT1∶158），"秦骑"身份也值得关注。这些文化迹象，都说明秦文化对中土以外广大区域的影响形成了深刻的历史记忆。远方"秦人"称谓，是秦的历史光荣的文化纪念。

秦文化的实用风格

秦风俗与全面继承周礼乐传统之东方诸国有明显差异。中原人曾经对秦人"夷翟遇之"（《史记》卷五《秦本纪》）视之为"夷狄也"（《史记》卷一七《天官书》），史称"诸夏宾之，比于戎翟"（《史记》卷一五《六国年表》）。东方人又有"秦戎翟之教"（《史记》卷六八《商君列传》）、"秦与戎翟同俗"（《史记》卷四四《魏世家》）的说法。东方诸国与秦人长期军事对抗，对于秦文化自然不免怀有敌意。不过，所谓"夷狄""戎翟"一类污蔑性言辞却也曲折反映了秦文化在西北少数民族影响下不受礼教拘束，比较急进暴烈的特征。秦文化的另一特点，是实用主义的倾向。《史记》卷七四《孟子荀卿列传》言东方文化"迂大而闳辩"，秦文化则风格大异，体现出对"功用"直接的简单的急切的追求。

文化取向：从商鞅焚书到秦始皇焚书

秦始皇焚书，医学、数术之学以及农学等有实用价值的著作不在禁毁之列。据《史记》卷六《秦始皇本纪》记载："史官非《秦记》皆烧之。非博士官所职，天下敢有藏《诗》《书》、百家语者，悉诣守、尉杂烧之。有敢偶语《诗》《书》者弃市。以古非今者族。吏见知不举者与同罪。令下三十日不烧，黥为城旦。所不去者，医药卜筮种树之书。"《史记》卷八七《李斯列传》也写道："诸有文学、《诗》

《书》、百家语者蠲除去之","所不去者，医药卜筮种树之书"。从项羽、张良、韩信等均研习兵书的事迹看，当时民间兵学书籍的流传，也没有被禁止。兵学也是实用之学。

《韩非子·和氏》说，早在秦始皇焚书之前，商鞅已经有"燔《诗》《书》而明法令"的政治举措。也就是说，秦始皇极其严酷地遭到千百年严厉批评的文化专制主义政策，其实可以在商鞅时代发现先行者。《朱子语类》卷五六记录了朱熹对商鞅的批评："他欲致富强而已，无教化仁爱之本，所以为可罪也。"他认为商鞅轻视文化建设和道德维护，推行的法令政策，目的是单一的、短视的，只是"欲致富强而已"，从长时段的文化史视角考察，应当承当罪责。看来，从商鞅到嬴政，文化取向是一致的。所谓"燔《诗》《书》"，不言其他著作，可以推想，实用之学的学术积累得以存留。《韩非子·五蠹》说秦地"境内皆言兵，藏孙、吴之书者家有之"，显然兵学得以普及。而《吕氏春秋》中《上农》等四篇保留了重要的古农学经验，也说明"种树之书"并不"燔"毁。

秦昭襄王言"无益"之学

秦始皇事后对于焚书事件有这样的言辞："吾前收天下书不中用者尽去之。"（《史记》卷六《秦始皇本纪》）所谓六国史书以及"《诗》、《书》、百家语"，或说"文学、《诗》、《书》、百家语"。所谓"不中用"，后来成为民间俗语。《说郛》卷六下萧参《希通录》："俚谈以不可用为不中用，自晋时已有此语。《左传·成二年》郤子曰：'克于先大夫，无能为役。'杜预注：'不中为之役使。'"所言"晋时"，失之过晚。《困学纪闻》卷一九"俗语皆有所本"条则指出，"'不中用'出《史记·外戚世家》《王尊传》。按《秦始皇本纪》：'吾前收天下书不中用者。'"《盐铁论·散不足》也使用了这一"俗语":"古者，衣服不中制，器械不中用，不粥于市。今民间雕琢不中之物，刻画玩好无用之器。玄黄杂青，五色绣衣，戏弄蒲人杂妇，百兽马戏斗虎，唐锑追人，奇虫胡妲。"可以看到，"不中用"，也就是"无用"。

《荀子·儒效》："秦昭王问孙卿子曰：'儒无益于人之国。'"秦昭襄王对在东方已经形成强势学术地位的儒学提出现实意义的质疑，立足点在于"儒"对于国家"无益"。也就是说，儒学对于执政者"欲致富强"的目的是"无益"的，是"不中用"的。

看来，秦执政者对于"无益"之学、"不中用"之学的抵触和否定由来已久。这种带有主导性意义的倾向，对于秦文化的风格形成了显著的影响。

通过对《韩非子》这一于秦政多有指导作用的法家名著中的相关论述，可以看到秦文化的这种实用特征，也有法家学说的依据。

《韩非子》"去无用""禁无用"主张

《韩非子·难言》指责了"华而不实"等十二种言谈表现形式，表示"非之所以难言而重患也"。其中两种斥其"无用"："多言繁称，连模拟物，则见以为虚而无用"；"闳大广博，妙远不测，则见以为夸而无用"。《韩非子·八经》"参言"一节进一步强调君主必须以"用"为原则审察各种"言""说""辩"，判定其是否"邪""奸""诬"。"言不督乎用则邪说当上。""有道之主，听言，督其用，课其功，功课而赏罚生焉，故无用之辩不留朝。任事者知不足以治职，则放官收。说大而夸则穷端，故奸得而怒。无故而不当为诬，诬而罪臣，言必有报，说必责用也，故朋党之言不上闻。"

对于"无用"的否定，不仅限于"言"，而且包括"行"。《韩非子·问辩》说："夫言行者，以功用为之的彀者也。夫砥砺杀矢而以妄发，其端未尝不中秋毫也，然而不可谓善射者，无常仪的也。设五寸之的，引十步之远，非羿、逢蒙不能必中者，有常也。故有常则羿、逢蒙以五寸的为巧，无常则以妄发之中秋毫为拙。今听言观行，不以功用为之的彀，言虽至察，行虽至坚，则妄发之说也。""功用"是"言行"的唯一目标。辨别是非，决定取舍的基本标准，也是"功"和"用"。《韩非子·六反》认为执政者应当遵循这一原则否定"虚旧之学"和"矜诬之行"："明主听其言必责其用，观其行必求其功，然则虚旧之学不谈，矜诬之行不饰矣。"

"功""用"和"法"有内在联系。《韩非子·五蠹》："行仁义者非所誉，誉之则害功；文学者非所用，用之则乱法。"排斥"文学"的主张，《韩非子·忠孝》表述为："恬淡，无用之教也；恍惚，无法之言也"，"恍惚之言，恬淡之学，天下之惑术也"。所以应当取缔禁绝，在于其"无用""无法"。

韩非鄙弃的"虚旧之学""矜诬之行"，应当是指形成传统的有充分自信的文化理念。他所责难的具体指向究竟是什么呢？《韩非子·八说》有这样一段表现出激烈批判精神的话："今世主察无用之辩，尊远功之行，索国之富强，不可得也。博习辩智如孔、墨，孔、墨不耕耨，则国何得焉？修孝寡欲如曾、史，曾、史不战攻，则国何利焉？"攻击的锋芒直指"孔、墨""曾、史"，即非法家学说和东方传统道德。"孔、墨不耕耨"，不能有益于"国"之"得"；"曾、史不战攻"，不能有益于"国"之"利"。这样的意见，正符合秦国执政集团"好利"的行政倾向。对"无用之辩"和"远功之行"予以容忍和肯定，则无从追求"国之富强"。这种主张，正是朱熹严厉批评的"欲致富强而已，无教化仁爱之本"。理解所谓"好利"，可以读《史记》卷四四《魏世家》所见信陵君对秦的批评。他同时有"不识礼义德行"，"非有所施厚积德也"等言辞，指出了秦文化和东方崇尚"礼义德行"传统的差异。

《韩非子·五蠹》说,"明主"用臣下之力行政,应当遵循"赏其功,必禁无用"的原则。《韩非子·显学》又主张:"明主举实事,去无用;不道仁义者故,不听学者之言。"所谓"举实事,去无用",体现出后世称之为"实用"的文化特色。

孔鲋的感叹:"吾为无用之学","秦非吾友"

《史记》卷二八《封禅书》记载,秦始皇东巡至泰山下,就"封禅"事咨询齐鲁儒生博士,因所议"难施用",于是"由此绌儒生"。看来,可否"施用",是秦始皇文化判断和政策选择的重要标尺。

曾经以博士身份服务于陈涉的孔子八世孙孔鲋说:"吾为无用之学","秦非吾友。"(《资治通鉴》卷七《秦纪二》"始皇帝三十四年")也强调了文化态度的这种区别。《孔丛子》卷中有这样的记载:"秦始皇东并。子鱼谓其徒叔孙通曰:'子之学可矣,盍仕乎?'对曰:'臣所学于先生者不用于今,不可仕也。'子鱼曰:'子之材能见时变今。为不用之学,殆非子情也。'叔孙通遂辞去,以法仕秦。"对于秦政鄙薄和敌视儒家"文学"的政策,有的儒生依然坚守文化立场"为不用之学",有的儒生则"能见时变今"。承北京大学历史系孙闻博博士提示,据傅亚庶《孔丛子校释》,《孔丛子》有的版本记录孔鲋说到"有用之学"。叶氏藏本、蔡宗尧本、汉承弼校跋本、章钰校跋本并有"吾不为有用之学,知吾者唯友。秦非吾友,吾何危哉?"语(中华书局,2011年,第410页,第414页)。明人董斯张《广博物志》卷二八《艺苑三·图籍》引《孔丛子》所载子鱼语则作"吾为无用之学,知吾者唯友。秦非吾友,吾何危哉?"《资治通鉴》所取用的,应当就是这一记录。孔鲋言辞所透露的信息,似乎可以反映秦对所谓"无用之学"兼而有之的轻蔑与无知。

秦文化高度务实的倾向在特定历史条件下的积极作用得以突出显现。但是另一方面，推崇"实用"之学至于极端，自然不利于理论思考、文化建设和教育进步。《史记》卷八《高祖本纪》说，"周秦之间，可谓文敝矣"，继战乱导致的文化破坏之后，而"秦政不改"，司马迁以"岂不缪乎"予以批评。他说，"汉兴，承敝易变"，方使得文化的进程转而健康正常。这样的历史观察，是符合秦汉转折的真实境况的。

秦"力士"与秦文化的"尚力"倾向

上古"力士"事迹，体现出文明进步历程中一种值得重视的表现。"力士"的出现，反映当时社会在生产和生活中，因抗争自然和群体竞进需要，比较普遍的对于个人体能强健的追求。"力士"受到尊崇，以必要的显示方式为条件，有人看作体育史、竞技史和杂技表演史的早期表现。"力士"故事在秦史中的密集出现以及"力士"曾经在秦国居于高位的情形，可以从一个特殊的侧面反映秦文化的"尚力"传统。后世对于这种文化倾向的评断，以批判为主流。然而如果以儒学正统"小人尚力""小人绝力"的态度作为考察秦史的认识基点，也许难免简单化、片面化之失，不利于全面公正的历史判断。

早期"力士"故事与"秦之力人"

《左传·宣公二年》记载了晋灵公谋害赵盾的事件："秋，九月，晋侯饮赵盾酒，伏甲，将攻之。其右提弥明知之，趋登，曰：'臣侍君宴，过三爵，非礼也。'遂扶以下。公嗾夫獒焉，明搏而杀之。盾曰：'弃人用犬，虽猛何为！'斗且出。提弥明死之。初，宣子田于首山，舍于翳桑，见灵辄饿，问其病。曰：'不食三日矣。'食之，舍其半。问之。曰：'宦三年矣，未知母之存否，今近焉，请以遗之。'使尽之，而为之箪食与肉，置诸橐以与之。既而与为公介，倒戟以御公徒而免之。问何故。对曰：'翳桑之饿人也。'问其名居，不告而退，遂自亡也。"在赵盾陷入险境时以生命相护卫的"提弥明",《公羊传·宣公二年》写作"祁弥明",称之为"力士":晋灵公怀恨赵盾,"伏甲于宫中,召赵盾而食之。赵盾之车右祁弥明者,国之力士也,仡然从乎赵盾而入,放乎堂下而立。赵盾已食,灵公谓盾曰:'吾闻子之剑,盖利剑也。子以示我,吾将观焉。'赵盾起将进剑,祁弥明自下呼之,曰:'盾食饱则出,何故拔剑于君所?'赵盾如之,躇阶而走。灵公有周狗,谓之獒。呼獒而属之,獒亦躇阶而从之。祁弥明逆而踆之,绝其颔。赵盾顾曰:'君之獒,不若臣之獒也。'然而宫中甲鼓而起。有起于甲中者,抱赵盾而乘之。赵盾顾曰:'吾何以得此于子?'曰:'子某时所食活我于暴桑下者也。'赵盾曰:'子名为谁?'曰:'吾君孰为介,子之乘矣,何问吾名?'赵盾驱而出,众无留之者。赵穿缘民众不说,起弑灵公,然后迎赵盾而入,与之立于朝,而立成公黑臀。""提弥明""祁弥明",又写作"祇弥明"。《史记》卷三九《晋世家》言"示眯明",将进言赵盾罢酒脱身,"为盾搏杀狗"并"反击灵公之伏士"事,均系于此人。司马贞《索隐》已有批评:"合二人为一人,非也。"清人邵泰衢《史记疑问》卷中亦指出"二人而合于一"。梁玉绳《史记志疑》卷二一指出"误从《吕览·报更》篇来"。这种"误",可以理解为对这位"国之力士"能力和功绩的增衍。

  提弥明或谓祁弥明的故事,是"力士"称谓较早出现的实例。《左传·宣公十五年》秦晋辅氏之战的记录,也值得注意:"秋,七月,秦桓公伐晋,次于辅氏。壬午,晋侯治兵于稷,以略狄土,立黎侯而还。及洛,魏颗败秦师于辅氏,获杜回,秦之力人也。"所谓"秦之力人""杜回"在结草报恩的故事中"踬而颠",被敌方擒获。《左传》特别记述此"秦之力人"在战役中的命运,反映他可能在秦国担任军界高职,对于"秦师"之"败"负有责任。

《公羊传·哀公六年》又记述了齐国政争中"力士"的出现："景公死而舍立。陈乞使人迎阳生于诸其家。除景公之丧，诸大夫皆在朝，陈乞曰：'常之母，有鱼菽之祭，愿诸大夫之化我也。'诸大夫皆曰：'诺。'于是皆之陈乞之家坐。陈乞曰：'吾有所为甲，请以示焉。'诸大夫皆曰：'诺。'于是使力士举巨囊而至于中溜。诸大夫见之，皆色然而骇。开之，则闯然，公子阳生也。陈乞曰：'此君也已。'诸大夫不得已皆逡巡北面，再拜稽首而君之尔。自是往弑舍。"《史记》卷三二《齐太公世家》："会饮，田乞盛阳生橐中，置坐中央，发橐出阳生。"记载同一故事，没有说到"力士"。然而言齐襄公致鲁桓公醉死事，使用了"力士"称谓："齐襄公与鲁君饮，醉之，使力士彭生抱上鲁君车，因拉杀鲁桓公，桓公下车则死矣。鲁人以为让，而齐襄公杀彭生以谢鲁。"又《史记》卷七七《信陵君列传》说到"力士"朱亥："公子行，侯生曰：'……臣客屠者朱亥可与俱，此人力士。晋鄙听，大善；不听，可使击之。'"

《韩非子·外储说左下》又说到"赵襄子力士"少室周与其他两位"力士""中牟徐子"和"晋阳""牛子耕"的故事。

比较各国早期"力士"故事，我们看到，在秦史的记录中，"力士"的事迹最为密集。

秦史"三力"及相关现象

《韩非子·外储说左下》说"赵襄子力士"少室周事迹："少室周者，古之贞廉洁悫者也，为赵襄主力士，与中牟徐子角力，不若也，入言之襄主以自代也，襄主曰：'子之处，人之所欲也，何为言徐子以自代？'曰：'臣以力事君者也，今徐子力多臣，臣不以自代，恐他人言之而为罪也。'""一曰。少室周为襄主骖乘，至晋阳，有力士牛子耕与角力而不胜，周言于主曰：'主之所以使臣骑乘者，以臣多力也,今有多力于臣者,愿进之。'"指出少室周以"力士"身份得到相当高的礼遇。赵襄子所谓"子之处,人之所欲也",少室周所谓"主之所以使臣骑乘者,以臣多力也",都说明了"力士""以力事君",在君主身边服务,受到信用和享受优遇的情形。少室周推荐"力多"或说"多力"于己者"自代",是特别的表现,可以说明其"贞廉洁悫"。这里虽然说的是赵国故事,然而载于《韩非子》,不能排除对于秦国政治文化有一定影响的可能。《太平御览》卷四〇二引《王孙子》曰:"赵简子猎于晋山之阳,抚辔而叹。董安于曰:'敢问叹?'子曰:'吾食谷之马数千,多力之士数百,以猎兽也。恐邻国养贤以猎吾也。'"所谓"多力之士数百",说赵国养"力士"人数亦多。但是,史上存留姓名的"力士",仍以秦国最为密集。

除了秦"力士"数量之集中引人注目而外,与少室周同样,秦国的"力士"也多有因"多力"而身居高位的情形。

《史记》卷五《秦本纪》说:"武王有力好戏,力士任鄙、乌获、孟说皆至大官。"这里三位"力士"并说。应当看到,秦武王本人"有力",可以参加"力士"间的竞技,其实也具有"力士"的基本资质。

"力士任鄙、乌获、孟说皆至大官",可知同时从政,负有高层管理责任,可能与赵国"力士"少室周只是得到"骑乘"待遇不同。秦武王时代出现的这一情形,在列国史有关"力士"的记录中是唯一的一例。

马非百《秦集史》中《人物传十九》可以读作杜回、孟说、乌获、任鄙列传(马非百:《秦集史》,中华书局,1982年,第367—370页)。杜回事已见前说。由于后三位"力士"生存与活动的年代大致同时,《秦集史》所论"孟说、乌获、任鄙"事与《秦本纪》次序有异,并不存在什么问题。

王蘧常《秦史》有《三力传》，与《二老传》《三帅传》《三良传》并列，总结了"力士任鄙、乌获、孟说"事迹。成书在《秦集史》后，史料收录似更为完整准确。关于"孟说"，王蘧常《秦史》作"孟贲"："案孟贲原作孟说，各书都作贲，今从之。"其实，不只是《史记》卷五《秦本纪》作"孟说"，卷四三《赵世家》同。《太平御览》卷七五六引《史记》及《资治通鉴》卷三"周慎靓王八年"也都作"孟说"。王蘧常《三力传》就"孟贲"记述的文字又超过"任鄙"和"乌获"（王蘧常：《秦史》，上海古籍出版社，2000年，第180—181页）。《论衡·儒增》："多力之人，莫若孟贲。"也是值得注意的说法。

《史记》卷六八《商君列传》载录赵良对商鞅行政的批评，有这样一句话："多力而骈胁者为骖乘。"指出秦国当时商鞅这样的主政高官，身边也有"多力"者侍从。

《艺文类聚》卷七引《蜀王本纪》曰："天为蜀王生五丁力士，能移山。秦王献美女与蜀王。蜀王遣五丁迎女。见一大蛇入山穴中，五丁并引蛇，山崩，秦五女皆上山化为石。"《艺文类聚》卷九四引《蜀王本纪》文字略有不同："秦惠王欲伐蜀，乃刻五石牛，置金其后。蜀人见之，以为牛能大便金。牛下有养卒，以为此天牛也，能便金。蜀王以为然。即发卒千人，使五丁力士拖牛成道，致三枚于成都。秦得道通，石牛力也。后遣丞相张仪等随石牛道伐蜀。"秦较早兼并蜀。蜀地对秦文化的认同对秦的扩张和统一意义重要。所谓"巴蜀亦关中地也"的说法（《史记》卷七《项羽本纪》），体现战国秦汉社会区域文化观念中，秦地包括巴蜀。从这一认识基点出发，则传说中的蜀"五丁力士"，在某种意义上也可以看作秦"力士"。

这样说来，秦"力人""力士"人数在当时这一人群中的比例，占有绝对的优势。

秦统一后反秦势力中民间"力士"的参与，有张良博浪沙故事为例。《史记》卷五五《留侯世家》："（张良）得力士，为铁椎重百二十斤。秦皇帝东游，良与客狙击秦皇帝博浪沙中，误中副车。秦皇帝大怒，大索天下，求贼甚急，为张良故也。良乃更名姓，亡匿下邳。"被称为"客"的张良刺秦战友，就是一位"力士"。不过这位"力士"与前说"力士"身份不同，他不是朝廷体制中的高官，也不是在尊贵者身边服务的侍卫人员，而是民间的"贼"。

秦始皇时代对秦武王所信用著名"力士"能力的尊信，依然有所表现。《水经注·渭水下》记载："秦始皇造桥，铁锁重不胜。故刻石作力士孟贲等像以祭之，锁乃可移动也。"

"力士"地位与秦文化"尚力"风格

马非百分析秦"力士"的历史作用时这样写道："元材案：吕不韦书言：'以众勇，无畏乎孟贲矣。以众力，无畏乎乌获矣。'故项羽谓'剑一人敌不足学，学万人敌'。夫以贲、获之勇力，使其能学万人敌，其所威，岂在白起、王翦下哉！"（马非百：《秦集史》，第368页）我们可以体会到，"白起、王翦"等名将在军事竞争中显示的强势，是有普通军人"众勇""众力"的艰苦奋战为基础的。马非百引"吕不韦书言"见《吕氏春秋·用众》："天下无粹白之狐，而有粹白之裘，取之众白也。夫取于众，此三皇、五帝之所以大立功名也。凡君之所以立，出乎众也。立已定而舍其众，是得其末而失其本。得其末而失其本，不闻安居。故以众勇，无畏乎孟贲矣。以众力，无畏乎乌获矣，以众视无畏乎离娄矣，以众知无畏乎尧、舜矣。夫以众者，此君人之大宝也。田骈谓齐王曰：'孟贲庶乎患术，而边境弗患；楚、魏之王，辞言不说，而境内已修备矣，兵士已修用矣；得之众也'。"可知秦国开明的政治领袖明白"用众"的道理。而提高孟贲、乌获等"力士"的地位以实现其引领社会风习的作用，也是聪明的策略。

关于所著《秦史·三力传》名义，王蘧常写道："秦起西垂，多戎患，故其民朴实坚悍，尚气概，先勇力。读《小戎》《驷驖》《无衣》诸诗，其风声气俗盖由来久矣。商君资之更法，以强兵力农，卒立秦大一统之基。悼武王有力，以身率，尚武之风益盛。上有好者，下必有甚焉者矣。"（王蘧常：《秦史》，第180页）所谓"尚气概，先勇力"，是秦民俗传统风格。而执政者出于政治军事追求的导向性政策，更促成了这种文化特质的显性的历史作用。"彊兵力农"的法令制度，使得"卒立秦大一统之基"。在这样的历史进程中，"悼武王有力，以身率"的作用是重要的，"三力"榜样性的"勇力"模范的作用，也是重要的。多种因素导致的"尚武之风益盛"的情形，是秦军力强劲，一往无前，终于实现统一的决定性的条件。

在指导秦国政治方向的法家论著的理论表述中，对"力"的推崇可以说旗帜鲜明。《商君书·农战》强调"教民"的重要，行政者引导民风，期望"民朴""作壹"，"民朴则不淫……作壹则民不偷。民不偷淫则多力，多力则国彊。"又说："民不偷淫，则国力搏。国力搏者彊。"而民"力"也就是国"力"："劳民者，其国必无力。无力者，其国必削。""抟民力以待外事，然后患可以去，而王可致也。"《商君书·去彊》说："国无力而行知巧者，必亡。"而法家的追求重视调整阶级关系，"治国能令贫者富，富者贫，则国多力，多力者王。""多力者王"的说法，又见于《商君书·慎法》："国之所以重，主之所以尊者，力也。"法制建立健全的目的，是"国多力"。也就是说："刑生力，力生强，强生威，威生惠，惠生于力。举力以成勇战，战以成知谋。"《商君书·说民》也说："刑生力，力生强，强生威，威生德，德生于刑。""作一则力抟，力抟则强；强而用，重强。故能生力，能杀力，曰：'攻敌之国'，必强。塞私道以穷其志，启一门以致其欲，使民必先行其所恶，然后致其所欲，故力多。"其中有关"生力""杀力"的说法，体现了富有战略意义的执政理念，值得我们注意。"杀力"，是要将民"力"国"力"投入到兼并战争中。《商君书·壹言》强调："力多而不攻则有虱。故抟力以壹务也，杀力以攻敌也。"《商君书·错法》："为国而能使其民尽力以竞于功，则兵必强矣。"秦国正是因此击破东方六国，实现了统一的。《商君书·靳令》又写道："圣君之治人也，必得其心，故能用力。力生强，强生威，威生德，德生于力。圣君独有之，故能述仁义于天下。"所谓"德生于力"，是说所有的政治成功，都必然依恃实力。"威"与"力"的关系，成书于秦地的《吕氏春秋》的《荡兵》篇是这样表述的："凡兵也者，威也，威也者，力也。"

《史记》卷六八《商君列传》记载赵良批评商鞅执行政时，引用了《尚书》中的话："《书》曰：'恃德者昌，恃力者亡。'"司马贞《索隐》："此是《周书》之言，孔子所删之余。"秦执政集团"恃力"的风格，是与儒学理念完全不同的。分析秦政的成与败和得与失，都分别可以看到"恃力"传统的作用。

"扛鼎""举鼎"竞技表演

在前引"能生拔牛角"等形式外，"扛鼎"即"举鼎"，是战国秦汉时期日常生活中最常见的显示"气""力"的方式。有学者说，"扛鼎"等，"在后代均成为杂技节目，而在当时却是选拔勇猛之士的重要标准"（傅起凤、傅腾龙：《中国杂技史》，上海人民出版社，1989年，第33页）。这一行为成为受到普遍欢迎的竞技表演形式，虽然未必秦人创始，如《吴子·料敌》有"一军之中，必有虎贲之士，力轻扛鼎……"语。但是这种表演形式曾经风行一时，却见于秦史中有关"力士"的记载。

《史记》卷五《秦本纪》写道："（武）王与孟说举鼎，绝膑。八月，武王死。族孟说。"似乎是说秦武王举鼎，当时可能是与孟说共同进行竞技式的表演。孟说因此严厉受到处置。杨宽论秦武王事，说："武王原是大力士，《秦本纪》称'武王有力，好戏'，'戏'是指角力，就是摔交。"原注："《国语·晋语九》记赵简子的戎右少室周要和大力士牛谈'戏'，韦注：'戏，角力也。'"（杨宽：《战国史》（增订本），上海人民出版社，1998年，第364页）其实，"戏""角力"未必适宜直接解作"摔交"。《史记》卷一一八《淮南衡山列传》："元朔五年，太子学用剑，自以为人莫及，闻郎中雷被巧，乃召与戏。被一再辞让，误中太子。太子怒，被恐。"这里所说的"戏"，既言"剑"，既言"中"，应是击剑竞技，当然不是"摔交"。《后汉书》卷一三《隗嚣传》载刘秀报隗嚣书："今关东寇贼，往往屯聚，志务广远，多所不暇，未能观兵成都，与子阳角力。"李贤注："角力犹争力也。""举鼎"，也是"角力"的形式。

《史记》卷四三《赵世家》："秦武王与孟说举龙文赤鼎，绝膑而死。"《太平御览》卷七五六引《史记》："秦武王与孟说举龙文之鼎，绝膑而死。"则强调所举鼎的形制纹饰。《资治通鉴》卷三"周慎靓王八年"记载："王与孟说举鼎，绝脉而薨。"胡三省注："脉者，系络脏腑，其血理分行干支体之间。人举重而力不能胜，故脉绝而死。按《史记·甘茂传》云武王至周而卒于周。盖举鼎者，举九鼎也。《世家》以为龙文赤鼎。《史记》'脉'作'膑'。"杨宽认同胡三省注"盖举鼎者，举九鼎也"之说，又据"《帝王世纪》谓'秦王于洛阳举周鼎'（《孟子·告子下篇》正义所引）"，说："武王这样亲自到洛阳来举起周鼎，用意是明显的，就是要'窥周室''挟天子以令天下'。"（杨宽：《战国史》（增订本），第364页）其实，秦武王"举周鼎""举九鼎"说未可确信。当时周王朝名义尚是天下共主，体制依然健全，象征最高权力的"九鼎"恐不能轻易作为"力士"的游戏道具。

"举鼎"是一种显示"力"的方式。《韩非子·六反》说:"夫欲得力士而听其自言,虽庸人与乌获不可别也。授之以鼎俎,则罢健效矣。故官职者,能士之鼎俎也。任之以事,而愚智分矣。"行政实践,是检测一个人是否"能士"的方式。而是否"力士"不能"听其自言","授之以鼎俎,则罢健效矣。"《晋书》卷七《成帝纪》:"(咸和)八年春正月辛亥朔诏曰:'……令诸郡举力人能举千五百斤以上者。'"考试是否"力人"的方式,是令其举重。明人徐应秋《玉芝堂谈荟》卷九列举诸多"古今有力者"故事,包括"蜀五丁力能移山""卫石蕃能负沙一千二百斗""孟贲生拔牛角""桀之力能伸铁钩索""纣能倒曳九牛、抚梁易柱""生捕虎豹""费仲、恶来足走千里,手制咒虎""魏任城王章曳虎尾、顿象鼻"等,标题则作"手举万钧"。可知举重长期被看作"有力"的测定方式。顾炎武《日知录》卷一一《权量》就此有所考论:"今考之传记,如孟子以举百钧为有力人。三十斤为钧,百钧则三千斤。《晋书·成帝纪》'令诸郡举力人能举千五百斤以上者'。"

在秦武王伤残身死之后,"举鼎"依然作为一种习见的显示"力"的竞技表演形式。

《史记》卷七《项羽本纪》说:"(项)籍长八尺余,力能扛鼎,才气过人。"裴骃《集解》:"韦昭曰:'扛,举也。'"司马贞《索隐》:"《说文》云:'横关对举也。'"《史记》卷一一八《淮南衡山列传》也有"厉王有材力,力能扛鼎"的说法。《汉书》卷六三《武五子传·广陵厉王刘胥》:"胥壮大,好倡乐逸游,力扛鼎。"又将"扛鼎"与"倡乐逸游"联系起来,与秦武王"有力好戏""举鼎绝膑"说同。《后汉书》卷三三《虞延传》也说虞延"长八尺六寸,要带十围,力能扛鼎"。《艺文类聚》卷六一引后汉张衡《西京赋》说汉代长安的公共游乐活动中,也有"乌获扛鼎"节目。《艺文类聚》卷六三引后汉李尤《平乐观赋》也说到"乌获扛鼎，千钧若羽"。

《隋书》卷一五《音乐志下》说到隋代继承了北朝"百戏""散乐"表演，以为"盖秦角抵之流者也"。还记载："又为夏育扛鼎，取车轮、石臼、大瓮器等各于掌上而跳弄之。"《通典》卷一四六《乐六·散乐》记载大致同样史事，也说到"为夏育扛鼎，取车轮、石臼、大盆器等各于掌上而跳弄之"。然而强调"如汉故事"。或许汉代"扛鼎"表演相当普及。舞弄石臼、大瓮器等，应与"扛鼎"有类似处。可能社会下层一般人家不能轻易得到"鼎"这样的表演道具。《后汉书》卷八三《逸民列传·梁鸿》记载："同县孟氏有女，状肥丑而黑，力举石臼，择对不嫁，至年三十。父母问其故。女曰：'欲得贤如梁伯鸾者。'鸿闻而娉之。"又有"女求作布衣、麻屦，织作筐缉绩之具"，"为椎髻，著布衣，操作而前"，"共入霸陵山中，以耕织为业"等故事。所谓"力举石臼"当然与《隋书》卷一五《音乐志下》所谓取"石臼""于掌上而跳弄之"有所不同，作为从事"耕织"的体力劳动者显示力量的动作，亦隐约显现出以"石臼"为道具的这种"散乐"形式的原始由来。所谓取"石臼、大瓮器"或"大盆器等""各于掌上而跳弄之"的"散乐""百戏"表演形式，在汉代画像中可以看到具体的反映。

《隶释》卷一九《魏大飨碑》写道："惟延康元年八月旬有八日辛未，魏王龙兴践阼，规恢鸿业，构亮皇基，万邦统世。"有登坛高会大飨之礼，组织了百戏表演："……六变既毕，乃陈秘戏。巴俞丸剑，奇舞丽倒，冲狭逾锋，上索踰高，舡鼎缘橦，舞轮摘镜，骋狗逐兔，戏马立骑之妙技。……"其中"舡鼎"节目，有可能与"扛鼎"有关。《说文·角部》："舡，举角也。"《文选》卷二张衡《西京赋》"乌获扛鼎"，李善注："《史记》曰：秦武王有力士乌获、孟说，皆大官。王与孟说举鼎。《说文》曰：扛，横开对举也。扛与舡同。"由

"觲，举角也"之说，也可证前引杨宽"角力，就是摔交"说不确。《魏大飨碑》说到的"陈秘戏"事，时在汉王朝政治生命终结的当年。据洪适说："汉献帝建安二十五年正月，魏王曹操死，其子丕嗣位，改元'延康'。《魏志》云：丕以七月甲午军次于谯，大飨六军。是时汉鼎犹未移也。丕为人臣，而自用正朔刻之金石，可谓无君之罪人也。"

《史记》卷七九《范雎蔡泽列传》说："夏育之勇焉而死。"裴骃《集解》："骃案：《汉书音义》曰：或云夏育卫人，力举千钧。"《汉书》卷六五《东方朔传》："夏育为鼎官。"颜师古注："或曰夏育卫人，力举千钧。鼎官，今殿前举鼎者也。"可推知大致在颜师古生活的时代，"殿前举鼎者"似乎已经有确定的专职人员。

秦"尚力"传统在汉代社会的遗存

可能有秦文化影响的因素，汉代仍有"举鼎"竞技表演。如前引《史记》卷七《项羽本纪》说项羽"才力过人"，表现在于"力能扛鼎"。《史记》卷一一八《淮南衡山列传》也可见"厉王有材力，力能扛鼎"之说。《西京赋》及《平乐观赋》"乌获扛鼎"是在表演技艺，而项羽、刘长以"扛鼎"形式显示的"力"，史籍"才力""材力"并说，当时或被看作"才"或"材"的体现。

吕后有残害戚夫人和刘如意的恶行。《史记》卷九《吕太后本纪》写道："吕后最怨戚夫人及其子赵王，乃令永巷囚戚夫人"，又策划谋害赵王。"孝惠帝慈仁……自挟与赵王起居饮食。太后欲杀之，不得间。孝惠元年十二月，帝晨出射。赵王少，不能蚤起。太后闻其独居，使人持鸩饮之。犁明，孝惠还，赵王已死。"据《太平御览》卷七〇四引《西京杂记》，吕后谋害刘如意的方式，与《吕太后本纪》的记录不同："惠帝与赵王同寝处，后杀之不得。后帝早猎，后命力士于被中缢杀之,乃死。吕后不信,以绿囊盛之,载以小軿车入见,厚赐之。力士东都门外宫奴,帝后知,腰斩之。"所说吕后令"力士"杀害刘如意,此"力士"有确定身份及被汉惠帝处置等情节,值得注意。

刘邦在汉初剪除功臣的行动中,陈平为他谋划擒拿韩信的方式。《史记》卷五六《陈丞相世家》记载陈平建议:"古者天子巡狩,会诸侯。南方有云梦,陛下弟出伪游云梦,会诸侯于陈。陈,楚之西界,信闻天子以好出游,其势必无事而郊迎谒。谒,而陛下因禽之,此特一力士之事耳。"于是,"高帝以为然,乃发使告诸侯会陈,'吾将南游云梦'。上因随以行。行未至陈,楚王信果郊迎道中。高帝豫具武士,见信至,即执缚之,载后车。"陈平所谓"力士"和司马迁记述执行此任务的"武士",身份是重叠的。陈平言"力士"者,可能体现了当时社会的语言习惯。

《汉书》卷九九下《王莽传下》记载,王莽出行时曾经有"力士"充任仪仗:"或言黄帝时建华盖以登仙,莽乃造华盖九重,高八丈一尺,金瑵羽葆,载以秘机四轮车,驾六马,力士三百人黄衣帻,车上人击鼓,挽者皆呼'登仙'。莽出,令在前。"

《艺文类聚》卷一引后汉李尤《九曲歌》曰:"年岁晚暮时已斜,安得力士翻日车。"也使用了"力士"称谓。又《水经注》卷一六《谷水》引《竹林七贤论》,说道:"魏明帝于宣武场上为栏,苞虎牙,使力士袒裼,逆与之搏,纵百姓观之。"也出现"力士"身份。不过,这里所说的"力士",大概只是有力者的通称,并不具有职务和官阶的意义。

前引梁玉绳《史记志疑》所说汉代人姓名有用古"力士"名号者,如"中常侍孟贲""护羌校尉夏育"。明人余寅:《同姓名录》卷一有"孟贲二"条:"古有力士孟贲,能生拔牛角。汉有中常侍孟贲,为湘南侯黄龙等所诬,顺帝知其罔,减龙等租四分之一。"又有"夏育二"条:"古有力士夏育,力举千钧。蔡泽曰:'夏育、太史噭叱呼骇三军,然而身死于庸夫。'汉灵帝时,乌桓校尉夏育请出塞击鲜卑,蔡邕难论,有五不可。"今按:《汉书》卷一九下《百官公卿表下》有"少府孟贲",《后汉书》卷三四《梁商传》有"中常侍""孟贲"(亦见《后汉书》卷七八《宦者列传·孙程》《续汉书·天文志中》,《三国志》卷四二《蜀书·孟光传》裴松之注引《续汉书》),《后汉书》卷八《灵帝纪》有"北地太守夏育"(亦见《后汉书》卷九〇《鲜卑传》)、"护乌桓校尉夏育"(亦见《续汉书·五行志三》,《三国志》卷三〇《魏书·鲜卑传》作"护乌丸校尉夏育"),《后汉书》卷五八《盖勋传》有"护羌校尉夏育",《后汉书》卷六五《段颎传》有"军吏""夏育""假司马夏育"。有学者论说"汉魏人仰慕古人,因而取其名字以为自己的名字"的情形,直接的体现"慕古"的例证是"景仰先圣,敬慕先贤",即"以古圣之名命名的"和"以先贤之名命名的"(张孟伦:《汉魏人名考》,兰州大学出版社,1988年,第20—25页)。这一情形,也体现出当时社会对"力士"的尊重。

秦人对"力士"及"尚力"倾向的思考

秦执政者抬举提升"力士"的地位以促成其强兵强国的积极影响,另一方面,我们又看到,对于"力士"文化局限乃至"尚力"文化倾向之是非的认识,也较早见于秦人言论文字或在成书于秦的论著中发表。

《商君书·错法》说:"乌获举千钧之重,而不能以多力易人。"《商君书·弱民》有同样的话:"乌获举千钧之重,不能以多力易人。"《战国策·秦策三》载范雎语:"乌获之力而死,奔、育之勇焉而死。"《战国策·燕策二》所见苏秦语则曰:"孟贲之勇而死,乌获之力而死。"这些说法，都指出"多力"的历史作用是有限的。

对于秦政治走向影响深刻的《韩非子》书中，也可以看到"力士"的"力"需要多种配合和策应才可以显示作用的意见。《韩非子·观行》："有乌获之劲，而不得人助，不能自举。有贲育之强，而无法术，不得长生。故世有不可得，事有不可成。故乌获轻千钧而重其身。非其身重于千钧也，势不便也。"这种对于"力士"的"力"的外在配合条件，可以理解为"势"。根据秦执政者对韩非学说的高度推崇，推想这样的认识，也可能当时即对秦政的设计和推行有一定作用。

在吕不韦执政的年代，他集合诸多宾客，完成了《吕氏春秋》一书。这部论著是在战国以来知识人游学各地、自由争鸣的时代即将结束时的一个文化标记。《吕氏春秋》面对即将来临的"大一统"时代，对文化形态提出了涵容百家的要求。高诱的序文是这样表述的："此书所尚，以'道德'为标的，以'无为'为纲纪，以'忠义'为品式，以'公方'为检格，与孟轲、孙卿、淮南、扬雄相表里。"也就是说，《吕氏春秋》对战国思想有所继承，有所总结；对于汉代思想有所启示，有所引导。曾经领略过东方多种文化因素各自丰采的吕不韦及其宾客们，明智地发现了历史文化进步的方向，意识到秦能够一时取胜的文化基因，或许不适宜实现了统一的新的帝国的管理。《吕氏春秋》可以看作在大一统的政治体制即将形成的时代，为推进这一历史进步所进行的一种文化准备。在政治文化的总体构想方面，吕氏为秦的最高统治者进行了设计。理解其中基本的文化理念，我们应当注意到《吕氏春秋》否定了对"力"的绝对尊崇。

《吕氏春秋·重己》写道："使乌获疾引牛尾，尾绝力勯，而牛不可行，逆也。使五尺竖子引其棬，而牛恣所以之，顺也。"这里强调，"勇力"使用的方向是更重要的。这样的认识，确实可以说是我们在考察"力士"的历史意义时必须重视的文化真知。

《吕氏春秋·慎大》说到孔子对于"力"的态度:"孔子之劲,举国门之关,而不肯以力闻。"《说文·力部》:"劲,强也。"《说文·弓部》:"强,弓有力也。"孔子自身"有力"却"不肯以力闻",是因为他自有更高等级的文化自尊和文化自信。正所谓"善持胜者,以术强弱"。论者又借孔子评论赵襄子事说,"有道之主能持胜",强调"道"的政治文化理念。又指出:"胜非其难者也,持之其难者也。贤主以此持胜,故其福及后世。"发表"持之其难"的见解,举示"福及后世"的榜样,或许可以看作对统一的秦帝国有某种预警意义的告诫。《吕氏春秋·不广》所谓"用武则以力胜,用文则以德胜",又进行了更明确的提示,强调了更高境界的"文""德"方面的优势应是最可贵的真正的优势。

《吕氏春秋》的作者还进行了秦史的回顾,对秦崛起历程中的光荣记忆也进行了反思。《吕氏春秋·悔过》写道:穆公时代,秦军远征偷袭郑国,师行过周,王孙满批评说:"过天子之城,宜櫜甲束兵,左右皆下,以为天子礼。今袀服回建,左不轼,而右之超乘者五百乘,力则多矣,然而寡礼,安得无疵?"值得注意的是,正是在"力士"得到尊宠的秦武王时代,秦国又一次以兵车队列来到周天子面前。《史记》卷七一《樗里子甘茂列传》记载:"使樗里子以车百乘入周。周以卒迎之,意甚敬。"有学者以为是"在周王室前耀武扬威"(林剑鸣:《秦史稿》,上海人民出版社,1981年,第248页)。《吕氏春秋》借王孙满所谓"力则多矣,然而寡礼",在这里提出了"力"和"礼"的对应关系,暗示"礼"远远超越"力"的意义。

又有一则可以读作政治寓言的故事,见于《吕氏春秋·顺说》:"惠盎见宋康王。康王蹀足謦欬,疾言曰:'寡人之所说者勇有力,而无为仁义者。客将何以教寡人?'惠盎对曰:'臣有道于此,使人虽勇，刺之不入；虽有力，击之弗中。大王独无意邪？'王曰：'善！此寡人所欲闻也。'惠盎曰：'夫刺之不入，击之不中，此犹辱也。臣有道于此，使人虽有勇弗敢刺，虽有力不敢击。大王独无意邪？'王曰：'善！此寡人之所欲知也。'惠盎曰：'夫不敢刺、不敢击，非无其志也。臣有道于此，使人本无其志也。大王独无意邪？'王曰：'善！此寡人之所愿也。'惠盎曰：'夫无其志也，未有爱利之心也。臣有道于此，使天下丈夫女子莫不欢然皆欲爱利之，此其贤于勇有力也，居四累之上。大王独无意邪？'王曰：'此寡人之所欲得。'惠盎对曰：'孔、墨是也。孔丘、墨翟，无地为君，无官为长，天下丈夫女子莫不延颈举踵而愿安利之。今大王，万乘之主也，诚有其志，则四境之内皆得其利矣，其贤于孔、墨也远矣。'宋王无以应。惠盎趋而出。宋王谓左右曰：'辨矣。客之以说服寡人也。'"《吕氏春秋》的作者接着说，"宋王，俗主也，而心犹可服，因矣。因则贫贱可以胜富贵矣，小弱可以制强大矣。"上古笑话多有以宋人为讥刺对象者（参看王利器录：《宋愚人事录》，王利器、王贞珉：《历代笑话集续编》，春风文艺出版社，1985年），《吕氏春秋》引宋人故事，亦往往具讽喻性质。此言"孔、墨""贤于勇有力也"的意见"说服"了宋康王，又说"宋王，俗主也，而心犹可服"。读者自然可以联想到，如果自以为"英主"者，也应当有相应的态度。

关于"小人尚力""小人绝力"

依照儒学正统政治理念，作为受到尊仰崇尚的"德"的对立概念，"力"是予以鄙薄轻视的。《孟子·公孙丑上》："孟子曰：'以力假仁者霸，霸必有大国，以德行仁者王，王不待大。汤以七十里，文王以百里。以力服人者，非心服也，力不赡也；以德服人者，中心悦而诚服也，如七十子之服孔子也。《诗》云：'自西自东，自南自北，无思不服。'此之谓也。""以德服人"和"以力服人",形成执政理念的高下对比。汉初政论家陆贾回顾历史,指出"尚威力"以致败亡的例证。《新语》卷下《至德》:"宋襄死于泓水之战,三君死于臣子之手,皆轻用师而尚威力,以至于斯。故《春秋》重而书之,嗟叹而伤之。"《新语》卷下《怀虑》又说:"鲁庄公据中土之地,承圣人之后,不修周公之业,继先人之体,尚权杖威,有万人之力,怀兼人之强,不能存立子纠,国侵地夺,以洙、泗为境。"指出"权""威""万人之力""兼人之强"等等,都不能看作绝对的政治优势。《新语》卷上《道基》也写道:"知伯仗威任力,兼三晋而亡。"对于秦政的失败,亦直接归罪于对"力"的推崇:"德盛者威广,力盛者骄众。齐桓公尚德以霸,秦二世尚刑而亡。"秦亡,可以看作"愚者以力相乱"的典型。论者提示:"大怒之威,非气力所能行也。""统四海之权,主九州之众,岂弱于力哉?然功不能自存,威不能自守,非贫弱也,乃道德不存乎身,仁义不加于天下也。"又就秦亡的教训警告当世执政者:"果于力而寡于义者,兵之所图也。"(《新语》卷下《本行》)论者强调,实现"善"的境界,在于"绝气力,尚德也"(《新语》卷上《慎微》)。

贾谊《过秦论》对于秦始皇"禁文书而酷刑法,先诈力而后仁义,以暴虐为天下始"的批评,注意到了历史条件的要求:"夫并兼者高诈力,安定者贵顺权,此言取与守不同术也。秦虽离战国而王天下,其道不易,其政不改,是其所以取之守之者无异也。"(《史记》卷六《秦始皇本纪》)以为"并兼"时代有历史合理性的"诈力"在新的历史条件下的无限度沿用,是致使秦败亡的主要原因。在贾谊的认识中,"诈力"和"仁义","诈力"和"顺权",显示政治方向的鲜明对照,但是"并兼者高诈力,安定者贵顺权",应当理解历史情势的不同要求。

作为个人取向,看重"德"还是看重"力",体现"君子""小人"的对立。《法言·渊骞》写道:"君子绝德,小人绝力。或问'绝德',曰:'舜以孝,禹以功,皋陶以谟,非绝德邪?''力。''秦悼武、乌获、任鄙,扛鼎抃牛,非绝力邪?'"李轨注:"皆以多力,举重崩中而死,所谓不得其死然。"对于"秦悼武、乌获、任鄙,扛鼎抃牛"等"力士"的表现,表达了与秦文化背景下明显不同的评价。

对于"力人""力士"所指称人的才与能的"力",稍晚又有刘劭《人物志》卷中《材能》的说法:"若力能过人,而勇不能行,可以为力人,未可以为先登。力能过人,勇能行之,而智不能断事,可以为先登,未足以为将帅。必聪能谋始,明能见机,胆能决之,然后可以为英。张良是也。气力过人,勇能行之,智足断事,乃可以为雄。韩信是也。体分不同,以多为目,故英雄异名。然皆偏至之材,人臣之任也。故英可以为相,雄可以为将。若一人之身,兼有英雄,则能长世。高祖、项羽是也。"刘劭认为,所谓"力能过人"或者"气力过人",只是"材能"中较低层次的表现。他对于"力""勇""智""聪""明""胆",乃至"兼有英雄"若干层级"材能"的分析,提出了有一定深度的人才思想。其中"若力能过人,而勇不能行,可以为力人,未可以为先登"的说法,出现了"力人"称谓,也是值得我们注意的。而这些议论的发表,距离《左传》中出现"秦之力人"字样,已经相隔八百多年了。

后来对"力"以及"尚力"者的鄙视,又见于宋儒程子《伊川易传》卷三《周易下经》:"小人尚力,故用其壮勇。"邵雍《君子吟》写道:"君子尚德,小人尚力。尚德树恩,尚力树敌。"(〔宋〕邵雍:《击壤集》卷一六)《朱子语类》卷七说道"自小便教之以德,教之以尚德不尚力之事"的道德培养理念,也反映了儒学的德教宗旨。"尚力"是受到鄙弃的。元代学者王申子《大易缉说》卷六《下经》说:

"小人尚力者,用之则为勇猛,怙强好胜。若固守此道,而行危也。"有的现代史学家在总结秦史时对秦武王和他识拔的"力士"们有所批评。例如林剑鸣《秦史稿》说:"武王一味嗜武,所以十分喜欢力士,对有些力士如任鄙、乌获、孟说等皆委以高官。武王自己也有一身蛮力气,因为向往着象征着周天子权位的周鼎,所以常常以举鼎为戏。公元前三〇七年(秦武王四年),武王在同力士孟说举鼎时,胫骨被折断,至当年八月竟因此死去。这一个雄心勃勃的武王,因好勇逞能,偏要做力不胜任之事,所以当了四年国君就离开了人间。"(林剑鸣:《秦史稿》,上海人民出版社,1981年,第248页)所谓"好勇逞能"与所谓"怙强好胜",其实可以做近义语理解。

后世对于秦文化"尚力"倾向的评断,长期以批判为主流。然而如果以儒学正统"小人尚力""小人绝力"的态度作为考察秦史的认识基点,也许难免有简单化片面化之失,不利于全面公正的历史判断。

《盐铁论·力耕》载录"文学"的议论:"古者尚力务本而种树繁,躬耕趣时而衣食足,虽累凶年而人不病也。"其中"尚力"和"躬耕"对说,是受到全面肯定的。而秦政的"尚力"风格,在奖励"力耕"方面也有突出体现,是不宜忽视的历史事实。

《后汉书》卷三〇下《襄楷传》载襄楷上疏:"周衰,诸侯以力征相尚,于是夏育、申休、宋万、彭生、任鄙之徒生于其时。"李贤注:"并多力之人也。夏育,卫人,力举千钧。宋万,宋人,杀愍公,遇大夫仇牧于门,批而杀之,齿著门阖。彭生,齐人,拉鲁桓公干而杀之。范雎曰:'以任鄙之力焉而死。'申休未详何世也。""力士"之徒地位的上升和影响的扩大,是在"诸侯以力征相尚"的时代背景下发生的历史现象。战国武力竞争时代,按照贾谊《过秦论》的说法:"诸侯力劲,强凌弱,众暴寡,兵革不休",所谓"并兼者高诈力",

是共同的文化取向。就秦"力士"的历史表现而言，在当时未必没有一定的积极意义。他们各自的素质，亦不宜简单地一概否定。马非百《秦集史》对著名秦"力人""力士"区别言之，以为："至辅氏之战，杜回以误踬结草而颠，致为晋师所获。盖亦孔子所谓'暴虎凭河，死而无悔'者。吾是以知有勇无谋之果不足贵也！"然而对于任鄙，则赞赏有加："任鄙不与举鼎之役，贤于贲、获远矣。故秦人谚曰：'力则任鄙，智则樗里。'而独不称贲、获。何则？不自恃其勇力者，乃真为有勇力者也。司马氏于鄙为汉中守，始、卒，皆特笔书之，非以其善用己长故耶？"（马非百：《秦集史》，第368页）所讨论的四位秦"力人""力士"，被分为三个等级。王蘧常《秦史》在《三力传》结尾则写道："论曰：鄙为守，能久于其任。获至老寿，必有以自贵其勇者。贲生于生死贵富，举无以易其勇，盖庶几有勇德焉。虽以非命死而非其罪。则三子者，岂徒力而已哉！"（王蘧常：《秦史》，第181页）以为"三力"于"勇""力"之外，亦各有其可"贵"之"德"。看来，扬雄的评论，"秦悼武、乌获、任鄙，扛鼎抃牛，非绝力邪？"包括秦武王，均一并指斥为"小人"，也许不免简单化绝对化之嫌。

秦始皇"天下一统"的历史新识

司马迁总结公元前8世纪至公元前3世纪的历史趋势,言终结于统一:"至秦始皇立,天下一统,十五年,海内咸归于汉矣。"(《史记》卷四《周本纪》)秦实现"天下一统"创建的新的政治格局和社会结构,并没有因短祚而完结,对后世形成二千年的影响。对于秦统一,历代史论、政论颇多评判。在新的学术条件下,有必要进行新的考察,以求形成新的理解。

秦统一的条件

关于秦统一事业的成功,秦始皇自称"德并诸侯","烹灭强暴"(《史记》卷六《秦始皇本纪》)。对于实现"天下一统"的因素,《史记》有"是善用兵,又有天命"(《史记》卷四《周本纪》)的说法。秦据西北僻陋之地迅速崛起,能够"强殆中国"(《荀子·强国》),最终实现一统,自有重要的原因。以往曾有学者将商鞅变法解释为由奴隶制走向封建制的社会形态进步的标志,以为秦的统一在于改革彻底,使得先进的制度战胜了落后的制度。然而许多迹象告诉我们,历史真实显然要复杂得多。正如李学勤所指出的:"近年有关秦的考古发现……特别是涉及奴隶制方面的,使我们感到必须重新描绘晚周到秦社会阶级结构的图景。""睡虎地竹简秦律的发现和研究,展示了相当典型的奴隶制关系的景象","有的著作认为秦的社会制度比六国先进，笔者不能同意这一看法，从秦人相当普遍地保留野蛮的奴隶制关系来看，事实毋宁说是相反。"（《东周与秦代文明》，上海人民出版社，2007年，第290—291页）就这一历史文化主题进行深入的研究，对于通过中国历史走向说明社会发展的若干规律是必要的。

对于秦富国强兵，终于一统的具体的条件，可以进行必要的分析。研究者注意到秦国在水利经营、交通建设、机械发明、动力革命等方面体现的优势，实现了国家综合实力的上升，成为在军事竞争中势不可当的重要因素（王子今：《秦统一原因的技术层面考察》，《社会科学战线》2009年第9期）。而管理方式的进步与铁质工具的普及，也表现出对东方六国的某种意义上的超越。秦的学术文化倾向特别注重实用之学的特点（王子今：《秦文化的实用之风》，《光明日报》2013年7月15日），与这一历史现象有关。秦在技术层次的优胜，使得秦人在兼并战争中能够"追亡逐北"，"宰割天下"，最终"振长策而御宇内"，"履至尊而制六合"（贾谊：《过秦论》）。

秦统一的规模

秦统一后形成了新的局面，后人曾经有"六王毕，四海一"（〔唐〕杜牧：《阿房宫赋》，《樊川集》卷一），"六王失国四海归"（〔宋〕莫济：《次韵梁尉秦碑》，《宋诗纪事》卷四七）之说。其实，击灭"六王"，不能完整概括秦统一事业。秦始皇实现的统一，亦包括北河拓进以及南海置郡。而秦帝国版图的规模，也远远超越了秦本土与"六王"故地。《史记》卷六《秦始皇本纪》记"西北斥逐匈奴"与"略取陆梁地"事，系于秦始皇三十三年（前214）。然而据《史记》卷八八《蒙恬列传》"秦已并天下，乃使蒙恬将三十万众北逐戎狄，收河南"及《秦始皇本纪》在二十六年（前221）记述中已言"南至北向户"，二十八年（前219）琅邪刻石有"皇帝之土……南尽北户"语,可知这两个方向的拓进在兼并六国后随即开始。北河与南海经营,也是秦统一战争的主题之一。秦始皇的政治志向和秦人的进取精神,因此可以得到更为真切的理解。后人对于秦统一后未能及时进行政策转变导致灭亡的批评,如贾谊《过秦论》所谓"取与守不同术也"而"秦离战国而王天下,其道不易,其政不改,是其所以取之守之者无异也"等,也可以在这一认识的基点上做新的分析。

秦统一的意义

自战国至于秦汉,历史形势发生剧变。清代史学家赵翼有"秦汉间天地一大变局"的判断(《廿二史札记》卷二《汉初布衣将相之局》)。汤斌曾明确说:"秦之并六国也,此古今一大变局也。"(《重建信陵君祠记》,《汤子遗书》卷四《记》)秦实现统一,秦王朝覆亡后,汉并天下后经历曲折仍重新复原了统一格局,即所谓"汉承秦制"(《后汉书》卷七〇上《班彪传》),使得中国政治文化进程走入新的境界。高度集权的"大一统"的政治体制基本形成,并且经历了多次社会动荡的历史考验而愈益完备。以丞相为统领的中央王朝百官公卿制度和以郡县制为主体的地方行政管理形式逐渐完善。而秦统一的作用,并不限于政治层面。

秦汉时期,以农耕经济和畜牧经济为主,包括渔业、林业、矿业及其他多种经营结构的经济形态走向成熟,借助交通和商业的发展,各基本经济区互通互补,共同抵御灾变威胁,共同创造社会繁荣,物质文明的进步取得了空前的成就。而经济史的这一演进,由秦在"治道运行,诸产得宜,皆有法式"原则下所谓"一法度衡石丈尺,车同轨"(《史记》卷六《秦始皇本纪》)以及货币的统一起始。

秦文化、楚文化和齐鲁文化等区域文化因子,在秦汉时期经长期融汇,形成了具有统一风貌的汉文化。考察这一变化,也应当视秦王朝"书同文字""匡饬异俗",以追求"黔首改化,远迩同度","大治濯俗,天下承风"(《史记》卷六《秦始皇本纪》)推行的文化政策为重要起点。

秦统一的影响

秦统一是具有世界意义的事件。李学勤写道:"秦的兼并列国,建立统一的新王朝,使秦文化成为后来辉煌的汉代文化的基础。"(《东周与秦代文明》)

秦王朝虽然短暂,但与秦人在西北方向长期的活跃表现,以"秦"为标志的民族文化共同体已经在辽阔的空间形成显著影响。两汉时期,西域及北方草原民族仍称中原人为"秦人"。实例见于《史记》卷一二三《大宛列传》《汉书》卷九四上《匈奴传上》及新疆拜城《刘平国刻石》。关于China的语源,有人解释为"丝",有人解释为"茶",有人解释为"荆"即"楚",有人解释为"昌南"即"景德镇"。也有学者以为与水田稻作有关,是"粳"的译音。而更多的学者倾向于与"秦"有关。《美国遗产大词典》的解释是,"China"一词与公元前三世纪的秦朝有关。《哥伦比亚百科全书》的编者也主张"China"一称来自于公元前221年至公元前206年的秦王朝。以"秦"为标志性符号的历史阶段对于世界文明进步的贡献,保留了我们民族光荣的久远记忆。

《三国志》卷三〇《魏书·东夷传》记载:"辰韩在马韩之东,其耆老传世自言古之亡人,避秦役来适韩国。……其言语不与马韩同,名国为邦,弓为弧,贼为寇,行酒为行觞,相呼皆为徒,有似秦人。""今有名之为秦韩者。"秦始皇使方士求海中仙山,"遣振男女三千人,资之五谷种种百工而行。徐福得平原广泽,止王不来"(《史记》卷一一八《淮南衡山列传》)。据说抵达日本列岛。这些都是秦王朝对东亚历史文化施行影响的史例。秦统一于世界史的意义，或许可以通过中原帝国执政者对于"北边"的重视以及随后发生的历史变局予以理解。草原强势军事力量因秦王朝比较积极的战略布局，南下侵扰的行为受到遏制。数十年之后，汉武帝对匈奴的有力抗击改变了汉帝国西北形势。匈奴向欧洲迁徙的历史动向，有的学者认为自秦始皇令蒙恬经营"北边"起始，世界民族文化格局因此有所变化。（比新：《长城、匈奴与罗马帝国之覆灭》，《历史大观园》1985年第3期）有的学者更突出强调秦始皇直道对于这一历史变化的作用。（徐君峰：《秦直道路走向与文化影响》，陕西师范大学出版社，2018年，第97页）这样的认识是有一定的学术依据的。

秦政的设计者和操作者"吞国称帝，致秦一统"（〔宋〕曹勋：《读李斯传》，《松隐集》卷三七《杂著》），同时推行以焚书坑儒为极端代表的文化专制政策。专政对象又扩衍至社会各层面，以致"法令诛罚日益刻深，群臣人人自危，欲畔者众"（《史记》卷八七《李斯列传》）。秦政急烈暴虐风格对中国政治史有长久的影响。谭嗣同《仁学》写道："二千年来之政，秦政也，皆大盗也。"即指出秦王朝行政极端专权的特征对后世政治生活的危害。这是我们在分析秦统一与秦政的历史影响时不能忽略的现象。然而秦统一的意义，后世批判秦政的政论和史论亦未必否定。钱穆指出："中国版图之恢廓，盖自秦时已奠其规模。近世言秦政，率斥其专制。然按实而论，秦人初创中国统一之新局，其所努力，亦均为当时事势所需，实未可一一深非也。"（《秦汉史》，三联书店，2004年，第20页）李学勤说："（秦统一）带来了国内各民族文化的进一步交流和融合，这是中国文化史上的重要转折点。"（《东周与秦代文明》，上海人民出版社，2007年，第294页）这样的判断，是值得我们重视的。

秦"抑商"辨疑:从商君时代到始皇帝时代

秦"抑商"说曾经成为对秦史经济政策判断的学术成见。另一方面,亦有否定秦"抑商",甚至以为秦"重商"的观点。亦可见秦"限商"的意见发表。认真考察秦史,可知"抑商"政策在秦行政方针中其实并不占据特别重要的地位。"抑商"曾经是"重农"的辅助策略。秦的"市"曾经相当繁荣,成为秦经济生活的重要构成。由秦律遗存可知,秦管理"市"的制度已经相当成熟。商路的畅通也促成了富国强兵事业的成功。秦始皇时代不仅允许吕不韦这样的出身商人者把握最高执政权,在嬴政亲政之后对于乌氏倮和巴寡妇清的非常礼遇,也可以反映当时工商业者的地位。

秦"抑商"说与秦"重商"说

李剑农总结"商君变法之条款,与经济改革有关系者",第一项即"奖励农业生产,抑制商贾"。他指出:有重农抑商主张并实行重农抑商政策者,"实自商鞅始"(李剑农:《先秦两汉经济史稿》,中华书局,1962年,第120页)。林剑鸣《秦汉史》写道:"'重农抑商'是自商鞅变法以来秦国一贯实行的国策。""为保护地主阶级的经济基础,秦王朝继续推行'重农抑商'政策。"(林剑鸣:《秦汉史》,上海人民出版社,1989年,第140—141页)郑良树说,"无可否认,商鞅是一位重农抑商的极力主张者。""为了达到重农的目标,商鞅不惜采用各种方法,'无所不用其极'地裁抑商人及商业活动。"(郑良树:《商鞅及其学派》,上海古籍出版社,1989年,第171—172页)有的论著写道:"商鞅采取种种措施严格限制商业活动,几乎走到了取消商业的地步。"(何汉:《秦史述评》,黄山书社,1986年,第98页)一些以秦经济史为研究对象的论著认同秦"抑商"之说,或以为"由于封建国家实行抑商政策",商人"在政治上和经济上""受到不同程度的歧视"(林甘泉主编《中国经济通史·秦汉经济卷》,中国社会科学出版社,2007年,第592页),或以为商鞅"控制商业"的政策即"耕战抑商政策"导致了"秦国的商品经济落后"(蔡万进:《秦国粮食经济研究》,内蒙古人民出版社,1996年,第111页)。以为秦"抑商"的意见,在战国秦汉史研究领域形成了主导性的影响。一些具有教科书性质的著作采用此说。

但是也有一些学者并不认为秦推行"抑商"政策。瞿兑之《秦汉史撰》有关"社会经济"内容中不仅不言"抑商",反而发表了秦"重商"的评断:"秦之重商。远在穆公以前。""商业既繁。商人势力益大。进执国政。"(瞿兑之:《秦汉史撰》,杨家骆主编《中国学术类编》单行本,鼎文书局,1979年,第74—75页)何兹全认为:"秦的统一,是春秋战国以来,社会经济,即商品货币关系发展的必然结果。""商鞅变法以后,秦国的国家权力集中在国君手里,……在旧的社会秩序下没有地位的新的商人贵族可依自己的才能取得政治地位和社会荣誉。当时,东方各国虽然都是秦国敌国,但在这些国家内,代表新的商人贵族阶级的进步势力,却无不以为秦国政府是代表他们利益的政府,各国有才能的人……无不跑到秦国来找出路,帮助秦国完成统一工作。"秦并天下,"货币和度量衡制统一后,又必然反转来促进商品货币关系发展"(何兹全:《秦汉史略》,上海人民出版社,1955年,第5页,第10页)。翦伯赞认为:"新兴的商人地主,首先在秦国获得了政权。商鞅变法，正是秦国历史之新的转向的表现。""秦自孝公用商鞅变法之后，秦国的政权已经是商人地主的政权，因而秦国的武力，也就是商人地主的武力，从而秦国所收夺的土地，也就是商人地主的土地。"他认为，"城市手工业的发达"是促成秦统一的"一个主要的历史动力"。"因为作为秦国政权之主要支持者的商人地主，正是城市手工业中成长起来的一种新的历史因素；秦代的统一，正是这种新的历史因素之成熟。"秦统一又"创造了商业资本走向全面发展的客观条件"，所以，"（秦始皇）巡行全国各地的时候，到处都得到商人地主的欢迎"（翦伯赞：《秦汉史》，北京大学出版社，1983年，第7页，第25页，第32页，第36页），有的学者说，秦统一后，"（商业）又有了进一步的发展。""秦始皇为发展封建经济的需要，除大力发展官营工商业外，亦曾鼓励商人经营致富，加以统一货币、度量衡、车轨等措施的推行，使秦代的工商业较前有了进一步的发展。"（王云度、张文立主编《秦帝国史》，陕西人民教育出版社，1997年，第138页，第132页，第144页）

秦对商业和商人之政策的确切内容及其历史文化影响，有必要进行符合历史真实的说明。商鞅一类人物与商贾对于传统宗法社会有同样的不满情绪和破除意向，也许也是应当注意到的。范文澜的意见，"法家一般也代表商贾（地主常兼作商贾）的利益，商鞅抑末是在秦国的特殊措施。"（范文澜：《中国通史》第一册，人民出版社，1978年，第190页）也值得思考。

祝中熹在《秦国商业及货币形态析述》中写道："战国时期曾普遍流行抑商思想，秦国由于影响巨大的商鞅变法含有抑商的内容而特别引人瞩目。""很显然，商业的过度兴盛同变法的战略方针背道而驰。""不过我们必须看到，商鞅的抑商只是重农的辅策，只着眼于防止农业劳动力的分流，意在减少、降低商业的负面影响，而并未从根本上扼杀商业的生命力。""变法中有些内容在客观上还有利于商业的长远发展,如'平斗、桶、权、衡、丈、尺'……是政府严格市场管理,建立商品交易秩序,强化国家职能的作为,对正常的商业发展具有促进作用。"(祝中熹:《秦史求知录》,上海古籍出版社,2012年,第311页,第315—316页)

对《商君书》农商政策的理解

余英时将《商君书》看作"战国晚期所集结的"论著。他分析《商君书·算地》中关于"五民"的文字,指出:"最后两类人即是工与商,法家和儒家同把他们看作社会上的寄生虫。"(余英时:《反智论与中国政治传统》,《历史与思想》,台北联经出版事业公司,1976,第22页,第24页)郑良树说:"在《垦令篇》里,他曾经不很有系统地开列了许多抑商的办法:第一,商人不得卖粮","第二,提高酒肉价钱","第三,废除旅馆的经营","第四,加重商品销售税","第五,商家的奴仆必须服役"。"上述五种办法,有的是从积极方面着手,如不得卖粮、提高酒肉价钱、加重商品销售税;有的是从消极方面着手,如废除旅馆、奴仆服役,都间接直接地在裁抑商人,减少商人的数量和活动。"(郑良树:《商鞅及其学派》,第172—173页)

祝中熹指出:"细审《商君书》诸篇,有些主张目的在于抑制商贾势力的膨胀……但均未超越危及商业生存的底线。"他的另一意见也值得注意:"《商君书·去强篇》明言:'农、商、官三者,国之常官也。'显然对商业并不歧视。"(祝中熹:《秦史求知录》,第316页)

《剑桥中国秦汉史》写道:"以他命名的一部重要的法家著作《商君书》由几种材料组成,其中可能没有一种是商鞅写的。但是有的部分,特别是较早期的部分,可能反映了他的思想。"在讨论商鞅变法时,"要考虑到这些困难。"(卜德:《秦国和秦帝国》,〔英〕崔瑞德、

〔英〕鲁惟一编《剑桥中国秦汉史》，中国社会科学出版社，1992年，第49页）

我们在思考商鞅变法是否"抑商"的问题时应当对其中政策设定的出发点予以更多的关注。高亨在《商鞅与商君书略论》中肯定商鞅"实行重农重战政策"，却不言是否"抑商"。他对于《商君列传》"僇力本业，耕织致粟帛多者复其身；事末利及怠而贫者，举以为收孥"是这样解释的："奴隶努力务农，则升为庶民，庶民不努力务农，则贬为奴隶。""首先是以解放奴隶为赏，以贬为奴隶为罚，来推行重农政策。"（高亨注译《商君书注译》，中华书局，1974年，第9页）对于"事末利"，并没有明确解说。

对于商鞅否定"事末利"的政策，不少学者以为就是"抑商"。傅筑夫说："末，包括商品生产和商业"（傅筑夫：《中国封建社会经济史》第一卷，人民出版社，1981年，第355页）。范文澜说："商鞅抑末政策，意在防止商贾高利贷者兼并土地，使秦民专力从耕织与战争中求富贵。"不过，他又认为，"末"的含义比较宽泛，"文学游说之士，属于末一类，不许入秦。"（范文澜：《中国通史》第一册，人民出版社，1978年，第190页）

有学者指出，《商君书》中，"只有《垦令》中谈到对商人的限制措施"。而这是为了避免"他们的势力过分扩张"，"以免损害农战政策"。商鞅的政策倾向是"限商"而并非"抑商"（汤勤福：《商子答客问》，上海人民出版社，1999年，第177—182页）。

秦"市"及商路的繁荣

从秦的经济史记录看，商业的发展也自有传统。《史记》卷六《秦始皇本纪》记载："献公立七年，初行为市。""（惠文王）立二年，初行钱。"安作璋主编《中国史简编》虽然以为"重农抑商"是商鞅变法的"主要内容"。不过，论者仍承认秦献公"'初行为市'，允许在国内从事商业性活动"，"为商鞅变法准备了必要的条件"（安作璋主编《中国史简编》（古代卷），高等教育出版社，2014年，第85页）

商鞅变法的第一个动作"徙木立信"，即将表演的舞台设定在都城雍的"市"。《史记》卷六八《商君列传》："……乃立三丈之木于国都市南门，募民有能徙置北门者予十金。"睡虎地秦简《金布律》与《关市律》简文，体现秦对"市"的管理有成熟的制度。

司马迁在《史记》卷一二九《货殖列传》中言关中经济形势，强调商运的开发促成了社会繁荣，其中包括对秦经济史的追述："及秦文、德、缪居雍，隙陇蜀之货物而多贾。献公徙栎邑，栎邑北却戎翟，东通三晋，亦多大贾。……长安诸陵，四方辐凑并至而会，地小人众，故其民益玩巧而事末也。"所谓"隙""通"以及"四方辐凑并至而会"，体现了商业交通的发达。《货殖列传》又写道："南则巴蜀。巴蜀亦沃野，地饶卮、姜、丹沙、石、铜、铁、竹、木之器。南御滇僰，僰僮。西近邛笮，笮马、旄牛。然四塞，栈道千里，无所不通，唯褒斜绾毂其口，以所多易所鲜。天水、陇西、北地、上郡与关中同俗，然西有羌中之利，北有戎翟之畜，畜牧为天下饶。然地亦穷险，唯京师要其道。"关中地方天下"什居其六"的"富""饶"，按照司马迁的理解，商运发挥了积极的作用。

咸阳作为秦帝国经济重心，与巴蜀之间"栈道千里，无所不通，唯褒斜绾毂其口"，与"天水、陇西、北地、上郡"的交通联系，"唯京师要其道"，正是以咸阳为中心"四方辐凑并至而会"的交通形势，形成了可以被称为"大关中"的经济地理格局。其经济地理优势之成就，与"以所多易所鲜"的商业活动有密切关系。

吕不韦故事与"乌氏倮""巴寡妇清""名显天下"

范文澜说:"商鞅重农抑商政策,不仅不能行施于山东六国,即在秦国也不能遏阻重商的趋势,到战国末年,大商人吕不韦终于参加了秦国的政权。"(范文澜:《中国通史》第一册,第211页)所谓"抑商政策"与"重商的趋势"并说,是很有意思的事。而吕不韦的地位正是在这样的历史纠结中上升。据《史记》卷八五《吕不韦列传》记载,吕不韦出身富商,出资支持"秦诸庶孽孙"子楚取得王位继承权。吕不韦不惜"破家"以"钓奇"的策划取得成功。公元前249年,子楚即位,是为秦庄襄王,吕不韦任丞相,封为文信侯,食洛阳十万户。其政治投资获得回报。三年后,秦庄襄王去世,太子嬴政立为王。这就是后来的秦始皇。吕不韦为相国,号称"仲父"。

从秦庄襄王元年(前249)起,到秦王政十年(前237)免职,吕不韦在秦国专权十二年。而这一历史阶段,正是秦国军威大振,统一战争取得决定性胜利的时期,秦国的经济实力已经远远优越于东方六国,秦国的军事实力也已经强锐无敌。秦国用客可以专信,如商鞅、楼缓、张仪、魏冉、蔡泽、吕不韦、李斯等,正如明人张燧《千百年眼》卷四所说"皆委国而听之不疑"(〔明〕张燧:《千百年眼》,河北人民出版社,1987年,第53页)。而吕不韦权位之高,一时达到极点。吕不韦是中国历史上以个人财富影响政治进程的第一人。从这一角度认识秦国政策,或可有所新知。秦政治文化实用主义的特征,与东方文化"迂大而闳辩"(《史记》卷七四《孟子荀卿列传》)风格大异。而商人务实即追求实利的精神,正与此相合。司马迁笔下洛阳巨商白圭自称"权变""决断"类同"商鞅行法"(《史记》卷一二九《货殖列传》),也是发人深思的。

瞿兑之《秦汉史撰》在关于秦"商业"的内容中,于"商业既繁，商人势力益大，进执国政"句后，先说吕不韦事迹，接着引录《史记》卷一二九《货殖列传》文字："乌氏倮畜牧，及众……畜至用谷量马牛。秦始皇帝令倮比封君，以时与列臣朝请。而巴寡妇清，其先得丹穴，而擅其利数世，家亦不訾。……秦皇帝以为贞妇而客之，为筑女怀清台。夫倮鄙人牧长，清穷乡寡妇，礼抗万乘，名显天下，岂非以富邪？……"（瞿兑之：《秦汉史撰》，第75页）

  明代学者王立道写道：因《货殖列传》史笔，"（巴寡妇清）得托名不朽，贪夫婆人将日皇皇焉。""使天下见利而不闻义，则子长之罪也。"（〔明〕王立道：《跋叶母还金传》，《具茨文集》卷六《杂著》，文渊阁《四库全书》本）王世贞曾经三次就秦始皇尊礼巴寡妇清事发表议论（〔明〕王世贞：《王节妇项安人祠记》，《弇州四部稿》卷七五《文部·记》）。他说："夫秦何以客巴妇为也？妇行坚至兼丈夫任，难矣！客之，志风也。"（〔明〕王世贞：《明故郑母唐孺人墓志铭》，《弇州四部稿》卷九二《文部·墓志铭》）秦始皇的深层动机，大概还是要表达司马迁所赞许的对"不訾""饶财"的尊重。王世贞还感叹："余始读秦皇帝礼巴寡妇清事，而卑秦风之不逮贫也。"（〔明〕王世贞：《严节妇诸传》，《弇州四部稿》卷八五《文部·传》）他有关"秦皇帝礼巴寡妇清事"与"秦风"之内在关系的发现，是值得重视的。而社会风习的形成和传递，当然也有政策影响的因素。

再议"焚坑"

秦始皇在实现统一之后第八年和第九年做的两件事,也就是通常所说的"焚书"和"坑儒",标志着秦帝国的政治方向和文化原则。秦始皇不会想到,这样的决策后来会成为千古议论的话题。后人有时"焚坑"并说,如宋人朱熹所谓"焚坑之祸"(《朱子语类》卷七八),元人张九垓所谓"焚坑之厄"(《义宁县学记》,《粤西文载》卷二六),明人郑真所谓"焚坑之惨"(《荥阳外史集》卷五〇)。更为著名的自然是毛泽东《七律·读〈封建论〉呈郭老》"劝君少骂秦始皇,焚坑事业要商量"诗句。"要商量"或引作"待商量",中央档案馆保存的铅印件作"要商量"。

"烟燎之毒":中国文化的浩劫

《史记》卷六《秦始皇本纪》有关于"焚书"事件的明确记载。秦始皇三十四年(前213),李斯建议:"史官非《秦记》皆烧之。非博士官所职,天下敢有藏《诗》《书》、百家语者,悉诣守、尉杂烧之。有敢偶语《诗》《书》者弃市。以古非今者族。"又提出违令者和责任官员均应受到严厉惩处。"所不去者,医药、卜筮、种树之书。""制曰:'可。'"《史记》卷八七《李斯列传》记录李斯上书:"诸有文学《诗》《书》、百家语者,蠲除去之。""所不去者,医药、卜筮、种树之书。"又记载:"始皇可其议,收去《诗》《书》、百家之语以愚百姓，使天下无以古非今。"

对于秦"焚书"导致的先秦文献的破坏，很早就有人提出异议。如《通志》卷七一《校雠略》载录《秦不绝儒学论》以"臣向谓"的口气言"秦人焚书而书存"，又说"诸儒穷经而经绝"。论者说，先秦就有《诗》《书》亡逸情形，"皆不因秦火"。又说："自汉以来，书籍至于今日，百不存一二。非秦人亡之也，学者自亡之耳。"体味论者原意，在于揭示文化史进程中书籍散亡的复杂因素，但绝不是肯定"秦火"的合理。所谓"秦人焚书而书存"，一者因"博士官所职"的国家典藏，二者因民间在艰险情况下的保护和传承。前者又经历"项籍之罪"（刘大櫆《焚书辩》），"项羽之火"（刘师培《六经残于秦火考》，《左庵集》卷三）。后者不能避免传授过程中由不同立场和不同视角出发对早期经典的修正和扭曲。

秦始皇事后回顾"焚书"事，言"吾前收天下书不中用者尽去之"（《史记》卷六《秦始皇本纪》）。称"焚书"对象为"天下书不中用者"。医药、卜筮、种树之书等实用之学的积累确实得以保存，又有学者指出兵学知识仍然在民间普及，如袁宏道《经下邳》诗所谓"枉把六经灰火底，桥边犹有未烧书"（《明诗综》卷六二）。也有人据"夜半桥边呼孺子，人间犹有未烧书"咏张良事迹诗，论"兵家言原在'不燔'之列"（陈恭尹：《读〈秦纪〉》）。尽管秦文化重视实用的风格使得许多技术层面的知识得以存留，但是以理论为主题的体现较高思辨等级的文化遗产遭遇"秦火"造成的中国文化的劫难，是不可否认的历史真实。虽然"民间《诗》《书》，未必能家摧而户烧之，燔余烬遗，往往或有"（刘师培《六经残于秦火考》，《左庵集》卷三），我们却不能在回顾文化史时，轻易宽恕毁灭文明成就的文化专制主义的罪恶。

王充《论衡·书解》说："秦虽无道，不燔诸子，诸子尺书，文篇具在，可观读以正说，可采掇以示后人。"赵岐《孟子章句题辞》也说秦不焚诸子。《文心雕龙·诸子》："烟燎之毒，不及诸子。"陈恭尹《读〈秦纪〉》有"百家杂碎，初未从火"的说法。然而《史记·秦始皇本纪》和《李斯列传》都明确说焚书对象是包括"百家语"的。也许"蠲除去之"的严厉程度，"百家语"不及《诗》《书》。但是对于这一问题，显然还有进一步考察的必要。

近来有人说，"焚书坑儒"是一场旷日持久的弥天大谎，"焚书"实为秦始皇"课改"，秦始皇焚书只是国家进行了一场教学课本改革，收焚了"天下"所藏之"《诗》《书》、百家语"这些过时的不适用的教学课本。在这样的说法引起的热议中，我们已经看到比较清醒的立足科学求实精神的认识。有的学者强调，对于历史的解读，应当有严谨的学术研究的基础。应当指出，中国古代教育史的常识告诉我们，秦代还没有国家全面控制教育的制度，也没有定型的统一的"教学课本"。所谓"课改"，所谓"教学课本改革"，都是没有根据的，并不符合当时文化教育形式的实际。我们以为，历史研究的最重要的前提，是对历史客观存在的尊重。探求历史真实，应当基于诚恳之心。科学学术工作，必须与哗众取宠以炒作获取虚名的心理划清界限。一味地追求历史认识的立异翻新，也许是不可取的。

明代思想家李贽在《史纲评要》卷四《后秦纪》中曾经这样评论李斯关于焚书的上书："大是英雄之言，然下手太毒矣。当战国横议之后，势必至此。自是儒生千古一劫，埋怨不得李丞相、秦始皇也。"朱彝尊《秦始皇论》也说："于其际也，当周之衰，圣王不作，处士横议，孟氏以为邪说诬民，近于禽兽。更数十年历秦，必有甚于孟氏所见者。……特以为《诗》《书》不燔，则百家有所附会，而儒生之纷纶不止，势使法不能出于一。其忿然焚之不顾者，惧黔首之议其法也。彼始皇之初心，岂若是其忍哉！盖其所重者法，激而治之，甘为众恶之所归而不悔也。"对于秦始皇"焚书"之背景、动机和直接出发点的探索，还可以进行深入的讨论。但是基本史实的认定，应当是研究的基点。

"坑儒"辨疑

关于秦始皇"坑儒"的记载，见于《史记》卷六《秦始皇本纪》。秦始皇得知侯生、卢生出逃，"乃大怒曰：'吾前收天下书不中用者尽去之。悉召文学方术士甚众，欲以兴太平，方士欲练以求奇药。今闻韩众去不报，徐市等费以巨万计，终不得药，徒奸利相告日闻。卢生等吾尊赐之甚厚，今乃诽谤我，以重吾不德也。诸生在咸阳者，吾使人廉问，或为妖言以乱黔首。'"于是，"使御史悉案问诸生，诸生传相告引，乃自除犯禁者四百六十余人，皆坑之咸阳，使天下知之，以惩后。"近年多有学者著文否认秦始皇"坑儒"事。主要论点，以为所坑杀的对象是"术士"而非"儒生"。

人们可能首先会提出这样的问题：难道"术士"就较"儒生"低贱，就可以随意屠杀吗？而且，究竟秦始皇坑杀对象究竟能否排除儒生，依然是需要澄清的问题。

就"坑儒"一事，其实很早就有人提出异见。《通志》载《秦不绝儒学论》说："秦时未尝废儒，而始皇所坑者，盖一时议论不合者耳。"提出此说的依据，是秦末仍可看到儒生和儒学的活跃："陆贾，秦之巨儒也。郦食其，秦之儒生也。叔孙通，秦时以文学召，待诏博士，数岁，陈胜起，二世召博士诸儒生三十余而问其故，皆引《春秋》之义以对。是则秦时未尝不用儒生与经学也。况叔孙通降汉时，自有弟子百余人，齐鲁之风亦未尝替。故项羽既亡之后，而鲁为守节礼义之国。"朱彝尊《秦始皇论》也说："彼之所坑者，乱道之儒，而非圣人之徒也。"虽然历史上每一次政治迫害运动之后，都依然会有迫害对象和迫害对象同等级者的存留。然而以儒生在历史舞台上继续表演的历史记载推定"秦不绝儒学","秦时未尝废儒",仍然是有一定的说服力的。这样的说法,其实只是限定了"坑儒"的范围,并没有完全否定"坑儒"的史实。

言秦始皇"皆坑之咸阳"之"四百六十余人"使用"术士"称谓者,较早有《史记》卷一一八《淮南衡山列传》载伍被语所谓"杀术士,燔《诗》《书》"以及《汉书》卷八八《儒林传》所谓"燔《诗》《书》,杀术士"。不过,《汉书》中其他相关评论,都明确认定"坑儒"。如《汉书》卷二七下之上《五行志下之上》"燔《诗》《书》,坑儒士",《汉书》卷二八下《地理志下》"燔书坑儒"。此后如《后汉书》卷六六《陈蕃传》"焚书坑儒",以及《后汉书》卷五三《申屠蟠传》"坑儒烧书",《后汉书》卷六一《左雄传》"坑儒泯典",《三国志》卷二五《高堂隆传》"秦世之坑儒",《宋书》卷一一《志序》"秦坑儒",《陈书》卷三三《儒林传》"焚书坑儒",《魏书》卷六六《李崇传》与《北齐书》卷三六《邢邵传》"坑儒灭学",也都是明确的表述。其实,所谓"术士""方士"和"儒生",文化资质有某种相通之处。正如有的学者所说,"谓所坑乃'方技之流',非'吾儒中人',盖未省'术士'指方士亦可指儒生。"(光聪谐:《有不为斋随笔》)"术士"可指"儒生"之例,有《史记》卷一一八《淮南衡山列传》载伍被语:"昔秦绝先王之道,杀术士,燔《诗》《书》,弃礼义,尚诈力",《汉书》卷四五《伍被传》作"往者秦为无道,残贼天下,杀术士,燔《诗》《书》,灭圣迹,弃礼义"。又《汉书》卷八八《儒林传》:"至秦始皇兼天下,燔《诗》《书》,杀术士,六学从此缺矣。"分析上下文"先王之道"以及"礼义""圣迹""六学"诸语,理解当时语境,可以知道这里说的"术士"其实就是"儒生"。

《史记》卷六《秦始皇本纪》所谓"诸生传相告引,乃自除犯禁者四百六十余人，皆坑之咸阳"之"诸生"，作为社会称谓的使用，所指代的社会身份可能原本是比较模糊的。顾颉刚说："当时儒生和方士本是同等待遇。""（秦始皇）把养着的儒生方士都发去审问，结果，把犯禁的四百六十余人活葬在咸阳：这就是'坑儒'的故事。"（《秦汉的方士和儒生》，上海古籍出版社，1978年，第12页）以为受害者即"儒生方士"。两种身份并说。

《论衡·语增》肯定"焚书坑儒"是历史真实，以为坑杀对象就是"儒生"，然而否定了秦始皇欲全面取缔儒学的说法："传语曰：秦始皇帝燔烧《诗》《书》，坑杀儒士，言燔烧《诗》《书》，灭去五经文书也；坑杀儒士者，言其皆挟经传文书之人也。烧其书，坑其人，《诗》《书》绝矣。言燔烧《诗》《书》，坑杀儒士，实也。言其欲灭《诗》《书》，故坑杀其人，非其诚，又增之也。"在史事辨析时，又完全剔除了"术士"的表现："三十五年，诸生在咸阳者多为妖言。始皇使御史案问诸生，诸生传相告引者、自除犯禁者四百六十七人，皆坑之。""坑儒士，起自诸生为妖言。"

我们必须重视的一则重要信息，是《史记》卷六《秦始皇本纪》在"四百六十余人皆坑之咸阳"之后记录的扶苏的表态："始皇长子扶苏谏曰：'天下初定，远方黔首未集，诸生皆诵法孔子，今上皆重法绳之，臣恐天下不安。唯上察之。'始皇怒，使扶苏北监蒙恬于上郡。"扶苏所谓"诸生皆诵法孔子"，明确解说了"诸生"的文化资质和文化立场。又《史记》卷六《秦始皇本纪》载李斯驳淳于越语，前说"今陛下创大业，建万世之功，固非愚儒所知"，后说"今诸生不师今而学古，以非当世，惑乱黔首"，此处"诸生"就是"儒"。《史记》中使用"诸生"称谓凡33例，没有一例可以明确包含"方士"身份。除前引多例外，卷二八《封禅书》"使博士诸生刺《六经》中作《王制》，谋议巡狩封禅事"，"自得宝鼎，上与公卿诸生议封禅。封禅用希旷绝，莫知其仪礼，而群儒采封禅《尚书》《周官》《王制》之望祀射牛事。"又如："儒既已不能辨明封禅事，又牵拘于《诗》《书》古文而不能骋。上为封禅祠器示群儒，群儒或曰'不与古同'，徐偃又曰'太常诸生行礼不如鲁善'，周霸属图封禅事，于是上绌偃、霸，而尽罢诸儒不用。"又卷四七《孔子世家》太史公曰："余读孔氏书，想见其为人。适鲁，观仲尼庙堂车服礼器，诸生以时习礼其家，余低回留之不能去云。"在司马迁笔下，"诸生"称谓都明确直指"儒""群儒"。

古代政论家很早就注意到，秦始皇坑杀的"诸生"确是"儒"的最明朗的史料依据，是扶苏"诸生皆诵法孔子"之说。不过，宋元之际有学者发表意见否定扶苏之说。萧参《希通录》："古今相承，皆曰'坑儒'，盖惑于扶苏之谏。""自扶苏一言之误，使儒者蒙不韪之名。"陶宗仪《辍耕录》卷二五"论秦蜀"条有同样的说法，只是"自扶苏一言之误"作"自扶苏言之误"。"扶苏之谏"，是直接针对坑杀"诸生"的批评意见，是与历史真实时间距离和空间距离最近的判断。发表者与帝国最高决策人秦始皇有最亲近的感情，与执政中枢机关有最密切的关系。轻易指斥"扶苏一言之误"，"扶苏言之误"，恐怕是难以说服读者的。

还应当看到"焚坑"是体现出政策连续性的事件。"焚书"时已经有对违令儒生严厉惩处的手段，这就是所谓"有敢偶语《诗》《书》者弃市"和"以古非今者族"。

"焚坑"非"一时间事"

"焚书坑儒"是中国政治史和文化史中沉痛的记忆。《秦不绝儒学论》对于"焚书"有"一时间事"的说法。现在看来，不注意"焚坑"事的前源和后流，只是看作偶然的短暂的历史片段，可能是不正确的。

宋代曾有"世人说坑焚之祸，起于荀卿"的意见（《朱子语类》卷一三七）。明人杨慎也说道："宋人讥荀卿云，卿之学不醇，故一传于李斯，而有坑焚之祸。"（《丹铅余录》卷一三）吕思勉说："在《管子·法禁》，《韩非子·问辨》两篇中，早有焚书的主张。秦始皇及李斯就把他实行了。"（《吕著中国通史》，华东师范大学出版社，1992年，第347页）所说《管子·法禁》的主张，可能即"行辟而坚，言诡而辩，术非而博，顺恶而泽者，圣王之禁也"。《韩非子·问辨》中的相关内容，或许即"言行而不轨于法令者必禁"，"言当则有大利，不当则有重罪"。

我们注意到，《韩非子·和氏》说，商君建议秦孝公"燔《诗》《书》而明法令"，"孝公行之，主以尊安，国以富强"。可知早在秦孝公、商鞅时代，"焚书"作为已经"实行"的行政操作方式明确见诸文献。宋王应麟《困学纪闻》卷一〇《诸子》写道："《韩子》曰：商君教秦孝公燔《诗》《书》而明法令。愚按《史记·商君传》不言燔《诗》《书》，盖《诗》《书》之道废，与李斯之焚之无异也。"是说商鞅和李斯坚持的文化主旨"无异"，而读《韩非子》本文，可知"燔《诗》《书》"，就是"焚书"无疑。前引《史记》卷一一八《淮南衡山列传》及《汉书·儒林传》所谓"燔《诗》《书》"，以及《汉书》卷九九下《王莽传下》所谓"昔秦燔《诗》《书》以立私议"，都是说秦始皇"焚书"。

"焚书坑儒"形成的文化惯性，对后世政治生活依然有着长久的影响。以行政权力强化思想控制、文化控制、意识形态控制，成为帝制时代的政治文化传统。在历史上有的时代，控制和反控制矛盾的激化，可能重演秦代发生过的严酷的文化摧残和人身迫害。东汉党锢之祸发生，陈蕃上疏极谏，以当时局面直接比况秦时形势："伏见前司隶校尉李膺、太仆杜密、太尉掾范滂等，正身无玷，死心社稷。以忠忤旨，横加考案，或禁锢闭隔，或死徙非所。杜塞天下之口，聋盲一世之人，与秦焚书坑儒，何以为异？"（《后汉书》卷六六《陈蕃传》）面对汉末黑暗政治，申屠蟠也曾经说："昔战国之世，处士横议，列国之王，至为拥彗先驱，卒有坑儒烧书之祸，今之谓矣。"于是有"穷退""韬伏"的选择（《后汉书》卷五三《申屠蟠传》），取另一种抵制的态度。这可以看作宋人俞德邻所谓"商皓虽寂寞，幸免坑焚悲"（《暇日饮酒辄用靖节先生韵积二十首》之四，《佩韦斋集》卷三）的翻版。明智士人对"焚坑"之祸的重复发生深心警觉，是因为这种危险确实长期存在的缘故。

有的学者是站在维护现政权的稳定的立场上总结"焚坑"教训的。如清人李光地写道，秦的政治危局，"其祸究于坑焚，则士大夫之陈列无闻而诵说亦辜矣"（《读论语札记》卷下）。"焚坑"导致的危害，如贾谊《过秦论》所说："秦俗多忌讳之禁，忠言未卒于口而身为戮没矣。故使天下之士倾耳而听，重足而立，拑口而不言。是以三主失道，忠臣不敢谏，智士不敢谋，天下已乱，奸不上闻，岂不哀哉！"这就是所谓"雍蔽之伤国"。

唐人章碣诗："坑灰未冷山东乱，刘项元来不读书。"（〔宋〕洪迈编《万首唐人绝句》卷三五）元人洪希文诗："坑焚若为防遗患，可笑秦王计也疏。"（《读秦隐士黄石公素书》，《续轩渠集》卷五）胡布诗："刘项不识字，硕儒徒坑焚。"（《车辚辚》，〔明〕朱存理编《珊瑚木难》卷八）清人田雯诗："坑焚渗漏笑强秦，刘氏功凭马上臣。"（《读陆贾传》，《古欢堂集》卷一四）都指出"焚坑"手段不能在社会危局严重的情况下成功维护稳定，保存旧制。这些咏史怀古诗作中体现的对"焚坑"的思考，也可以说明这一历史现象长久的文化影响。

里耶发现：秦史认识的新视窗

湖南省龙山县里耶古城发现的秦简牍，因数量之丰富与内涵之精彩，受到海内外学界的普遍关注。随着整理和研究工作的深入，这批出土文献的历史文化价值越来越受到重视。应当承认，里耶秦简的发现，形成了秦史研究学术进步的新的契机。

简牍资料有关秦统一的信息

秦史的特殊意义和典型意义以秦统一作为重要表现形式。李贽曾说："始皇出世，李斯相之，天崩地坼，掀翻一个世界。"（《史纲评要》卷四，中华书局，1974年，第91页）赵翼亦赞叹"秦汉间为天地一大变局"，自战国秦至秦代的历史变化已经显现出"天意已另换新局"（《廿二史札记》卷二，中华书局，1984年，第36—37页）的明著迹象。回顾中国史学史的历程可以发现，秦史虽然短暂，却是最受历代史学家和文化学者重视的时段之一。自汉初开始，人们总结秦短促而亡的教训，有许多史论和政论发表。歌诗曲赋、笔记小说、戏剧俚谣，也往往多以秦史为主题。不过，人们认识和理解秦史，多依据西汉人的历史记述和政治批判。基本史籍有"其文略不具"（《史记》卷一五《六国年表》）的缺憾，汉人回顾性评议，则不免夸张偏执处。秦的金石文字可以证实并补益史书记录，已成为学界共识。可惜往往由于政治宣传形式的缘故，包容文化信息有限。而二十世纪七十年代以后几次秦简牍的集中出土，使得对秦史的全面真切的考察获得了全新的条件。李学勤在《东周与秦代文明》一书中曾经指出："简牍所提供的史料特别丰富，尤其是律文，反映了当时的社会政治情况，异常宝贵。这方面的研究，目前仍处于开创阶段，还有待于更深入的研究。"（上海人民出版社，2007年，第269页）秦简牍发现，除"律文"外，文告、簿籍、符券、病方、信函、日书、祠祝书、道里书、算数书、占梦书、地图、木板画，甚至文学遗存等，提供了从极宽广幅面反映当时社会面貌的丰富资料。

里耶秦简的内容就是多方面的。里耶秦简的整理与研究，已经体现出秦简牍的"更深入的研究"，自然也为今后在新的学术基点上的进一步的"更深入的研究"准备了资料条件和学术参照比对条件。

长江流域的秦史遗存

秦征服楚地较晚，但是我们看到，记录秦史与秦文化重要信息的秦简牍，多集中发现于作为楚文化生成与发育主要空间条件的长江流域。

秦人崛起于西北，然而起初的生存基地却是在属于长江流域的西汉水上游。甘肃省文物考古研究所、中国国家博物馆、北京大学考古文博学院、陕西省考古研究院、西北大学文化遗产学院在甘肃礼县等地考古调查和发掘取得的收获，告知我们秦文化的创造者当年站立在作为黄河流域和长江流域分水岭的秦岭西段，于高崖之上，密林之中，进行了怎样的历史抉择。秦人选定沿渭水向东发展的路径，自有早先西迁的历史记忆在起作用，而关中西周文明的诱惑应是主要因素。据有黄土地带厚沃的土壤条件和水资源，又继承了自石器时代以来的文化积累，秦人以"饮马于河"为志向（《史记》卷五《秦本纪》，卷二八《封禅书》），并进而意在"奋扬武德"，"阐并天下"

(《史记》卷六《秦始皇本纪》载之罘刻石),"存定四极"(《史记》卷六《秦始皇本纪》载琅邪刻石)。然而,秦人并没有忽略对长江流域的战略关注。在秦史的关键阶段,即秦孝公与商鞅合作推行变法的时代,力主改革的政治家兼军事家商鞅的封地即确定在丹江流域的商邑,开始了与从另一个方向同样曾经力争"饮马于河"(《史记》卷三九《晋世家》)的楚人的直接争夺。秦惠文王时兼并巴蜀,宣告秦人因对长江上游重要区域的占有,已经显示出"追亡逐北","宰割天下"的战略优势(《史记》卷六《秦始皇本纪》引贾谊《过秦论》)。这时,秦国的执政者已经开始积累对草原、荒漠、黄土高原、黄河中游平原与长江流域河网地区不同生态条件的游牧区、农牧兼营区、粟麦作区与稻作区的经济领导和行政管理经验。除秦国外,没有一个东方强国具有对如此广袤国土和复杂经济形式的管理体验。这可以看作对"大一统"国家行政控制的一种预演。后来秦灭楚战争的艰苦和残酷众所周知。而此后平服南越的远征,进一步使秦统一的规模突破了后人或称之为"六王毕,四海一"(〔唐〕杜牧:《阿房宫赋》,《樊川集》卷一),"六王失国四海归"(〔宋〕莫济:《次韵梁尉秦碑》,《宋诗纪事》卷四七)的格局。

　　秦实现统一,标志中国历史进程转入新的阶段。秦王朝的统治虽然短暂,其历史影响却十分深远。正如李学勤所说,秦的统一,"是中国文化史上的重要转折点","而不久建立的汉朝,其辉煌的文明所造成的影响,范围绝不限于亚洲东部,我们只有从世界史的高度才能估价它的意义和价值"(《东周与秦代文明》,上海人民出版社,2007年,第294页)。秦的政治发明,管理"西涉流沙,南尽北户;东有东海,北过大夏"版图规模(《史记》卷六《秦始皇本纪》载琅邪刻石)的皇帝制度,官僚制度,郡县制度,影响中国历史两千多年。

秦王朝"江湘之间"的行政经营

秦始皇统一之后第一次东巡，自海滨西返，曾经行历湘江流域，即距离里耶秦城并不遥远的地方。《史记》卷六《秦始皇本纪》记载："西南渡淮水，之衡山、南郡。浮江，至湘山祠。逢大风，几不得渡。上问博士曰：'湘君何神？'博士对曰：'闻之，尧女，舜之妻，而葬此。'于是始皇大怒，使刑徒三千人皆伐湘山树，赭其山。上自南郡由武关归。"

"湘山祠"，张守节《正义》："《括地志》云：'黄陵庙在岳州湘阴县北五十七里，舜二妃之神。二妃冢在湘阴北一百六十里青草山上。盛弘之《荆州记》云青草湖南有青草山，湖因山名焉。《列女传》云舜陟方，死于苍梧。二妃死于江湘之间，因葬焉。'按：湘山者，乃青草山。山近湘水，庙在山南，故言湘山祠。"关于"尧女，舜之妻，而葬此"，司马贞《索隐》："《列女传》亦以湘君为尧女。按：《楚词·九歌》有湘君、湘夫人。夫人是尧女，则湘君当是舜。今此文以湘君为尧女，是总而言之。"秦始皇因"大风"阻渡与"湘君"尧女舜妻的传说而"大怒"，以致调用三千刑徒"皆伐湘山树，赭其山"，与东巡齐地"封禅望祭山川"，礼祀八神，对齐人信仰传统予以充分尊重明显不同。进行相关心理分析，也许是有必要的。"《列女传》云舜陟方，死于苍梧"，而里耶秦简"苍梧为郡"简文（8-755-8-758+8-759），使我们就文化空间距离有所思索。

历代关心秦史的人们都熟悉秦始皇"皆伐湘山树，赭其山"的故事，但是没有人会想到，距离秦始皇行迹并不远的湘西山地里耶秦城，竟然会出土遗存如此之集中，品质如此之精美，内容如此之重要的秦代简牍。没有人会想到，在正史中从来没有记录的里耶，在重山曲水之间，当时曾经有高效能的行政机器在积极运作。通过里耶秦简的内容可以看到，远在西北的秦帝国中央政权通过完备的交通系统，将军政体制、司法规范、赋役政策、礼俗传统一一落实到了边远山地的社会基层。

如果从交通史的视角考察，要理解秦时迁陵地方水运条件的意义，或许有必要注意巴寡妇清事迹。《史记》卷一二九《货殖列传》记载："秦始皇帝令倮比封君，以时与列臣朝请。而巴寡妇清，其先得丹穴，而擅其利数世，家亦不訾。清，寡妇也，能守其业，用财自卫，不见侵犯。秦皇帝以为贞妇而客之，为筑女怀清台。夫倮鄙人牧长，清穷乡寡妇，礼抗万乘，名显天下，岂非以富邪？"裴骃《集解》："徐广曰：'涪陵出丹。'"张守节《正义》："《括地志》云：'寡妇清台山俗名贞女山，在涪州永安县东北七十里也。'"巴寡妇清家族以"丹穴""擅其利"的开采经验与"涪陵出丹"的矿业学知识，与现今中国汞矿资源最集中的区域分布恰好在重庆南部、湘西北与黔东北是一致的。由这一思路进行深入探索，或许也有益于理解里耶交通条件和行政建设的完备。

里耶秦简就已经揭示的内容看，涉及相当宽广的文化层面，反映了非常复杂的行政方式，当时的经济关系和社会结构，也都从不同侧面有所透露。我们认为，里耶古井中的精彩发现，可以看作透视秦史的一扇新的视窗。

曾为里耶秦简博物馆南门代拟楹联，谨附录于此，作为这篇短文的结尾：

迁陵古井椠竹识废替，酉水秦舟载覆纪春秋。

迁陵"邮人"的历史足音

湖南龙山里耶秦代古城遗址1号井出土的38000余枚简牍以及北护城壕11号坑出土的51枚简牍,学界通称为"里耶秦简"。"里耶秦简"的主要内容是秦洞庭郡迁陵县的公文档案遗存,书写年代为秦统一进程中的秦王政二十五年(前222)至秦二世二年(前208)。秦统一的历史,秦王朝地方行政管理的方式以及秦代邮驿史的诸多信息,可以通过"里耶秦简"的研究得以认识。

"以邮行"与"邮人"称谓

通过简文可以得知,战国时期楚国可能已在迁陵设县。秦王政二十五年(前222),"王翦遂定荆江南地"(《史记》卷六《秦始皇本纪》,中华书局,1959年,第246页),于是置洞庭郡和苍梧郡,大致应如《里耶秦简(壹)》编著者所说,"迁陵设县与此同时"(湖南省文物考古研究所编著《里耶秦简(壹)》,文物出版社,2012年,第5页)。

"里耶秦简"出现公文传递"以邮行"的形式。如第五层简牍:"酉阳以邮行」洞庭"(三四),"迁陵洞庭」以邮行"(三五)等。特别值得注意的,是简文中出现了"邮人"称谓。例如第八层简牍可见如下三枚简牍:

(1) 廿八年七月戊戌朔辛酉启陵乡赵敢言之令曰二月壹上人臣治酉名·问之毋当令者敢言之（正）

七月丙寅水下五刻邮人敞以来／敬手贝手（背）（七六七）

(2) 卅二年正月戊寅朔甲午启陵乡夫敢言之成里典启陵邮人缺除士五成里匀成＝为典匀为邮人谒令尉以从事敢言之（正）

正月戊寅朔丁酉迁陵丞昌卻之启陵廿七户已有一典今又除成为典何律令应尉已除成匀为启陵邮人其以律令／气手／正月戊戌日中守府快行

正月丁酉旦食时隶妾冉以来／欣发壬手（背）（一五七）

(3) 卅三年二月壬寅朔＝日迁陵守丞都敢言之令曰恒以朔日上所买徒隶数已达问之毋当令者敢言之（正）

二月壬寅水十一刻＝二邮人得行囧手（背）（一五四）

这三枚简都出现了"邮人"字样，简（2）出现三次。从简（2）的内容看，"启陵邮人"即"启陵乡"充任"邮人"的身份，需要"乡"的长官的推荐和上级"迁陵丞"的认可。通过简（1）和简（3）的简文记录，可知"邮人"执行公务有严格的效率检查的制度，如简（1）"七月丙寅水下五刻邮人敞以来"，简（3）"二月壬寅水十一刻＝二邮人得行"，时刻记录具体明确。简（2）从事公文传递的不是"邮人"，而是"隶妾冉"，这可能与"启陵邮人"职任正在确定与未确定之间有关。而"隶妾"即女性官奴婢承担了"邮人"的工作，体现出比较特别的行政管理方式。

"邮人"身份

《里耶秦简（壹）》的编著者指出："以往出土的秦汉简牍，很少有刑徒从事何种劳动记录。据文献记载，徒隶多从事于土木工程，如修城、筑路等。里耶简文，为我们提供了刑徒所从事的多种劳动。""有刑徒参加田间农业劳动之外，还可作园、捕羽、为席、牧畜、库工、取薪、取漆、输马、买徒衣、徒养、吏养、治传舍、治邸，乃至担任狱卒或信差的工作，行书、与吏上计或守囚、执城旦。"（湖南省文物考古研究所编著《里耶秦简（壹）》，第4—5页）除多种形式的劳作之外，又有"担任狱卒或信差的工作，行书、与吏上计或守囚、执城旦"等体现出比较高的信任度的工作。简（2）所见"隶妾冉"承担了"邮人"的职任，可能可以理解为"担任""信差的工作"的实例。

秦的社会形态研究，是比较复杂的工作。以往多有学者将商鞅变法解释为由奴隶制走向封建制的社会形态进步的标志，以为秦的统一体现出先进的制度战胜了落后的制度，然而考古发现提供的资料告诉我们，历史真实显然要复杂得多。正如李学勤所指出的："必须重新描绘晚周到秦社会阶级结构的图景。""有的著作认为秦的社会制度比六国先进，笔者不能同意这一看法，从秦人相当普遍地保留野蛮的奴隶制关系来看，事实毋宁说是相反。"（李学勤：《东周与秦代文明》，上海人民出版社，2007年，第290—291页）就这一历史文化主题进行深入的研究，对于通过中国历史走向说明社会发展的若干规律是必要的。我们一方面不应忽视"秦人相当普遍地保留野蛮的奴隶制关系"的历史事实，同时对于秦时"刑徒""徒隶"的管理方式，应当有多方位、多视角的考察，应当力求避免简单化、片面化倾向的理解。"刑徒""徒隶"们在某种程度上参与了管理程序，也是不宜忽视的行政史的事实。

根据简（2）的内容，"启陵乡夫敢言之：成里典、启陵邮人缺，除士五成里匄成，成为典，匄为邮人"，可见"启陵乡"的长官"夫"推荐"成里典、启陵邮人"人选之郑重。而三天之后迁陵县丞"昌"

回复："启陵廿七户，已有一典"，否决"今又除成为典"的建议，又宣布"尉已除成、匀为启陵邮人"。说明"邮人"身份的确定，需经历相当严肃的行政程序。从"启陵邮人"的称谓形式看，"邮人"似乎归属于"乡"，但是其人选的明确，是由"迁陵"县级机关决定的。

关于"轻足"

"以邮行"的文书传递形式也见于睡虎地秦简《语书》，如："以次传；别书江陵布以邮行。"（睡虎地秦墓竹简整理小组：《睡虎地秦墓竹简》，文物出版社，1978年，第16页）睡虎地秦简《田律》又有这样的规定："雨为澍，及诱（秀）粟，辄以书言书稼，诱（秀）粟及狠（垦）田畼毋稼者顷数。稼已生后而雨，亦辄言雨少多，所利顷数。旱及暴风雨、水潦、（螽）、群它物伤稼者，亦辄言其顷数。近县令轻足行其书，远县令邮行之，尽八月□□之。"睡虎地秦墓竹简整理小组译文："下了及时的雨和谷物抽穗，应即书面报告受雨、抽穗的顷数和已开垦而没有耕种的田地的顷数。禾稼生长后下了雨，也要立即报告雨量多少，和受益田地的顷数。如有旱灾、暴风雨、涝灾、蝗虫、其他害虫等灾害损伤了禾稼，也要报告受灾顷数。距离近的县，文书由走得快的人专程递送，距离远的县由驿站传送，在八月底以前【送达】。"（睡虎地秦墓竹简整理小组：《睡虎地秦墓竹简》，文物出版社，1978年，第24—26页）律文中的"轻足"，整理小组解释为"走得快的人"。《前汉纪》卷四《高祖四》："秦失其鹿，天下争逐之，高材轻足者先得。"《淮南子·览冥》："质壮轻足者为甲卒。"这里所说的"轻足者"，也是说足力轻捷矫健，"走得快的人"，然而与睡虎地秦简《田律》作为身份称谓的所谓"轻足"有所不同。

"近县令轻足行其书，远县令邮行之"，整理小组译为"距离近的县，文书由走得快的人专程递送，距离远的县由驿站传送"。从译文字面上看，似乎这些"走得快的人"并非属于"驿站"的专职邮递人员。其实，"轻足"应当就是步行"邮人"。"近县"由他们传送，是因为可以不必接力交递，能够直接送达。"远县"则需要经"邮"的系统线路，一个邮站一个邮站地传递。现在看来，里耶秦简所见迁陵的"邮人"，身份大概与睡虎地秦简《田律》所见"轻足"有类似之处。所谓"轻足"，说明他们需要达到一定的体质要求，以保证信息传递的效率。

迁陵"邮人"们以他们的辛劳，维护着秦帝国的行政操作。他们的脚步，也为中国邮驿史的书写保留了深刻的历史文化印迹。长沙走马楼吴简出现"邮卒"与"驿兵"身份，体现出邮驿体系的军事化管理形式。（王子今：《走马楼简所见"邮卒"与"驿兵"》，《吴简研究》第1辑，崇文书局，2004年）中国古代邮驿制度与近现代意义的"邮政"不同，首先服务与军事政治，而并非以服务社会为要务。考察并说明迁陵"邮人"身份在后世逐步的发展流变，显然还需要经过认真细致的学术努力。

秦始皇帝的海洋意识

自春秋时期起，中原以外地方政治势力崛起，即《史记》卷四《周本纪》所谓"齐、楚、秦、晋始大"，卷三二《齐太公世家》所谓"唯齐、楚、秦、晋为强"。这些原先处于边缘地位的政治实体迅速强盛，出现了《荀子·王霸》所谓"虽在僻陋之国，威动天下"，"皆僻陋之国也，威动天下，强殆中国"的局面。战国七雄的迁都方向多显示向中原靠拢的趋势，说明中原在统一进程中的文化重心地位重新受到重视。秦统一后，情形又发生了变化。北河与南海的经营，体现出扩张的趋向。另一历史文化现象，是秦始皇"东抚东土"，"乃临于海"的实践。如果进行中国历代帝王心理的考察，秦始皇对海洋的关注，可以看作一个特殊的典型。此后汉武帝在某些方面有所超越。而秦皇汉武时代东巡海上的表现，刺激了海洋探索和海洋开发的社会热情。中国人的航海能力与早期海洋学的进步，也因此获得了有益的条件。

"并一海内"成功与"天下""海内"理念

秦始皇实现的统一，并不可以简单地以杜牧《阿房宫赋》名句"六王毕，四海一"概括。秦帝国版图的扩张，除"西北斥逐匈奴"，"徙谪，实之初县"（《史记》卷六《秦始皇本纪》）外，又包括对岭南的征服。战争的结局，是《史记》卷六《秦始皇本纪》和《南越列传》所记载的"南海"等郡的设立。

春秋战国文化典籍"天下"语汇的频繁使用，体现统一理念得到诸家学派的认同。与"天下"往往并见的政治地理概念，还有"海内"。如《墨子·非攻下》"一天下之和，总四海之内"，《荀子·不苟》"总天下之要，治海内之众"，又《成相》"天下为一海内宾"等。《韩非子·奸劫弑臣》"明照四海之内"，《六反》"富有四海之内"，《有度》"独制四海之内"，则以对"海内"的占有和控制宣传绝对权力全面专制的理想，如《饰邪》"强匡天下"，《初见秦》"诏令天下"，《大体》"牧天下"。秦始皇琅邪刻石有"今皇帝并一海内，以为郡县，天下和平"的说法，又王绾、冯劫、李斯等议帝号时所谓"平定天下，海内为郡县，法令由一统，自上古以来未尝有，五帝所不及"，都是在这一认识基点上对秦始皇成功的肯定。在关于封建制与郡县制的辩论中，李斯所谓"今海内赖陛下神灵一统，皆为郡县"，秦始皇所谓"天下初定，又复立国，是树兵也"，周青臣所谓"赖陛下神灵明圣，平定海内"，淳于越所谓"今陛下有海内"等，也都沿袭着同样的语言范式，体现着同样的政治观念。

秦始皇关注沿海地方的表现，应当与这种天下观和海内观作用于政治生活有关。通过琅邪刻石"东抚东土"，"乃临于海"，之罘刻石"巡登之罘，临照于海"，"览省远方，逮于海隅"，以及"立石东海上朐界中，以为秦东门"等，都可以透视这种政治理念的影响。

"议功德于海上"的政治文化意义

秦始皇实现统一之后五次出巡，其中四次来到海滨。这当然与《史记·秦始皇本纪》所见关于秦帝国海疆"东有东海"，"地东至海"的政治地理意识有关。秦始皇多次长途"并海"巡行，这种出巡的规模和次数仅次于汉武帝，在中国古代帝王行旅记录中名列前茅。《史记》卷六《秦始皇本纪》记载:"二十八年,始皇东行郡县。"登泰山之后,"于是乃并勃海以东,过黄、腄,穷成山,登之罘,立石颂秦德焉而去"。秦始皇行至琅邪地方的特殊表现,尤其值得史家重视:"南登琅邪,大乐之,留三月。乃徙黔首三万户琅邪台下,复十二岁。作琅邪台,立石刻,颂秦德,明得意。"远程出巡途中留居三月,是极异常的举动。这也是秦始皇在咸阳以外地方居留最久的记录。而"徙黔首三万户",达到关中以外移民数量的极点。"复十二岁"的优遇,则是秦史仅见的一例。这种特殊的行政决策,应有特殊的动机。战国秦汉时期位于今山东胶南的"琅邪"作为"四时祠所"所在,曾经是"东海"大港,也是东洋交通线上的名都。《史记》卷六《秦始皇本纪》张守节《正义》引吴人《外国图》云"亶洲去琅邪万里",指出往"亶洲"的航路自"琅邪"启始。又《汉书》卷二八上《地理志上》说秦置琅邪郡王莽改称"填夷",而琅邪郡属县临原,王莽改称"填夷亭"。以所谓"填夷"即"镇夷"命名地方,体现其联系外洋的交通地理地位。《后汉书》卷八五《东夷列传》说到"东夷""君子、不死之国"。对于"君子"国,李贤注引《外国图》曰:"去琅邪三万里。"也指出了"琅邪"往"东夷"航路开通,已经有相关里程记录。"琅邪"也被看作"东海"重要的出航起点。秦始皇在"琅邪"的特殊表现或许有繁荣这一重要海港,继越王勾践经营琅邪之后建设"东海"名都的意图。这样的推想,也许有成立的理由。而要探求秦始皇进一步的目的,已经难以找到相关迹象。

秦始皇在琅邪还有一个非常特殊的举动,即与随行权臣"与议于海上"。琅邪刻石记录,秦始皇"至于琅邪",王离等重臣十一人,"与议于海上。曰:'古之帝者,地不过千里,诸侯各守其封域,或朝或否,相侵暴乱,残伐不止,犹刻金石,以自为纪。古之五帝三王,知教不同,法度不明,假威鬼神,以欺远方,实不称名,故不久长。

其身未殁，诸侯倍叛，法令不行。今皇帝并一海内，以为郡县，天下和平。昭明宗庙，体道行德，尊号大成。群臣相与诵皇帝功德，刻于金石，以为表经。"司马迁所谓"议于海上"，张守节《正义》称"议功德于海上"。对照《史记》卷二八《封禅书》汉武帝"宿留海上"的记载，可以推测这里"与议于海上"之所谓"海上"，很可能并不是指海滨，而是指海面上。秦始皇集合文武大臣"与议于海上"，发表陈明国体与政体的文告，应理解为站立在"并一海内""天下和平"的政治成功的基点上，宣示超越"古之帝者""古之五帝三王"的"功德"，或许也可以理解为面对陆上已知世界和海上未知世界，陆上已征服世界和海上未征服世界所发表的政治文化宣言。

"梦与海神战"的心理背景

秦始皇三十七年（前210）最后一次出巡，曾经有"渡海渚"，"望于南海"的经历，又"并海上，北至琅邪"。《史记》卷六《秦始皇本纪》记载，方士徐市等解释"入海求神药，数岁不得"的原因在于海上航行障碍："蓬莱药可得，然常为大鲛鱼所苦，故不得至，愿请善射与俱，见则以连弩射之。"随后又有秦始皇与"海神"以敌对方式直接接触的心理记录和行为记录："始皇梦与海神战，如人状。问占梦，博士曰：'水神不可见，以大鱼蛟龙为候。今上祷祠备谨，而有此恶神，当除去，而善神可致。'乃令入海者赍捕巨鱼具，而自以连弩候大鱼出射之。自琅邪北至荣成山，弗见。至之罘，见巨鱼，射杀一鱼。遂并海西。"亲自以"连弩"射海中"巨鱼"，竟然"射杀一鱼"。对照历代帝王行迹，秦始皇的这一行为堪称中国千古之最，也很可能是世界之最。"自琅邪北至荣成山"，似可理解为航海记录。

通过司马迁笔下的这一记载，我们看到秦始皇以生动的个人表演，体现了探索海洋的热忱和挑战海洋的意志。

《论衡·纪妖》将"梦与海神战"事解释为秦始皇即将走到人生终点的凶兆:"始皇且死之妖也。"王充注意到秦始皇不久即病逝的事实:"始皇梦与海神战,恚怒入海,候神射大鱼。自琅邪至劳成山不见,至之罘山还见巨鱼,射杀一鱼。遂旁海西至平原津而病,到沙丘而崩。"王充的分析,或可以"天性刚戾自用""意得欲从"在晚年益得骄横偏执的病态心理作为说明。通过王充不能得到证实的"且死之妖"的解说,也可以看出秦始皇"梦与海神战"确实表现了常人所难以理解的特殊的性格和异常的心态。

"入海求仙人":海洋探索的特殊形式

将秦始皇东巡海上的动机简单归结为求长生,是不妥当的。据司马迁记载,秦始皇第一次东巡来到海滨,似乎还没有得知方士关于海上三神山的学说。他期望接近海上仙人,是稍后的事。《史记》卷二八《封禅书》说,秦始皇即帝位不久,即"东游海上,行礼祠名山大川及八神"。这里所说的"八神",祀所至少一半在滨海地方。行礼祀"八神",体现出来自西北的帝王对东方神学传统的全面承认和充分尊重。而所谓"冀遇海中三神山之奇药",见于秦始皇最后一次出巡的记录中。

正是在"东游海上"的行程中,秦始皇接受了方士的宣传。燕齐海上方士是参与开发环渤海地区早期航运的知识人。他们的海洋探索因帝王们的长生追求,获得了行政支持。方士以富贵为目的的阴险的政治诈骗和以航行为方式的艰险的海上探索,构成了他们知识人生的两面。《汉书》卷三〇《艺文志》列入"天文"家的论著:"《海中星占验》十二卷;《海中五星经杂事》二十二卷;《海中五星顺逆》二十八卷;《海中二十八宿国分》二十八卷;《海中二十八宿臣分》二十八卷;《海中日月彗虹杂占》十八卷。"很可能载录了海上方士们的经验和思想。秦始皇追求海上神山奇药的迷妄，使得帝王和方士的合作，还成就了一次规模空前的海外移民。据《史记》卷一一八《淮南衡山列传》记载伍被的说法，在听到方士转述"海神"的承诺之后，"秦皇帝大说，遣振男女三千人，资之五谷种种百工而行。徐福得平原广泽，止王不来"。

李白《古风》诗赞颂秦始皇的功业，也表扬他的"明断""大略"："秦皇扫六合，虎视何雄哉。挥剑决浮云，诸侯尽西来。明断自天启，大略驾群才。"李白同时又讽刺秦始皇迷信长生，最终仍然归葬骊山："尚采不死药，茫然使心哀。连弩射海鱼，长鲸正崔嵬。额鼻象五岳，扬波喷云雷。鬐鬣蔽青天，何由睹蓬莱。徐市载秦女，楼船几时回。但见三泉下，金棺葬寒灰。"其中"连弩射海鱼"数句，似并无贬义。《史记》卷六《秦始皇本纪》描述了秦始皇陵地宫的设计："以水银为百川江河大海，机相灌输。"似乎陵墓主人对大海的向往，至死仍不消减。又"以人鱼膏为烛，度不灭者久之"。对于"人鱼"有多种解释。按照裴骃《集解》引《异物志》的说法，这种鱼"出东海中"。宋人曾慥《类说》卷二四引《狙异志》"人鱼"条称之为"海上""水族"。明黄衷《海语》卷下《物怪》也说到海中"人鱼"。我们也许可以这样理解陵墓设计意图，"三泉"之下荡动着的"大海"的模型，陪伴着"金棺"之中这位胸怀海恋情结的帝王。而来自海产品的光亮，也长久照耀着他最后的居所。

秦汉宫苑的"海池"

秦始皇实现统一之后五次出巡，其中四次行临海滨。汉武帝至少十次经历面向大海的东巡。秦汉帝王对海洋的特殊情感以及探索海洋和开发海洋的意识，还表现在宫廷建设规划中有"海"的特殊设计。宫苑中特意营造象征海洋的人工湖泊，也体现了海洋在当时社会意识中的重要地位和神秘意义。

《秦记》"兰池"疑问

司马迁对于秦始皇陵地宫的结构有这样的记载："以水银为百川江河大海，机相灌输。"（《史记》卷六《秦始皇本纪》）按照有关地下陵墓设计和制作"大海"模型的这一说法，似乎陵墓主人对"海"的向往，至死仍不消减。其实，有迹象表明，秦始皇生前的居所附近，可能也有象征"海"的宫苑园林规划。

《史记》卷六《秦始皇本纪》记载："三十一年十二月……始皇为微行咸阳，与武士四人俱，夜出逢盗兰池，见窘，武士击杀盗，关中大索二十日。"这是秦史中所记录的唯一一次发生在关中秦国故地的威胁秦帝国最高执政者安全的事件。秦始皇仅带四名随从，以平民身份"夜出""微行"，在咸阳宫殿区内竟然遭遇严重破坏都市治安的"盗"。《北堂书钞》卷二〇引《史记》写作"兰池见窘"。《初学记》卷九则作"见窘兰池"。所谓"见窘"的"窘"，汉代人多以"困"

"急"解释（《诗·小雅·正月》毛传，《离骚》王逸注）。又有"窘急"（《史记》卷一二四《游侠列传》）、"窘滞"（《淮南子·要略》）、"窘迫"（刘向《九叹·远逝》）、"窘惶"（王粲《大暑赋》）诸说。按照司马迁的语言习惯，所言"窘"与秦始皇兰池遭遇类似的面对武装暴力威胁的"困""急"情势，有秦穆公和晋惠公战场遇险史例。《史记》卷五《秦本纪》记载"缪公窘"情形，即："与晋惠公夷吾合战于韩地。晋君弃其军，与秦争利，还而马骜。缪公与麾下驰追之，不能得晋君，反为晋军所围。晋击缪公，缪公伤。"晋君"马骜"，是晋惠公先于秦穆公而"窘"。张守节《正义》："《国语》云：'晋师溃，戎马还泞而止。'韦昭云：'泞，深泥也。'"《史记》卷三九《晋世家》的记载是："秦缪公、晋惠公合战韩原。惠公马骜不行，秦兵至，公窘……""马骜不行"，司马贞《索隐》："谓马重而陷之于泥。"秦始皇"微行咸阳"，"夜出逢盗兰池"时，身边随行"武士"以非常方式保卫主上的生命安全，"击杀盗"，随后在整个关中地区戒严，搜捕可疑人等。

事件发生的地点"兰池"，就是位于秦咸阳宫东面的"兰池宫"。《史记》的相关记述，注家有所解说。南朝宋学者裴骃在《史记集解》中写道："《地理志》：渭城县有兰池宫。"他引录的是《汉书》卷二八上《地理志上》。我们今天看到的《汉书》的文字，在"右扶风""渭城"县条下是这样书写的："渭城，故咸阳，高帝元年更名新城，七年罢，属长安。武帝元鼎三年更名渭城。有兰池宫。"唐代学者张守节《史记正义》引录了唐代地理学名著《括地志》："兰池陂即古之兰池，在咸阳县界。"秦汉时期的"兰池"，唐代称作"兰池陂"，可知这一湖泊，隋唐时代依然存在。

张守节又写道："《秦记》云：'始皇都长安，引渭水为池，筑为蓬、瀛，刻石为鲸，长二百丈。'逢盗之处也。"他认为秦始皇"微行""夜出逢盗"的地点,是在被称作"兰池"的湖泊附近。所谓《秦记》的记载,说秦始皇在都城附近引渭河水注为池,在水中营造蓬莱、瀛洲海中仙山模型,又"刻石为鲸",以表现这一人工水面其实是海洋的象征。

来自《秦记》的历史信息非常重要。因为秦始皇焚书时,宣布"史官非《秦记》皆烧之"。《史记》卷六《秦始皇本纪》明确记载,除了《秦记》外,其他史书全部烧毁。《史记》卷一五《六国年表》又写道:"秦既得意,烧天下《诗》《书》,诸侯史记尤甚,为其有所刺讥也。""惜哉!惜哉!独有《秦记》,又不载日月,其文略不具。"司马迁深切感叹各诸侯国历史记录之不存,"独有《秦记》",然而"其文略不具"。不过,他同时又肯定,就战国历史内容而言,《秦记》的真实性是可取的。司马迁还以为因"见秦在帝位日浅"而产生鄙视秦人历史文化的偏见,是可悲的。《史记》卷一五《六国年表》还有两次,即在序文的开头和结尾都说到《秦记》:"太史公读《秦记》,至犬戎败幽王,周东徙洛邑,秦襄公始封为诸侯,作西畤用事上帝,僭端见矣。""余于是因《秦记》,踵《春秋》之后,起周元王,表六国时事,讫二世,凡二百七十年,著诸所闻兴坏之端。后有君子,以览观焉。"王国维曾指出《史记》"司马迁取诸《秦记》者"情形。孙德谦《太史公书义法·详近》说,《秦记》这部书,司马迁一定是亲眼看过的。所以他"所作列传,不详于他国,而独详于秦"。在商鞅之后,如张仪、樗里子、甘茂、甘罗、穰侯、白起、范雎、蔡泽、吕不韦、李斯、蒙恬诸人,历史人物的记录唯秦为多。难道说司马迁对秦人有特殊的私爱吗?这很可能只是由于他"据《秦记》为本,此所以传秦人特详"。金德建《司马迁所见书考》一书于是推定:"《史记》的《六国年表》纯然是以《秦记》的史料做骨干写成的。秦国的事迹,只见纪于《六国年表》里而不见于别篇,也正可以说明司马迁照录了《秦记》中原有的文字。"（金德建：《〈秦记〉考证》，《司马迁所见书考》，上海人民出版社，1963年，第415—416页）

如果张守节《史记正义》引录的"始皇都长安，引渭水为池，筑为蓬、瀛，刻石为鲸，长二百丈"这段文字确实出自《秦记》，其可靠性是值得特别重视的。

不过，我们又发现了疑点。《续汉书·郡国志一》"京兆尹长安"条写道："有兰池。"刘昭注补："《史记》曰：'秦始皇微行夜出，逢盗兰池。'《三秦记》曰：'始皇引渭水为长池，东西二百里，南北三十里，刻石为鲸鱼二百丈。'"唐代学者张守节以为《秦记》的记载，南朝梁学者刘昭却早已明确指出由自《三秦记》。我们又看到《说郛》卷六一上《辛氏三秦记》"兰池"条确实有这样的内容："秦始皇作兰池，引渭水，东西二百里，南北二十里，筑土为蓬莱山。刻石为鲸鱼，长二百丈。"清代学者张照已经判断，张守节所谓《秦记》其实就是《三秦记》，只是脱写了一个"三"字（《史记考证》，文渊阁《四库全书》本《史记》卷六《秦始皇本纪》附）。

《三秦记》或《辛氏三秦记》的成书年代要晚得多。这样说来，秦宫营造海洋及海中神山模型的记载，可信度不免要打折扣了。

"兰池"象海的可能性与秦封泥所见"晦池""每池"

不过，秦咸阳宫存在仿像海洋的人工湖泊的可能性还是存在的。我们从有关秦始皇陵"以水银为百川江河大海，机相灌输"的记载，可以知道海洋在秦帝国缔造者心中的地位。

秦始皇在统一战争中每征服一个国家，都要把该国宫殿的建筑图样采集回来，在咸阳以北的塬上予以复制。这就是《史记》卷六《秦始皇本纪》记载的"秦每破诸侯，写放其宫室，作之咸阳北阪上"。而翻版燕国宫殿的位置，正在咸阳宫的东北方向，与燕国和秦国的方位关系是一致的。兰池宫曾经出土"兰池宫当"文字瓦当，其位置大体明确。秦的兰池宫也在咸阳宫的东北方向，正在"出土燕国形制瓦当"的秦人复制燕国宫殿建筑以南（国家文物局主编《中国文物地图集·陕西分册》，西安地图出版社，1998年，第195页，第348页）。如果说这一湖泊象征渤海水面，从地理位置上考虑，也是妥当的。

渤海当时称"勃海"，又称"勃澥"。这是秦始皇相当熟悉的海域。他的东巡，曾经沿渤海西岸和南岸行进，又曾经在海上浮行，甚至有使用连弩亲自"射杀"海上"巨鱼"的行为。燕、齐海上方士们关于海上神山的宣传，其最初的底本很可能是对于渤海海面海市蜃楼的认识。在渤海湾西岸发掘的秦汉建筑遗存，许多学者认为与秦始皇巡行至于碣石的行迹有关，被称作"秦行宫遗址"（中国社会科学院考古研究所编著《中国考古学·秦汉卷》，中国社会科学出版社，2010年，第55—70页）。所出土大型夔纹建筑材料，仅在秦始皇陵园有同类发现。秦始皇巡行渤海的感觉，很可能会对秦都咸阳宫殿区建设规划的构想产生一定的影响。从姜女石石碑地秦宫遗址的位置看，这里完全被蓝色的水世界紧密拥抱。这位帝王应当也希望居住在咸阳的宫室的时候，同样开窗就能够看到海景。

秦封泥有"晦池之印"（路东之编著《问陶之旅——古陶文明博物馆藏品掇英》，紫禁城出版社，2008年，第171页）。"晦"可以读作"海"。《释名·释水》："海，晦也。"清华大学藏战国简《赤鹄之集汤之屋》"四海"写作"四晦"。《易·明夷·上六》："不明晦，初登于天，后入于地。"汉帛书本"晦"作"海"。《吕氏春秋·求人》："北至人正之国，夏海之穷。"《淮南子·时则》"海"作"晦"。秦封泥"东晦□马"（傅嘉仪：《秦封泥汇考》，上海书店出版社，2007年，第179页）、"东晦都水"（周晓陆、陈晓捷、汤超、李凯：《于京新见秦封泥中的地理内容》，《西北大学学报》2005年第4期），"东晦"都是"东海"的异写形式。这样说来，秦有管理"晦池"即"海池"的官职。而"海池"见于汉代宫苑史料，指仿照海洋营造的湖沼。另外，秦封泥又有"每池"（陈晓捷、周晓陆：《新见秦封泥五十例考略——为秦封泥发现十周年而作》，《碑林集刊》第11辑，2005年），应当也是"海池"。

西汉长安宫苑中的"海池"

汉武帝是秦始皇之后又一位对海洋有着特殊热情的帝王。他在宫苑营造规划中，专门设计了有明确的仿象海洋性质的湖泊。

《史记》卷二八《封禅书》记载，汉武帝在汉长安城以西，萧何为刘邦修建的未央宫的旁侧建造了宏大的建章宫："作建章宫，度为千门万户。前殿度高未央。"宫殿区的北面，有一个规模可观的湖泊，其中有象征海中神山的岛屿："其北治大池，渐台高二十余丈，命曰太液池，中有蓬莱、方丈、瀛洲、壶梁，象海中神山龟鱼之属。"所谓"有蓬莱、方丈、瀛洲、壶梁，象海中神山龟鱼之属"，出自司马迁笔下，是明确的以宫廷中人工湖泊"象海"的历史记录。《史记》卷一二《孝武本纪》有同样的内容，司马贞《索隐》引《三辅故事》说："殿北海池北岸有石鱼，长二丈，宽五尺，西岸有石龟二枚，各长六尺。"所谓"殿北海池"特别值得注意，这一湖泊名叫"海池"，其位置在建章宫前殿正北。这是我们在历史文献记录中看到的名义确定的"海池"。以西汉时尺度23.1厘米计（丘光明编著《中国古代度量衡考》，文物出版社，1992年，第55页），"石龟"长1.386米，应是仿象海龟。"石鱼"长4.62米，宽1.155米，也应当是仿象海鱼。

与《三秦记》"兰池""刻石为鲸"的情形类似，《西京杂记》记载，在汉武帝为操演水军经营的昆明池中放置有"石鲸"："昆明池刻玉石为鲸，每至雷雨，鲸常鸣吼，鬣尾皆动。汉世祭之以祈雨，往往有验。"《三辅黄图》卷四《池沼》："《三辅故事》又曰：'（昆明）池中有豫章台及石鲸。刻石为鲸鱼，长三丈，每至雷雨，常鸣吼，鬣尾皆动。'"昆明池"石鲸"在唐代受到诗人们的关注。宋之问、苏颋、储光羲、苏庆余、温庭筠等均有咏唱。杜甫《秋兴八首》其七写道："昆明池水汉时功，武帝旌旗在眼中。织女机丝虚月夜，石鲸鳞甲动秋风。"清初学者陈廷敬以为"笔端高绝，出寻常蹊径之外。"（〔清〕陈廷敬：《午亭文编》卷五〇《杜律诗话下》）

传说"每至雷雨"，"石鲸"都有异常的表现，"常鸣吼，鬣尾皆动"。杜诗所谓"石鲸鳞甲动秋风"，也说在古人对于海洋的神秘主义意识中，"刻石"或"刻玉石"为之的"石鲸"，似乎是有生命，又有特别的神异功能的。

秦汉宫廷海洋象征的神秘意义

秦汉宫苑"象海"的人工湖泊，是在帝王们对于海洋神仙文化系统充满憧憬和向往的心理背景下专心营造的。

以汉武帝在建章宫前殿"其北治大池，渐台高二十余丈，命曰太液池，中有蓬莱、方丈、瀛洲、壶梁，象海中神山龟鱼之属"的记载为例，在"太液池"及"蓬莱、方丈、瀛洲、壶梁""海中神山"模型设计和施工之前，这位帝王的思想言行表现出对"蓬莱"世界的特别关注。据《史记》卷二八《封禅书》记述，方士李少君对汉武帝说："……益寿而海中蓬莱仙者乃可见。""安期生仙者，通蓬莱中……"于是汉武帝"遣方士入海求蓬莱安期生之属"。"求蓬莱安期生莫能得，而海上燕齐怪迂之方士多更来言神事矣。""入海求蓬莱者，言蓬莱不远，而不能至者，殆不见其气。上乃遣望气佐候其气云。""欲放黄帝以上接神仙人蓬莱士，高世比德于九皇，而颇采儒术以文之。""上遂东巡海上，行礼祠八神。齐人之上疏言神怪奇方者以万数，然无验者。乃益发船，令言海中神山者数千人求蓬莱神人。""天子既已封泰山，无风雨灾，而方士更言蓬莱诸神若将可得，于是上欣然庶几遇之，乃复东至海上望，冀遇蓬莱焉。""临勃海，将以望祀蓬莱之属，冀至殊廷焉。"事在元光二年（前133）至太初元年（前103）间，30年来，汉武帝心中似乎始终萦绕着"蓬莱"之梦。在"太液池"建"蓬莱"等"海中神山"模型，其实是"求蓬莱""冀遇蓬莱""望祀蓬莱"等一系列动作的继续。宫廷"海池"以及附属的"蓬莱、方丈、瀛洲、壶梁，象海中神山龟鱼之属"等，作为特殊的信仰象征，于是具有了接近"海中神山""神怪""神仙人"的神秘意义。

王莽临近覆亡时最后的表演，竟然是以"渐台"为舞台的。据《汉书》卷九九下《王莽传下》记载，反抗王莽政权的暴动民众逼近宫中，"群臣扶掖莽，自前殿南下椒除，西出白虎门……莽就车，之渐台，欲阻池水。"近臣"尚千余人随之"。"军人入殿中，谭曰：'反虏王莽安在？'有美人出房曰：'在渐台。'众兵追之，围数百重。台上亦弓弩与相射，稍稍落去。矢尽，无以复射，短兵接。"效忠王莽的近卫士兵多战死，于是，"众兵上台……商人杜吴杀莽"。有人斩莽首，"军人分裂莽身，支节肌骨脔分，争相杀者数十人"。王莽为什么在濒死时刻"之渐台"顽抗？难道仅仅只是"欲阻池水"吗？王莽是一位心理极端偏执的政治人物。当反新莽武装已经冲入宫中，他仍然衣冠端正，绂佩齐整，口出荒诞之言，"绀袀服，带玺韨，持虞帝匕首……旋席随斗柄而坐，曰：'天生德于予，汉兵其如予何！'"在来到"渐台"时"犹抱持符命、威斗"。王莽在其政治人生的终点"之渐台"，可能有特殊的动机。也许"海池""海中神山"的神秘象征意义给予了垂死的王莽以建立在迷妄基点上的精神支撑。

王莽应当是在未央宫"渐台"结束了他的执政生涯以及新莽王朝的行政史的。未央宫有"渐台",见于《汉书》卷七五《翼奉传》所载翼奉上疏。邓通故事有涉及"渐台"情节(《汉书》卷九三《佞幸传·邓通》),事在汉文帝时,而建章宫当时还没有修建。《汉书》卷九八《元后传》又有明确记载:"(王莽)为太后置酒未央宫渐台,大纵众乐。"不过,考古勘察获得的信息不能确定未央宫"太液池"和"渐台"的位置和形制、规模。在未央宫遗址西南部则发现了"沧池故址"。考古学者指出:"今马家寨村西南,有一片洼地,其地势低于周围地面1—2.5米,平面呈不规整的圆形,东西400米,南北510米。地表以下0.7—1米见淤土,1.2—2米见沙子,沙层厚2米,再下则依次为黑卤土、淤土、水浸土、细沙。此洼地应为沧池故址……《水经注·渭水》载:'……飞渠引水入城,东为仓池。池在未央宫西,池中有渐台。'仓池即'沧池',亦名'苍池'。"(中国社会科学院考古研究所编著《汉长安城未央宫》,中国大百科全书出版社,1996年,第19页)王莽最终丧生的"渐台",是否"沧池"的"渐台"呢?毕沅的《关中胜迹图志》"汉长乐未央宫图"没有标示未央宫"太液池"和"渐台"所在。而"沧池"在前殿西北方向,池中描绘了高大的"渐台"图样。而同书"汉建章宫图"显示的"太液池""渐台"以及"海中神山""蓬莱山""方丈山""瀛洲山"的情形(〔清〕毕沅撰,张沛校点《关中胜迹图志》,三秦出版社,2004年,第116—117页,第128—129页),也可以作为我们理解相关问题的参考。

《史记》的海洋视角

《史记》作为史学经典，班彪有"今之所以知古，后之所以视前，圣人之耳目也"之称誉（《后汉书》卷四〇上《班彪传上》）。司马迁于史学建设多所创制，梁启超因称"《史记》自是中国第一部史书"（《要籍解题及其读法·史记》）。对于海洋的关注，表现出司马迁特殊的文化眼光和学术视角，也值得关心《史记》的人们注意。

"海内"与"天下"

在对于许多学者称作古史传说时代的记述中，《史记》最早明确突出地强调了先古圣王有关"海"的事迹。《史记》卷一《五帝本纪》记述黄帝"迁徙往来无常处"："东至于海，登丸山，及岱宗。西至于空桐，登鸡头。南至于江，登熊、湘。北逐荤粥，合符釜山。"首先称颂黄帝至于东海的行迹。而据司马贞《索隐》引郭子横《洞冥记》称东方朔云"东海大明之墟有釜山"，则黄帝获"王者之符命"的地方，也在"东海"。司马迁说，黄帝"举风后、力牧、常先、大鸿以治民"，取得行政成功。裴骃《集解》引《帝王世纪》说，黄帝"得风后于海隅，登以为相"。裴骃《集解》引郑玄曰："风后，黄帝三公也。"这位成为黄帝高级助手的人才，是在"海隅"发现的。关于舜的成就，司马迁有"四海之内咸戴帝舜之功"的说法。而自战国至于秦汉，"四海之内"或说"海内"，已经成为与"天下"对应的语汇。

《史记》卷一一八《淮南衡山列传》所谓"临制天下,一齐海内"就是典型的例证。当时以大一统理念为基点的政治理想的表达,已经普遍取用涉及海洋的地理概念。

政治地理语汇"四海"与"天下","海内"与"天下"的同时通行,在某种意义上反映了中原居民的世界观和文化观已经初步表现出对海洋的重视。

司马迁就是在这样的文化环境中留下了有关秦汉社会海洋意识与海洋探索的诸多历史记录的。

"言海中神山者"

秦始皇统一后五次出巡,四次行至海滨。《史记》卷六《秦始皇本纪》记录了他"梦与海神战"并亲自持连弩射杀海中大鱼的故事。燕齐海上方士借助秦始皇提供的行政支持,狂热地进行以求仙为目的的海上航行。这种航海行为,客观上促进了对海上未知世界的探求。《史记》卷一一八《淮南衡山列传》第一次记录了徐福出海"止王不来"的情形。秦始皇陵墓中制作海洋模型,体现出这位帝王对海洋的情感至死也没有削减。这些情节,均因司马迁的生动写叙成为珍贵的历史记忆。《史记》卷六《秦始皇本纪》出现"海"字38次。而以汉武帝的历史表现作为记述主体内容的《史记》卷二八《封禅书》中,"海"字出现多达39次。汉武帝至少10次东巡海上,超过了秦始皇的记录。他最后一次行临东海,已经是68岁的高龄。在汉武帝时代,"入海求蓬莱"的航海行为更为密集,所谓"乃益发船,令言海中神山者数千人求蓬莱神人","予方士传车及间使求仙人以千数",又说明其规模也超过前代。汉武帝基于"冀遇蓬莱"的偏执心理,多次动员数以千计的"言海中神山者"驶向波涛。

虽然当时就直接的目的而言"其效可睹",但是汉武帝内心的冀望客观上刺激了航海行为的发起，促成了航海经验的积累，推动了航海能力的提升。《史记》的这些记录，成为中国航海史多有闪光点的重要篇章。

有人说司马迁著《封禅书》意在批评汉武帝"求神仙狂侈之心"，"迁作《封禅书》，反复纤悉，皆以著求神仙之妄"（黄震：《黄氏日抄》卷四六《史记》），"子长为《封禅书》，意在讽时"（郝敬：《史汉愚按》卷二）。也有人说："此书有讽意，无贬词，将武帝当日希冀神仙长生，一种迷惑不解情事，倾写殆尽。"（高嵣：《史记抄》卷二《封禅书》）也许后人看作"狂侈""之妄"事，当时人们只是"迷惑不解"。而即使有"讽时"之意，所记述方士这些对于早期海洋学有积极贡献的知识分子航海实践的情节则是客观的。有人以为"以徐福赍童男女及针织工艺辈数千，漂流海外"（沈湛钧：《知非斋古文录·书史记封禅书后》）是导致秦末政治危机的因由，然而从文化传播史的视角看，徐福东渡可能对东亚史的进程产生了有益的影响。

《史记》有关"海"的文字

《史记》书中有关"海"的文字，除了《秦始皇本纪》《封禅书》（以及与《封禅书》多有雷同的《史记》卷一二《孝武本纪》）以外，最为密集的就是《史记》卷一一四《东越列传》了。越地是居于边缘地位的区域，越人是居于边缘地位的族群。司马迁并没有轻视反映越人优越航海能力的史事，专心以细致生动的笔调记录于《史记》中。据记载："至元鼎五年，南越反，东越王余善上书，请以卒八千人从楼船将军击吕嘉等。兵至揭阳，以海风波为解，不行。"这是有关"海风波"可以导致海上航路阻断的最早的记录。司马迁又记述了闽越与汉王朝的直接的军事冲突，战事包括"横海"情节。"元鼎六年秋，余善闻楼船请诛之，汉兵临境，且往，乃遂反，发兵距汉道。"

汉王朝给予强硬的回应,诸军并进合击,有"横海将军韩说出句章,浮海从东方往;楼船将军杨仆出武林"。汉军远征,"浮海从东方往"的"横海将军"部应是主力。这是闽越海面行驶汉军大型船队的有代表性的史例。数支南下部队中,"横海将军先至",说明海上进攻的一路承担了主攻任务,且及时实现了战役目标。横海将军部成功受降,而战后"横海将军""横海校尉"封侯,其他"诸将皆无成功,莫封",说明汉王朝海路主攻部队能够独力控制战局,实现了平定余善叛乱的主要目的。

"南海"与"海东"开拓

秦始皇征服岭南置"南海"诸郡,是统一进程中的重要战略步骤。据《史记》卷一一二《平津侯主父列传》记载主父偃入见汉武帝谏伐匈奴时所言:"屠睢将楼船之士南攻百越。""楼船"作为军事建置,这是较早的史例。汉武帝派遣楼船将军杨仆从海路出击朝鲜,是东方航海史上的一件大事。《史记》卷一一五《朝鲜列传》记载,楼船将军杨仆率军"从齐浮渤海","楼船将军将齐兵七千人"较"出辽东"的"左将军荀彘"的部队"先至王险",与前说"横海将军先至"情形相同。杨仆楼船军有学者认为有 5 万军人。有的研究论著写道:"楼船将军杨仆率领楼船兵 5 万人"进攻朝鲜(张炜、方堃主编《中国海疆通史》,中州古籍出版社,2003 年,第 65 页)。渡海远征楼船军的规模,体现出航海能力的优越。

秦始皇在岭南置南海郡,汉武帝的朝鲜置沧海郡。《史记》称"楼船""横海"的这两个方向为"南海"(《史记》卷一一三《南越列传》)和"海东"(《史记》卷一三〇《太史公自序》)。

司马迁笔下中原人面对神秘的海洋所表现的英雄主义和进取精神,应当看作我们民族宝贵的精神遗产。

"周览四海"与"广大"气象

司马迁说他考察黄帝、尧、舜事迹，曾经进行实地调查："西至空桐，北过涿鹿，东渐于海，南浮江淮矣，至长老皆各往往称黄帝、尧、舜之处。"（《史记》卷一《五帝本纪》）说到"东渐于海"。他最早的一次出行，据《史记》卷一三〇《太史公自序》："二十而南游江、淮，上会稽，探禹穴，窥九疑，浮于沅、湘；……"《史记》卷二九《河渠书》也说，他曾经"至于会稽太湟"。"会稽"之行，已走到海滨。司马迁以太史令身份从汉武帝出游，这位帝王"东巡海上""东至海上望"，"宿留海上"，"并海上"（《史记》卷二八《封禅书》），甚至"浮大海"（《汉书》卷六《武帝纪》）等交通行为，他很可能都曾亲身参与。

苏辙说："太史公行天下，周览四海名山大川……故其文疏荡，颇有奇气。"（《栾城集》卷二三《上枢密韩太尉书》）指出对于"四海"的体验成就其文气之"奇"。马存所谓"尽天下之观以助吾气，然后吐而为书"，"见狂澜惊波，阴风怒逆，号走而横击，故其文奔放而浩漫"（凌稚隆《史记评林》卷首），梁启超所谓"波澜壮阔"，"恬波不扬"（《中国历史研究法》）等，也大致有同样的意思。王国维说到司马迁的行旅经历："是史公足迹殆遍宇内，所未至者，朝鲜、河西、岭南诸初郡耳。"（《观堂集林》卷一一）他虽然没有到过朝鲜和岭南，但是《史记》有关秦汉开拓"南海"和"海东"的记述，使得读史者深受其益。

桓谭说，"通才著书以百数，惟太史公为广大"（《太平御览》卷六〇二引《新论》）；王充说，"汉著书者多"；司马迁堪称"河、汉"，其余不过"泾、渭"而已（《论衡·案书》）。其实，以司马迁才学之"广大"，是可以以"海"来比拟的。而《史记》书中有关

"海"的文字，即直接体现了他学术视野的"广大"。陈继儒形容"《史记》之文"所谓"洞庭之鱼龙怒飞"，"山海之鬼怪毕出"，"史家以体裁义例掎摭之，太史公不受也"（《史记定本序》），其说自有意境，可以体现史学演进史中《史记》的新异和奇伟。《史记》特殊的文化风采，应与司马迁的海洋感知有关，亦表现于他关于海洋探索和海洋开发的历史记录中。

关于"刘项不读书"

傅斯年访延安,毛泽东书章碣《焚书坑》诗相赠,并致信:"孟真先生:遵嘱写了数字。不像样子,聊作纪念,今日闻陈胜吴广之说,未免过谦,故述唐人语以广之。"所谓"今日闻陈胜吴广之说,未免过谦",据说指毛泽东赞扬傅斯年在五四运动中的表现时傅的对答:"我们不过是陈胜、吴广,你们才是项羽、刘邦。"于是,论者对于谁是"陈胜吴广",谁是"刘项",乃至毛泽东书赠此诗的深意何在,异议纷纭。而我们更为重视的,是章碣诗作中体现的历史理念可能曾经为毛泽东和傅斯年共同接受的事实。在五四时代,他们确曾一北一南,举起了《新潮》和《湘江评论》两面旗帜,鼓动了新的文化条件下类同两千一百多年前"山东乱"的革命形势。

"秦家事"反思

中国古代诗人多有"咏史""怀古"之作,这首《焚书坑》诗可以看作透露出先进历史观的值得珍视的精品。据唐人韦縠编《才调集》卷八所收录,章碣写道:"竹帛烟销帝业虚,关河空锁祖龙居。坑灰未冷山东乱,刘项元来不读书。"有人曾经批评诗句中"搀入议论"(〔明〕胡震亨《唐音癸签》卷一〇《评汇六》),其实,在对史事的咏叹中发表史识,早已是中国诗家的传统。

以诗评史是一种特殊的史学形式。读"诗话"一类著作时欣赏对这种文学形式进行的评论，也是一件有意思的事。比如清代学者吴景旭撰《历代诗话》卷五三《焚书》可以看到所引录对章碣《焚书坑》的评论。"万历中，陈眉公诗：'雪满前山酒满觚，一编常对老潜夫。尔曹空恨咸阳火，焚后残书读尽无。'天启中，叶圣野诗：'黄鸟歌残恨未央，可怜一夕葬三良。坑儒旧是秦家事，何独伤心怨始皇。'一诘责后人，一追咎前人，各妙。"吴景旭说："秦时未尝废儒，而始皇所坑者，盖一时议论不合者耳。"毛泽东对此加了圈点。（陈晋主编《毛泽东读书笔记解析》，广东人民出版社，1996年，第1319页）宋人萧森希《通录》曾经说，"按史书所坑特侯生、卢生四百六十余人，非尽坑天下儒者"，而且"为其所坑，又非儒者"，"卢生等……特方伎之流耳，岂所谓儒者哉？"（〔元〕陶宗仪《南村辍耕录》卷二五）秦未曾坑儒的说法，今天仍然有人坚持。主要论点，也以为所坑杀的对象是"术士"而非"儒生"。其实，正如顾颉刚曾经指出的："当时儒生和方士本是同等待遇。""（秦始皇）把养着的儒生方士都发去审问，结果，把犯禁的460余人活葬在咸阳：这就是'坑儒'的故事。"（《秦汉的方士和儒生》，上海古籍出版社，1978年，第12页）以为受害者乃"儒生方士"，两种身份并说。坑儒事后，"始皇长子扶苏谏曰：'天下初定，远方黔首未集。诸生皆诵法孔子，今上皆重法绳之，臣恐天下不安。唯上察之。'"（《史记》卷六《秦始皇本纪》）

扶苏作为最接近秦王朝执政集团决策者的人士，也是事件发生随即有所评论之，他的意见是最值得重视的。所谓"诸生皆诵法孔子"，指义非常明确。

对于"焚书坑儒"，毛泽东1964年8月30日的一次谈话中说：秦始皇是个好皇帝。焚书坑儒，实际上坑了460人，是属于孟夫子那一派的。其实也没有坑光，叔孙通就没杀么。（陈晋主编《毛泽东读书笔记解析》，广东人民出版社，1996年，第1153页）虽然历史上任何一次政治迫害运动之后，都依然会有迫害对象和迫害对象同等级者的存留。然而这一情形，并不能否定这种行为的残酷性。

秦始皇事后回顾"焚书"事，言"吾前收天下书不中用者尽去之"（《史记》卷六《秦始皇本纪》）。称"焚书"对象为"天下书不中用者"。医药、卜筮、种树之书等实用之学的积累确实得以保存，又有学者指出兵学知识仍然在民间普及，如袁宏道《经下邳》诗所谓"枉把六经灰火底，桥边犹有未烧书"（《明诗综》卷六二）。也有人据"夜半桥边呼孺子，人间犹有未烧书"咏张良事迹诗，论"兵家言原在'不燔'之列"（陈恭尹：《读〈秦纪〉》）。除了张良"夜半桥边"故事之外，项羽"万人敌"与韩信"背水阵"故事，也反映民间兵学的普及。尽管秦文化重视实用的风格使得许多技术层面的知识得以存留，但是以理论为主题的体现较高思辨等级的文化遗产遭遇"秦火"导致的中国文化的严重劫难，是不可否认的历史真实。虽然"民间《诗》《书》，未必能家摧而户烧之，燔余烬遗，往往或有"（刘师培《六经残于秦火考》，《左庵集》卷三），但我们绝不能在回顾文化史时，轻易宽恕毁灭文明成就的文化专制主义的罪恶。

为什么坑杀了460位诸生，历史记忆中留下如此深刻的"坑儒"的文化伤痕，但是还有不少儒学学者依然以博士身份服务于秦始皇呢？看来儒学背景的博士们大概表面上可以议政参政，但是不能发表与最高执政者政见不同的言论。当时秦王朝确定的文化政策，坚持极其严厉的原则，即所谓"有敢偶语《诗》《书》者弃市"，"以古非今者族"。"焚书坑儒"破坏的不是所有的文化，破坏的是思想；"焚书坑儒"迫害的不是所有的文化人，迫害的是思想者。

"焚书坑儒"在后世秦政批判的史论和政论中，往往被作为主要罪行受到谴责。而历史事实正如谭嗣同所说："二千年来之政，秦政也，皆大盗也。"（《仁学》二十九）扼杀思想，扼杀思想者，是中国帝制时代长期贯彻的文化政策。在有的历史时期，文字狱的残酷，甚至超过秦代。

"英雄之后，更有英雄"，"载籍而外，岂无载籍"

章碣《焚书坑》诗宣传的历史哲理，是得到许多文化共鸣的。明代学者叶廷秀《诗谭》卷二"题焚书坑"条写道："唐章碣《题焚书坑》……足为士子吐气。又见一诗：'焚书只是要人愚，人未愚时国已墟。惟有一人愚不得，又从黄石读兵书。'意亦相类。"这首诗较早见于明人陆容《菽园杂记》卷一："'焚书只是要人愚，人未愚时国已墟。惟有一人愚不得，又从黄石授兵书。'此《焚书坑》诗，不知何人所作。家君常诵之，坑在骊山下，即坑儒谷是也。"明代学者蒲秉权就此发表了这样的议论："有宇宙来，种种人物，种种情境，种种事，种种理，种种理外之事，为今时所未见，皆古时所已有，而其成迹悉备于书。书者，破愚益智之资也。祖龙氏恃其才智，并吞六国，帝制自为谓可长世，而又虑天下有聪明男子知读书解义理者，崛起而出其右，故坑儒不已，继之焚书，盖妄意去其益智者，而人之愚，益不可破，茫茫世界，可以惟我所镌磨锻炼。而不知天地精灵，分毓为人；人心精灵，吐露为书。英雄之后，更有英雄。则载籍而外，岂无载籍？始皇于此关掞全未勘破，必欲以一炬塞其兑。其智已愚人，乃其所以自愚也。故当时好事者题其坑云：'焚书只是要人愚，人未愚时国已墟。况有一人愚不得，又从黄石读兵书。'呜呼，尽之矣！"（《硕薖园集》卷九）

历史的进步无法阻挡，即所谓"英雄之后，更有英雄"。而思想的"精灵"，自由追求和创新趋向，当然也不可能以坑火灭绝。

这首言"人未愚时国已墟"的诗作，许多著作有所引录，均言"不知何人所作"。明代文学家俞弁《逸老堂诗话》卷下考论作者是南宋诗人萧立之："《菽园杂记》载一诗云：'焚书只是要人愚，人未愚时国已墟。只有一人愚不得，又从黄石读兵书。'陆式斋云惜不知何人所作。余见韦居安《梅磵诗话》载萧冰崖立之《咏秦》诗云：'燔经初意欲民愚，民果俱愚国未墟。无奈有人愚不得，夜师黄石读兵书。'陆公所记即冰崖之诗，后人相传稍易之耳。"

"古今一条规律"

毛泽东除书赠傅斯年外，后来对章碣《焚书坑》诗仍有所关心。1959年，他曾经请康生查核章碣生平以及此诗是否其作品。康生在12月8日给毛泽东的报告中说："主席：关于章碣的生平材料很少，查了几条，但同中国文学家大辞典所记文字差不多，送上请阅。"毛泽东又请林克再查。12月11日在康生的报告上写了致林克的信："林克：请查《焚书坑》一诗，是否浙人章碣（晚唐人）写的？诗云：竹帛烟销帝业虚，关河空锁祖龙居。坑灰未冷山东乱，刘项原来不读书。"据陈晋的说明："或许是康生送上的材料不能最终回答毛泽东的询问，故他又请林克再查。"（陈晋主编《毛泽东读书笔记解析》，第1319页）1966年6月14日在《对〈在京艺术院校试行半工（农）半读〉一文的批语》中，毛泽东又引用了这首诗，以助证"学问少的打倒学问多的""是古今一条规律"。

我们看到，与书赠傅斯年同样，毛泽东把"坑灰未冷山东乱"写作"坑灰未烬山东乱"。这并不是毛泽东记忆失误，清人褚人获《坚瓠集》四集卷四所引章碣《焚书坑》诗就写作"烬"。通过毛泽东对这首诗的熟悉和关注，亦可觉察他对作者在诗句背后的"人心精灵"的体悟。

作为一位革命家，毛泽东对思想禁锢和文化专制曾经深心反感。青年时期，他在《〈伦理学原理〉批注》中曾积极提倡"自由之意志",鼓吹"思想的解放"。1962年1月30日他在扩大的中央工作会议上的讲话中还说道："让人讲话,天不会塌下来,自己也不会垮台。不让人讲话呢?那就难免有一天要垮台。"这样的认识应当就与"坑灰未冷山东乱"提示的历史理念有相通之处。不过,因为时势的演进和地位的变易,晚年毛泽东对秦始皇的判断已经与青年时完全不同,对于"焚书坑儒"的评价也发生了变化。对于社会思想自由度的主张当然也明显异于往昔。

郑樵《通志》卷七一《校雠略》"秦不绝儒学论"说:"秦时未尝废儒,而始皇所坑者,盖一时议论不合者耳。""秦亦未尝无书籍也,其所焚者一时间事耳。"《历代诗话》卷五三《焚书》引录章碣诗,随即引《通志》以上评断,这些文字,说秦始皇焚书坑儒,其实并不如后世所说那么惨厉。毛泽东对此都加了圈点。前引1964年8月30日的讲话中所谓秦始皇"焚书坑儒"其实也没有坑光,叔孙通就没杀么,体现出对这种史论的认同。传李贽评纂《史纲评要》卷四《后秦纪》关于李斯焚书建议得到秦始皇认可的记述,有如下评语:"大是英雄之言,然下手太毒矣。当战国横议之后,势必至此。自是儒生千古一劫,埋怨不得李丞相、秦始皇也。"此段文字眉批明确写道:"刘项原来不读书。"七字旁侧均有圈点。据中华书局1974年8月的《出版说明》,对此说有肯定的评价:"他还认为秦始皇、李斯实行'焚书坑儒',是当时斗争情势下采取的必要措施,说'当战国横议之后,势必至此'。"(〔明〕李贽评纂《史纲评要》,中华书局,1974年,第90页,第2页)这正是毛泽东书写"焚坑事业要商量"诗句的时候。

领袖人物的历史认知可以影响政治导向。当时中国思想文化在"革命"的名义下经历的厄运,大家都是熟知的。

《史纲评要》眉批"刘项原来不读书",语义并不明朗。我们不清楚这七个字写在这里是强调"刘项"事业即"焚坑"政策之后又一层意义上的"势必至此"，抑或是对"当战国横议之后，势必至此"之说的适当修正。也许作为知识人，在倾向于理解和支持"焚坑"的同时，也难以表示绝对的肯定。所谓"大是英雄之言，然下手太毒矣"，后半句"下手太毒"的感叹，或许就透露出这种心理。而毛泽东诗句"焚坑事业要商量"或作"焚坑事业待商量"，"商量"二字的语气，大概也值得我们细心品味。

英雄歌哭：太史公笔下刘项的心思和表情

正如鲁迅"史家之绝唱，无韵之《离骚》"所言，《史记》作为史学的经典，也是文学名著。而其中蕴涵的文化识见，也多有高明深刻之处，可以给读者启迪。

垓下：项王"悲歌慷慨""泣数行下"

读《史记》卷七《项羽本纪》，都会注意到对垓下决战的精彩写述。楚霸王英雄生涯最后一幕的重要情节，使人印象至深："项王军壁垓下，兵少食尽，汉军及诸侯兵围之数重。夜闻汉军四面皆楚歌，项王乃大惊曰：'汉皆已得楚乎？是何楚人之多也！'项王则夜起，饮帐中。有美人名虞，常幸从；骏马名骓，常骑之。于是项王乃悲歌慷慨，自为诗曰：'力拔山兮气盖世，时不利兮骓不逝。骓不逝兮可奈何，虞兮虞兮奈若何！'歌数阕，美人和之。项王泣数行下，左右皆泣，莫能仰视。"

这是我们熟悉的故事，这是我们熟悉的歌诗。对于"力拔山兮气盖世"的"气"，宋代理学家谈"浩然之气"时以此为例："浩然之气只是气大敢做，而今一样人畏避退缩，事事不敢做，只是气小。有一样人未必识道理，然事事敢做，是他气大。如项羽'力拔山兮气盖世'，便是这样气。人须是有盖世之气方得。"

这是朱熹老夫子引程子的话，见《朱子语类》卷五二。

沛宫：高祖"慷慨伤怀，泣数行下"

鸿沟是刘邦、项羽两军分界。唐人张碧《鸿沟》诗写了自称"力拔山兮气盖世"的英雄项羽败死之后刘邦得意登基的历史转变："吴娃捧酒横秋波，霜天月照空城垒。力拔山兮忽到此，骓嘶懒渡乌江水。新丰瑞色生楼台，西楚寒蒿哭愁鬼。三尺霜鸣金匣里，神光一掉八千里。汉皇骤马意气生，西南扫地迎天子。"（《全唐诗》卷四六九）所谓"三尺霜鸣"，是指刘邦建国大业起始时斩白蛇神话中的那柄"三尺剑"。据《全唐诗》，"神光一掉八千里"一作"神光一透八千里"。而《御定全唐诗录》卷五七作"神光一照八千里"，《唐诗纪事》卷四五作"神光一万八千里"。诗句中成败盛衰比照鲜明，与"西楚寒蒿哭愁鬼"对应的是"新丰瑞色""汉皇""意气"。

我们看到，和项羽"力拔山兮"悲歌享有大致同样知名度的，还有刘邦的《大风歌》。《史记》卷八《高祖本纪》有如下记述："高祖还归，过沛，留。置酒沛宫，悉召故人父老子弟纵酒，发沛中儿得百二十人，教之歌。酒酣，高祖击筑，自为歌诗曰：'大风起兮云飞扬，威加海内兮归故乡，安得猛士兮守四方！'令儿皆和习之。高祖乃起舞，慷慨伤怀，泣数行下。"

英雄成败——一样的表情，不一样的心思

项羽歌"力拔山兮"事在《史记》卷七，刘邦歌"大风起兮"事在《史记》卷八。据篇次相邻的文字记录，虽一胜一负，一败一成，一枯一荣，两位各自均"气大敢做"的英雄，在彼此不同的故事情境中，却有相近的表现。项羽"自为诗曰"，刘邦"自为歌诗曰"。项羽"悲歌慷慨"，刘邦"慷慨伤怀"。项羽"饮帐中"，刘邦"置酒沛宫"，"纵酒"，"酒酣"。项羽"歌数阕，美人和之"，似乎是男女声共同的

表演;而刘邦先则"击筑",后"乃起舞",也参与了集体狂欢。

刘邦歌"大风"之后,太史公又记载:"谓沛父兄曰:'游子悲故乡。吾虽都关中,万岁后吾魂魄犹乐思沛。且朕自沛公以诛暴逆,遂有天下,其以沛为朕汤沐邑,复其民,世世无有所与。'沛父兄诸母故人日乐饮极欢,道旧故为笑乐。"这段记述三次出现"乐"字,"乐","乐饮极欢","道旧故为笑乐"。然而刘邦自己的表现,在"乐"的另一面,又似乎流露出深心的悲怆。据太史公的具体记载,"慷慨伤怀"之后,即"泣数行下"。此高祖"泣数行下"与"项王泣数行下"的表情记录,竟然完全相同,一字不差。

一个失败的英雄,面对悲剧结局,自为壮歌,"泣数行下"。一个成功的英雄,面对"神光一万八千里","西南扫地迎天子"的胜利庆典,同样在"自为歌诗","令儿皆和习之"之后,"泣数行下"。

太史公深意推想

在刘项故事两处各见"泣数行下"四字的背后,太史公有什么深意吗?

对于项羽与刘邦之歌、哭近似的描写,是否意味着在二者之间的情感天平上维持了一种特殊的等衡,也就是说,提升了项羽的历史地位和文化感召力呢?有关项羽言行的记述,长期被史学史研究者看作太史公历史著述的亮点。或由此肯定项羽"尤一时之雄也"(郝敬:《史汉愚按》卷二),或说《项羽本纪》乃太史公"嗟惜之辞"(叶适:《习学记言序目》卷一九《史记》)。吴见思说,"项羽力拔山气盖世,何等英雄,何等力量,太史公亦以全神付之,成此英雄力量之文","精神笔力,力透纸背"(《史记论文·项羽本纪》)。李晚芳写道:"羽之神勇,千古无二;太史公以神勇之笔,写神勇之人,亦千古无二","后之作史者,谁有此笔力"?(《读史管见》卷一《项羽本纪》）徐与乔也说，太史公对项羽的描写，"如绘神笔也"（《经史辨体·史部·项羽本纪》）。而郭嵩焘特别指出，"垓下"史事的记述，"自是史公《项羽纪》中聚精会神极得意文字"（《史记札记》卷一《项羽本纪》）。太史公对项羽事迹的回顾，固然倾注了自己深切的同情，然而基本史实的记录，应当坚持了严肃史家的清醒。有学者说，太史公对项羽的表现，"以深刻的真理、壮丽的诗情和英雄的格调使我们深受鼓舞"（陈曦：《此身合是诗人未？——〈史记·项羽本纪〉的另一种解释》，《名作欣赏》2007年第1期）。这样的说法或许有一定的参考意义，但所谓"深刻的真理"究竟是什么，似乎应当有所说明。

就刘邦"酒酣"唱"大风"故事的描写，刘辰翁说："古今文字，淋漓尽兴，言笑有情，少可及此。"（《班马异同》卷二）吴见思说，"沛中留饮处"，"写其豁达本色，语语入神"（《史记论文·高祖本纪》）。李晚芳也有近似的评价："沛中留饮，处处画出豁达大度"，"语语入神"。（《读史管见》卷一《高祖本纪》）"泣数行下"是否可以理解为"豁达"的表现，还可以思索。而有的学者对刘邦这样的分析或许也与太史公的意思有所接近：功成业就后生发的空虚失落使他处于深层的精神痛苦中。（赵明正：《生命悲剧的形象展示——〈史记·高祖本纪〉新解读》，《山西师范大学学报》2000年第4期）寂寞与孤独，说不定也是让帝王垂泪的因由。

可以说太史公确实认真进行了对历史人物心态考察与写摹的探索。正如钱锺书所说，《高祖本纪》"并言其心性"，《项羽本纪》也涉及其"性情气质"。对项羽"科以心学性理，犁然有当"，"谈士每以'虞兮'之歌，谓羽风云之气而兼儿女之情，尚粗浅乎言之也"（《管锥编》第1册，中华书局，1979，第275页）。我们比较刘项的"泣数行下"，也许应当注意太史公分析"性情气质""心学性理"的功夫。

顾颉刚《司马谈作史》写道："《史记》一书，其最精彩及价值最高之部分有二，一为楚、汉之际，一为武帝之世。……若楚、汉之际，当为谈所集材。谈生文帝初叶，其时战国遗黎、汉初宿将犹有存者，故得就其口述，作为多方面之记述。此一时期史事之保存，惟谈为当首功。其笔力之健，亦复震撼一世，叱咤千古。"除了"生龙活虎，绘声绘色"，表现出"文学造诣之高"而外，"其史学见解之深辟又可知"。

看来，要追求"笔力之健"，至于"震撼一世，叱咤千古"的境界，似乎应当首先以"史学见解之深辟"为前提。而关于刘项自为歌诗又"泣数行下"的记述形式，或许就是"史学见解之深辟"的表现。

《汉书》的海洋纪事

秦汉大一统政体成立之后，中央执政机构面临的行政任务包括对漫长的海岸的控制，神秘的海域亦为秦皇汉武等有作为的帝王所关注。沿海地域共同的文化特征，也在这一时期开始形成。

《汉书》作为记录西汉和新莽历史的史学经典，有关海洋的纪事反映了当时执政集团和社会各层次对于海洋的认识以及这一时期海洋开发的历史。海洋学的早期成就亦因《汉书》的记载保留了文献学的遗存。《汉书》可以看作中国史学论著中较早较充分地重视海洋纪事的典籍。

"四海""海内"：政治地理意识

较早如《论语·颜渊》子夏言"四海之内皆兄弟也"，自有政治文化内涵。战国以来，政论家更频繁使用"海内"这一政治地理学概念。《孟子·梁惠王下》："海内之地，方千里者九。"《墨子·辞过》亦有"四海之内"的说法。《非攻下》则谓"一天下之和，总四海之内"。《荀子·不苟》："总天下之要，治海内之众。"《韩非子·奸劫弑臣》"明照四海之内"，《六反》"富有四海之内"，《有度》"独制四海之内"等，更集中地体现了在宣传政治理念时对"海"的关注。

"海内"与"天下"地理称谓的同时通行，说明当时中原居民海洋意识的初步觉醒。西汉时期政治语汇中，"海内"与"天下"对应关系的表现更为明朗。《新语·慎微》："诛逆征暴，除天下之患，辟残贼之类，然后海内治，百姓宁。"又《新书·数宁》："大数既得，则天下顺治，海内之气，清和咸理，则万生遂茂。"同书《时变》也有"威振海内，德从天下"的说法。《汉书》比较客观地表现了当时人包括海洋观念在内的多层次多色彩的社会思想。对于"天下"和"海内"的关系的意识，也可见具有典型意义的记述。

《汉书》卷一下《高帝纪下》记载刘邦即皇帝位的故事，有诸侯王劝进，汉王辞让而终于接受的过程："诸侯上疏曰：'楚王韩信、韩王信、淮南王英布、梁王彭越、故衡山王吴芮、赵王张敖、燕王臧荼昧死再拜言，大王陛下：先时秦为亡道，天下诛之。大王先得秦王，定关中，于天下功最多。存亡定危，救败继绝，以安万民，功盛德厚。又加惠于诸侯王有功者，使得立社稷。地分已定，而位号比拟，亡上下之分，大王功德之著，于后世不宣。昧死再拜上皇帝尊号。'汉王曰：'寡人闻帝者贤者有也，虚言亡实之名，非所取也。今诸侯王皆推高寡人，将何以处之哉？'诸侯王皆曰：'大王起于细微，灭乱秦，威动海内。又以辟陋之地，自汉中行威德，诛不义，立有功，平定海内，功臣皆受地食邑，非私之也。大王德施四海，诸侯王不足以道之，居帝位甚实宜，愿大王以幸天下。'汉王曰：'诸侯王幸以为便于天下之民，则可矣。'于是诸侯王及太尉长安侯臣绾等三百人，与博士稷嗣君叔孙通谨择良日二月甲午，上尊号。汉王即皇帝位于氾水之阳。"

对于中国古代政治体制史中这样一个重要情节，《汉书》的记载远较《史记》详尽。这段文字出现"海内"2次，"天下"4次。由文意可知"天下"与"海内"含义相近。《史记》"平定四海"，《汉书》作"平定海内"，"德施四海"，也体现出当时的文化倾向。

《汉书》多见"天下"与"海内"并说的情形，如卷三一《项籍传》:"分裂天下而威海内。"卷三九《萧何曹参传》赞:"天下既定,因民之疾秦法,顺流与之更始,二人同心,遂安海内。"卷四八《贾谊传》:"天下顺治,海内之气清和咸理。"卷四九《晁错传》:"为天下兴利除害,变法易故,以安海内。"卷五六《董仲舒传》:"今陛下并有天下,海内莫不率服。"卷六四上《严助传》:"汉为天下宗,操杀生之柄,以制海内之命。"卷七二《贡禹传》:"海内大化,天下断狱四百。"卷九九上《王莽传上》:"事成,以传示天下,与海内平之。""海内"即"四海之内",有时又只写作"四海"。如《汉书》卷六四上《严助传》:"号令天下,四海之内莫不向应。"卷七二《贡禹传》:"四海之内,天下之君,微孔子之言亡所折中。"

"海内"和"天下"形成严整对应关系的文例,《汉书》中可以看到。例如:"贞天下于一,同海内之归。"(卷二一上《律历志上》)"临制天下,壹齐海内。"(卷四五《伍被传》)"天下少双,海内寡二。"(卷六四上《吾丘寿王传》)"威震海内,德从天下。"(卷四八《贾谊传》)"海内为一,天下同任。"(卷五二《韩安国传》)"海内晏然,天下大洽。"(卷六五《东方朔传》)"海内"和"天下"对仗往往颇为工整。卷四九《晁错传》:"德泽满天下,灵光施四海。"则是"天下"和"四海"对应的例证。

《汉书》反映的,看来是当时社会的语言习惯。《淮南子·要略》:"天下未定,海内未辑……"《盐铁论·轻重》可见"天下之富,海内之财",同书《能言》也以"言满天下,德覆四海"并说。又《世务》也写道:"诚信著乎天下,醇德流乎四海。"在这种语言范式背后,是社会对海洋的关心。

讨论汉代社会的"天下"观和海疆意识,不应忽略《汉书》等文献所见有关"天下"与"海内""四海"文字遗存透露的思想史信息。

"楼船""横海"事业

汉景帝削藩,极其重视对沿海地方统治权的回收,突出表现在吴楚七国之乱平定之后对于沿海区域的控制,创造了对于高度集中的中央集权空前有利的形势。

《盐铁论·晁错》:"晁生言诸侯之地大,富则骄奢,急即合从。故因吴之过而削之会稽,因楚之罪而夺之东海,所以均轻重,分其权,而为万世虑也。"所谓"削之会稽","夺之东海",指出削藩战略的重要主题之一,或者说削藩战略的首要步骤,就是夺取诸侯王国的沿海地方。

汉武帝时代除强制性实行推恩令使诸侯国政治权力萎缩,而中央权力空前增长,对原先属于诸侯国的沿海地区实现了全面的控制之外,又于元鼎六年(前111)灭南越、闽越,置南海、郁林、苍梧、合浦、儋耳、珠崖、交趾、九真、日南郡,其中多数临海,就区域划分来说,均属于沿海地区。《汉书》卷六《武帝纪》记述元鼎六年事:"行东,将幸缑氏,至左邑桐乡,闻南越破,以为闻喜县。春,至汲新中乡,得吕嘉首,以为获嘉县。……遂定越地,以为南海、苍梧、郁林、合浦、交阯、九真、日南、珠崖、儋耳郡。"颜师古注:"应劭曰:'二郡在大海中崖岸之边。出真珠,故曰珠崖。儋耳者,种大耳。渠率自谓王者耳尤缓,下肩三寸。'张晏曰:'《异物志》二郡在海中,东西千里,南北五百里。珠崖,言珠若崖矣。儋耳之云,镂其颊皮,上连耳匡,分为数支,状似鸡肠,累耳下垂。'臣瓒曰:'《茂陵书》珠崖郡治瞫都,去长安七千三百一十四里。儋耳去长安七千三百六十八里,领县五。'"可知这是对遥远的海上陌生世界的征服。当年,"秋,东越王余善反,攻杀汉将吏。遣横海将军韩说、中尉王温舒出会稽,楼船将军杨仆出豫章,击之"。这是又一次利用海上军事优势的远征。随后,"元封元年冬十月,诏曰:'南越、东瓯咸伏其辜……'"宣布开始专心对"西蛮北夷"用兵。

汉武帝元封三年(前108)灭朝鲜及其附庸,置乐浪、真番、临屯、玄菟四郡,进一步扩展了汉王朝面对海洋的视野。朝鲜原本与中原有比较密切的文化联系。然而汉武帝时代朝鲜置郡,形势又发生了变化。汉武帝派遣楼船将军杨仆从海路出击朝鲜。《史记》卷一一五《朝鲜列传》:"天子募罪人击朝鲜。其秋,遣楼船将军杨仆从齐浮渤海;兵五万人,左将军荀彘出辽东:讨右渠。"此据中华书局标点本,"兵五万人"与"楼船将军杨仆从齐浮渤海"分断,可以理解为"兵五万人"随"左将军荀彘出辽东"。其实,也未必不可以"遣楼船将军杨仆从齐浮渤海,兵五万人"连读。有的研究论著就写道:"楼船将军杨仆率领楼船兵5万人"(张炜、方堃主编《中国海疆通史》,中州古籍出版社,2003年,第65页)进攻朝鲜。《汉书》卷九五《朝鲜列传》即作:"天子募罪人击朝鲜。其秋,遣楼船将军杨仆从齐浮勃海,兵五万,左将军荀彘出辽东,诛右渠。"

汉武帝以楼船军远征朝鲜,是东方航海史上的一件大事。《史记》卷三〇《平准书》:"齐相卜式上书曰:'臣闻主忧臣辱。南越反,臣愿父子与齐习船者往死之。'"《汉书》卷五八《卜式传》:"会吕嘉反,式上书曰:'臣闻主媿臣死。群臣宜尽死节,其驽下者宜出财以佐军,如是则强国不犯之道也。臣愿与子男及临菑习弩博昌习船者请行死之,以尽臣节。'"《史记》所谓"齐习船者",《汉书》更具体地说到"博昌习船者",指出了杨仆楼船部队出发地点航海能力的优越。博昌,在今山东广饶西。

汉武帝"临大海""浮大海"

汉武帝与秦始皇同样,是一位对海洋世界充满好奇的帝王。他多次巡行海上，行程超过了秦始皇。《汉书》对相关历史迹象保留了珍贵的记述。《汉书》卷六《武帝纪》记载："（元封）五年冬，行南巡狩，至于盛唐，望祀虞舜于九嶷。登灊天柱山，自寻阳浮江，亲射蛟江中，获之。舳舻千里，薄枞阳而出，作《盛唐枞阳之歌》。遂北至琅邪，并海，所过礼祠其名山大川。春三月，还至泰山，增封。甲子，祠高祖于明堂，以配上帝，因朝诸侯王列侯，受郡国计。夏四月，诏曰：'朕巡荆扬，辑江淮物，会大海气，以合泰山。上天见象，增修封禅。其赦天下。所幸县毋出今年租赋，赐鳏寡孤独帛，贫穷者粟。'还幸甘泉，郊泰畤。"

汉武帝所谓"会大海气"，可能透露了对于海洋的具有神秘主义风格的崇敬心理。颜师古注："郑氏曰：'会合海神之气，并祭之。'师古曰：'集江淮之神，会大海之气，合致于太山，然后修封，总祭飨也。'"

对于汉武帝的海上之行，《史记》卷三〇《封禅书》记载：元封元年（前110）"东巡海上，行礼祠八神。""宿留海上，与方士传车及间使求仙人以千数。"封泰山后，再次至海上，"复东至海上望，冀遇蓬莱焉"。"遂去，并海上，北至碣石，巡自辽西，历北边至九原。"元封二年（前109），"至东莱，宿留之数日"。元封五年（前106），"北至琅邪，并海上"。太初元年（前104），"东至海上，考入海及方士求神者，莫验，然益遣，冀遇之"。"临渤海，将以望祠蓬莱之属，冀至殊庭焉。"太初三年（前102），汉武帝又有海上之行："东巡海上，考神仙之属，未有验者。"除了《史记》卷三〇《封禅书》中这5年中6次行临海上的记录外，《汉书》卷六《武帝纪》还记载了晚年汉武帝4次出行至于海滨的情形："（天汉）二年春，行幸东海。""（太始三年）行幸东海，获赤雁，作《朱雁之歌》。幸琅邪，礼日成山。登之罘，浮大海。""（太始四年）夏四月，夏四月，幸不其，祠神人于交门宫，若有乡坐拜者。作《交门之歌》。""（征和）四年春正月，行幸东莱，临大海。"

秦始皇统一天下后凡5次出巡，其中4次行至海滨。汉武帝则远远超过这一纪录，一生中至少10次至于海上。他最后一次行临东海，已经是68岁的高龄。

《汉书》比较好地保留了相关资料，使得我们可以看到应理解为社会文化面貌重要表现的汉武帝对于海洋的特殊热忱。

长安"海中神山"模型

《史记》卷六《秦始皇本纪》："齐人徐市等上书，言海中有三神山，名曰蓬莱、方丈、瀛洲，仙人居之。请得斋戒，与童男女求之。于是遣徐市发童男女数千人，入海求仙人。"张守节《正义》："《汉书·郊祀志》云：'此三神山者，其传在渤海中，去人不远，盖曾有至者，诸仙人及不死之药皆在焉。其物禽兽尽白，而黄金白银为宫阙。未至，望之如云；及至，三神山乃居水下；临之，患且至，风辄引船而去，终莫能至云。世主莫不甘心焉。'"看来，《汉书》的记载可以帮助我们理解秦始皇时代的"海中""三神山"崇拜。

《史记》卷一二《孝武本纪》："上遂东巡海上，行礼祠八神。齐人之上疏言神怪奇方者以万数，然无验者。乃益发船，令言海中神山者数千人求蓬莱神人。"关于"八神"，司马贞《索隐》："用事八神。案：韦昭云'八神谓天、地、阴、阳、日、月、星辰主、四时主之属'。今案《郊祀志》，一曰天主，祠天齐；二曰地主，祠太山、梁父；三曰兵主，祠蚩尤；四曰阴主，祠三山；五曰阳主，祠之罘；六曰月主，祠之莱山；七曰日主，祠成山；八曰四时主，祠琅邪。"《史记》卷三〇《封禅书》所谓"三山"，司马贞《索隐》："小颜以为下所谓三神山。顾氏案：《地理志》东莱曲成有参山，即此三山也，非海中三神山也。"则又成一说。而《汉书》卷二五上《郊祀志上》颜师古注："'三山'，即下所谓三神山。"作为"《汉书》学"的成果，也是值得重视的。

汉武帝追求海中神山的行为，明确见于《汉书》卷二五上《郊祀志上》："上遂东巡海上，行礼祠八神。齐人之上疏言神怪奇方者以万数，乃益发船，令言海中神山者数千人求蓬莱神人。"

据《史记》卷三〇《封禅书》，太初元年（前104）作建章宫，特意设计了仿拟"海中神山"的模型："其北治大池，渐台高二十余丈，命曰'太液池'，中有蓬莱、方丈、瀛洲、壶梁，象海中神山龟鱼之属。"《汉书》卷二五下《郊祀志下》的对应记述是："作建章宫，度为千门万户。前殿度高未央。其东则凤阙，高二十余丈。其西则商中，数十里虎圈。其北治大池，渐台高二十余丈，名曰'泰液'，池中有蓬莱、方丈、瀛州、壶梁，象海中神山龟鱼之属。"颜师古注："《三辅故事》云：池北岸有石鱼，长二丈，高五尺，西岸有石鳖三枚，长六尺。"王莽事败，就是在这里结束了他的人生和事业。《汉书》卷九九下《王莽传下》记载："莽就车，之渐台，欲阻池水，犹抱持符命、威斗，公卿大夫、侍中、黄门郎从官尚千余人随之。王邑昼夜战，罢极，士死伤略尽，驰入宫，间关至渐台，见其子侍中睦解衣冠欲逃，邑叱之令还，父子共守莽。军人入殿中，谆诚曰：'反虏王莽安在？'有美人出房曰：'在渐台。'众兵追之，围数百重。台上亦弓弩与相射，稍稍落去。矢尽，无以复射，短兵接。王邑父子、䞍恽、王巡战死，莽入室。下铺时，众兵上台，王揖、赵博、苗欣、唐尊、王盛、中常侍王参等皆死台上。商人杜吴杀莽，取其绶。"《汉书》卷八七上《扬雄传上》说："营建章、凤阙、神明、驱娑，渐台、泰液象海水周流方丈、瀛洲、蓬莱。"颜师古注："渐台在泰液池中。渐，浸也，言为池水所浸也。""服虔曰：'海中三山名。法效象之。'"

王莽垂死挣扎，选择渐台顽抗，除了控制制高点的动机之外，或许还有其他心理背景。或许他以为"海中神山"具有的象征意义真的会有奇异的影响政治进程的力量。

海：财用之所出

田肯为刘邦分析天下形势，强调齐地的重要："夫齐，东有琅邪、即墨之饶，南有泰山之固，西有浊河之限，北有勃海之利，地方二千里，持戟百万，县隔千里之外，齐得十二焉。"这一记载先见于《史记》卷八《高祖本纪》。而《汉书》卷一下《高帝纪下》所谓"东有琅邪、即墨之饶"，颜师古注："二县近海，财用之所出。"可知秦汉时期海洋资源开发，已经在经济先进地区显见成效。

在"削藩"政治过程中，皇帝与诸侯王对沿海地方控制权的争夺，应当首先出自一种政治目标的追求。当时社会观念中，对于"海"的控制，是据有"天下"的一种象征。贾谊《过秦论》有"贵为天子，富有四海"的说法。而《汉书》卷五六《董仲舒传》和《汉书》卷六五《东方朔传》两见"贵为天子，富有四海"，都透露出执政集团上层值得重视的政治理念。"削藩"之"削之会稽"，"夺之东海"，不仅仅是贪求"海盐之饶"（《史记》卷一二九《货殖列传》），即针对个别的盐产地的争夺。也就是说，并非主要出于对经济利益的考虑，以力争对食盐生产基地的掌控。

然而汉帝国中央执政集团又不可能没有看到沿海开发的利益。争取强有力地控制沿海区域的战略策划，有"富有四海"政治理念的因素，然而可能也有经济利益的图谋。晁错对吴王刘濞的指控，首先即考虑经济方面："即山铸钱，煮海为盐，诱天下亡人谋作乱逆。"（《汉书》卷三五《荆燕吴传·吴王刘濞》）《史记》卷一一八《淮南衡山列传》的记载是："夫吴王赐号为刘氏祭酒，复不朝，王四郡之众，地方数千里，内铸消铜以为钱，东煮海水以为盐……"

《盐铁论·刺权》也指责诸侯王"以专巨海之富而擅鱼盐之利也"，在经济生活方面与中央政权分庭抗礼。所谓"巨海鱼盐"是重要的资源。《盐铁论》中所谓"山海之货"（《本议》《通有》《复古》），"山海之财"（《力耕》），"山海之利"（《复古》），"山海者，财用之宝路也"（《禁耕》）等等，也反复强调海产收益的经济意义。《汉书》卷三五《荆燕吴传》赞曰明确说"山海之利"："吴王擅山海之利，能薄敛以使其众，逆乱之萌，自其子兴。"与《盐铁论·复古》的口径完全一致。而《汉书》卷二四下《食货志下》言"山海之货"："浮食奇民欲擅斡山海之货，以致富羡。"亦与《盐铁论·力耕》同。《汉书》同样重视所谓"巨海之富""鱼盐之利"的经济利益的眼光，也是值得注意的。这样的史学意识的形成，应是以当时社会逐渐重视海洋资源开发的情形为背景的。

东洋与南洋航运

秦始皇使徐市"入海求神异物"，《史记》卷一一八《淮南衡山列传》："遣振男女三千人，资之五谷种种百工而行，徐福得平原广泽，止王不来。"《汉书》卷四五《伍被传》的说法是："使徐福入海求仙药，多赍珍宝，童男女三千人，五种百工而行。徐福得平原大泽，止王不来。"

《三国志》卷四七《吴书·吴主传》记载黄龙二年（230）"遣将军卫温、诸葛直将甲士万人浮海求夷洲及亶洲"事，也说道："亶洲在海中，长老传言秦始皇帝遣方士徐福将童男童女数千人入海，求蓬莱神山及仙药，止此洲不还。世相承有数万家，其上人民，时有至会稽货布，会稽东县人海行，亦有遭风流移至亶洲者。所在绝远，卒不可得至。"《后汉书》卷八五《东夷列传》中则已将徐福所止王不来处与日本相联系，其事系于"倭"条下："会稽海外有东鳀人，分为二十余国。又有夷洲及澶洲。传言秦始皇遣方士徐福将童男女数千人入海，求蓬莱神仙不得，徐福畏诛不敢还，遂止此洲，世世相承，有数万家。人民时至会稽市。会稽东冶县人有入海行遭风，流移至澶洲者。所在绝远，不可往来。"

日本一些学者也确信徐福到达了日本列岛，甚至有具体登陆地点的考证，以及所谓徐福墓和徐福祠的出现。许多地方纪念徐福的组织有常年持续的活动。有的学者认为，日本文化史进程中相应时段发生的显著进步，与徐福东渡有关。《汉书》卷二八下《地理志下》中已经出现关于"倭人"政权的记述："乐浪海中有倭人，分为百余国，以岁时来献见云。"颜师古注引如淳曰："在带方东南万里。"又谓："《魏略》云倭在带方东南大海中，依山岛为国，度海千里，复有国，皆倭种。"所谓"百余国"者，可能是指以北九州为中心的许多规模不大的部落国家。自西汉后期起，它们与中国中央政权已经开始了正式的往来。

《汉书》卷二八下《地理志下》记述了西汉时期初步开通的南洋航路的交通状况："自日南障塞、徐闻、合浦船行可五月，有都元国；又船行可四月，有邑卢没国；又船行可二十余日，有谌离国；步行可十余日，有夫甘都卢国。自夫甘都卢国船行可二月余，有黄支国，民俗略与珠崖相类。其州广大，户口多，多异物，自武帝以来皆献见。"

这些地区与汉王朝间海上商运相当繁忙："有译长，属黄门，与应募者俱入海市明珠、璧流离、奇石异物，赍黄金杂缯而往。所至国皆禀食为耦，蛮夷贾船，转送致之。亦利交易，剽杀人。又苦逢风波溺死，不者数年来还。大珠至围二寸以下。"王莽专政时，还曾经利用南洋航运进行政治宣传："平帝元始中，王莽辅政，欲耀威德，厚遗黄支王，令遣使献生犀牛。"

由黄支国还可以继续前行："自黄支船可八月，到皮宗；船行可二月，到日南、象林界云。黄支之南，有已不程国，汉之译使自此还矣。"关于都元国、邑卢没国、谌离、夫甘都卢国、皮宗等国家或部族的具体位置，学者多有异议，而对于黄支国即印度康契普腊姆，已不程国即师子国亦今斯里兰卡，中外学者的基本认识是一致的。

广东西汉中期以后的墓葬中还常常出土玻璃、水晶、玛瑙、琥珀等质料的装饰品，并曾出土迭嵌眼圈式玻璃珠和药物蚀花的肉红石髓珠。经过化验的玻璃珠样品，含钾5%—13.72%，而铅和钡的成分仅有微量或根本没有，这与中国古代铅钡玻璃系统制品截然不同，应是由南洋输入。

西汉时代，中国远洋舰队已经开通了远达南印度及斯里兰卡的航线。东汉时代，中国和天竺（印度）之间的海上交通相当艰难，然而仍大致保持着畅通，海路于是成为佛教影响中国文化的第二条通道。江苏连云港孔望山发现佛教题材摩崖造像，其中又多有"胡人"形象，结合徐州东海地区佛教首先炽盛的记载，则可以理解海上交通的历史文化作用。

应当注意到，《汉书》是保留了东方早期海上航运史最完整的记录的史学文献。

"北海出大鱼"记录

早期海洋纪事多以帝王行迹为中心。而《汉书》卷二七中之下《五行志中之下》有关"北海出大鱼"的记录，则提供了海洋生物学的重要信息："成帝永始元年春，北海出大鱼，长六丈，高一丈，四枚。哀帝建平三年，东莱平度出大鱼，长八丈，高丈一尺，七枚，皆死。京房《易传》曰：'海数见巨鱼，邪人进，贤人疏。'"所谓"成帝永始元年春，北海出大鱼，长六丈，高一丈"，以汉尺相当于现今尺度0.231米计，长13.86米，高2.31米；"哀帝建平三年，东莱平度出大鱼，长八丈，高丈一尺"，则长18.48米，高2.53米。体长与体高的尺度比例，合于我们有关鲸鱼体态的生物学知识。当时的尺度记录，应是粗略估算或者对"大鱼"一枚的实测，不大可能"四枚""七枚"尺寸完全一致。这很可能是最早的关于鲸鱼群在浅滩集体死亡的历史记录。这里"大鱼"又称"巨鱼"，自然会使人联想到秦始皇"梦与海神战"之后"自以连弩候大鱼出射之"，"至之罘，见巨鱼，射杀一鱼"的行为。

《续汉书·五行志三》"鱼孽"题下写道："灵帝熹平二年，东莱海出大鱼二枚，长八九丈，高二丈余。明年，中山王畅、任城王博并薨。"刘昭《注补》："京房《易传》曰：'海出巨鱼，邪人进，贤人疏。'臣昭谓此占符灵帝之世，巨鱼之出，于是为征，宁独二王之妖也！"司马彪和刘昭一说"大鱼"，一说"巨鱼"，至少后者认定两种称谓指代的对象是一个海洋物种。

中国历史学者对于这种自然现象给予了较多的关注。而最早保存了具体历史记录的，是班固的《汉书》。

《文选》卷二张衡《西京赋》有"鲸鱼失流而蹉跎"句。可知东汉学者对这一现象已经比较熟悉。《唐开元占经》卷八八引《春秋演孔图》曰："海精死，彗星出。"又引《春秋考异邮》曰："鲸鱼死，彗星合。"纬书有关"海精死""鲸鱼死"的说法，反映西汉后期至东汉初年鲸鱼死亡情景已经受到普遍关注。我们又看到《淮南子·天文》："虎啸而谷风至，龙举而景云属，麒麟斗而日月食，鲸鱼死而彗星出。"又《淮南子·览冥》："画随灰而月运阙，鲸鱼死而彗星出。或动之也。"高诱注："运者，军也。将有军事相围守，则月运出也。以芦草灰随牖下月光中，令圜画缺其一面，则月运亦缺于上也。鲸鱼，大鱼，长数里，死于海边。鱼之身贱也，彗星为变，异人之害也，类相动也。"《淮南子》所谓"鲸鱼死"导致的"害"，体现自然生物现象影响人类社会生活的特殊关系。相关观念的形成，有汉代社会意识形态的时代背景。而我们在这里特别关注的，是《汉书》对这一海洋生物的生命现象进行了世界最早的具体记录。

汉代的"海人"

汉代文献所谓"海人之占",说明"海人"称谓指代的人群有关海洋的知识总结已经达到相当成熟的程度。"海人"作为社会身份符号,反映以"海"作为基本生活环境,以海上劳作作为基本营生方式的职业已经出现。《说苑》所见情节明朗的齐"海人"故事,体现了汉代社会对齐人海洋开发成就的认识。仙人传说、神异故事中所见"海人"事迹,也可以理解为对海洋神秘世界的探索中"海人"之贡献的一种特殊形式的肯定。汉代齐地的"习船者"及其相关信息,应当可以看作解说"海人"身份与技能的标本之一。"海人"与"山客"往往并说,体现"海人"称谓作为专门职业代号具有鲜明的典型性。分析所谓"海人之仄陋",有助于我们理解"海人"的社会形象以及"海濒"地方区域文化的特色。

"海人之占":海洋学的进步

东汉学术家张衡《灵宪》写道:"中外之官,常明者百有二十四,可名者三百二十,为星二千五百,而海人之占未存焉。"(《汉魏六朝百三家集》卷一四《汉张衡集》)《续汉书·天文志上》刘昭注补引用这一说法,并注意张衡的如下意见:"众星列布,其以神著……庶物蠢蠢,咸得系命。不然,何以总而理诸!"《汉书》卷三〇《艺文志》有"天文二十一家,四百四十五卷"。其中可见题名"海中"的文献:"《海中星占验》十二卷。《海中五星经杂事》二十二卷。《海中五星顺逆》二十八卷。《海中二十八宿国分》二十八卷。《海中二十八宿臣分》二十八卷。《海中日月彗虹杂占》十八卷。"宋人王应麟《汉艺文志考证》卷九《天文》认为这些以"海中"为题的文献,就是张衡所谓"海人之占":"《后汉·天文志》注引《海中占》,《隋志》有《海中星占星图》《海中占》各一卷,即张衡所谓'海人之占'也。"顾炎武《日知录》卷三〇"海中五星二十八宿"条则写道:"'海中'者,中国也。故《天文志》曰:'甲、乙,海外日月不占。'盖天象所临者广,而二十八宿专主中国,故曰'海中二十八宿'。"按照顾炎武的判断,这些"海中星占"之书,是与海上生活、海上航行完全无关的。

其实,《汉书》说到的"海中",语义均十分明确,都是指海上,并不是指中国、中原、中土。《汉书》卷二五上《郊祀志上》记载,自齐威王、齐宣王和燕昭王时代,派人入海求蓬莱、方丈、瀛洲。"此三神山者,其传在勃海中。""船交海中,皆以风为解,曰未能至,望见之焉。"又说,秦始皇南巡后,"并海上,几遇海中三神山之奇药,不得"。汉武帝时代,方士李少君说,以丹沙化黄金,用黄金为饮食器,"益寿而海中蓬莱仙者乃可见之"。方士栾大也说:"臣常往来海中",会见仙人安期、羡门等。汉武帝于是东巡海上,"齐人之上疏言神怪奇方者以万数,乃益发船,令言海中神山者数千人求蓬莱神人"。《汉书》卷二五下《郊祀志下》又记载,汉武帝在宫中营造大池,池中有蓬莱、方丈、瀛州、壶梁,"象海中神山龟鱼之属"。显然,《汉书》多次说到的"海中",都是指海上,而并非大陆的"中国"。

《汉书》卷二六《天文志》的说法可能有益于理解《艺文志》著录冠名"海中"的"天文"家的学术收获:"汉兵击拔朝鲜,以为乐浪、玄菟郡。朝鲜在海中,越之象也;居北方,胡之域也。"《汉书》卷二八下《地理志下》又说:"乐浪海中有倭人,分为百余国,以岁时来献见云。"则曰"乐浪海中"。所谓"朝鲜在海中"以及"倭人"在"乐浪海中",都说明"海中"一语体现的空间距离已经并非近海。

前引诸例,似乎可以说明"海中"语汇的使用,较早或与李少君、栾大一类"燕齐海上方士"的航海实践有关。王应麟还明确说到"海中""望"星"测"星事:"《唐·天文志》:开元十二年诏太史交州测景,以八月自海中南望老人星殊高,老人星下众星粲然,其明大者甚众,图所不载,莫辨其名。"(〔宋〕王应麟《汉艺文志考证》卷九《天文》)所说虽是唐代故事,也可以引为参考。清代学者徐文靖《管城硕记》卷三〇《杂述》也写道:"张衡《灵宪》曰:'微星之数万一千五百二十。海人之占所未详也。'按:唐开元中,测影使者太相元太云:'交州望极才出地三十余度,以八月自海中望老人星殊高。老人星下,众星粲然,其明大者甚众,图所不载,莫辨其名。大率去南极二十度以上,其星皆见。乃自古浑天以为常没地中,伏而不见之所也。'今西洋《南极星图》有火马、金鱼、海石、十字架之类,即《灵宪》所云海人之占,《唐志》所云莫辨其名者也。《坤舆图说》曰:'天下有五大州,利未亚州其地南至大浪山。航海过大浪山,已见南极出地三十五度矣。"(〔清〕徐文靖著,范祥雍点校:《管城硕记》,中华书局,1998年,第550页)

考索汉代史迹,在《淮南子·齐俗》中可以明确看到海上航行时观星象测定方位的情形:"夫乘舟而惑者,不知东西,见斗极则寤矣。"推想张衡所说"众星列布,其以神著","庶物蠢蠢,咸得系命",应当也为航海者所认同。

张衡"海人之占"所谓"海人",应当是以"海"为基本生计条件的人们。三民书局《大辞典》解释"海人"词义:"【海人】①古时指中国以外的海岛居民。《南史·夷貊传·倭国》:'又西南万里,有海人,身黑眼白,裸而丑,其肉没,行者或射而食之。'②在海上捕鱼的人。《述异记·下》:'东海有牛鱼,其形如牛,海人采捕。'"(三民书局辞典编辑委员会编《大辞典》(中册),三民书局,1986年,第2648页)考察汉代"海人"语义,很可能是指海洋渔业或海洋航运业的从业人员。

《说苑》"海人"故事

刘向撰《说苑·君道》记述了一则齐国故事,其中出现了"海人"称谓。"海人"是怎样的社会角色呢?故事开篇,说到齐景公对于晏婴的怀念:"晏子没十有七年,景公饮诸大夫酒。公射出质,堂上唱善,若出一口。公作色太息,播弓矢。弦章入,公曰:'章,自吾失晏子,于今十有七年,未尝闻吾过不善,今射出质而唱善者,若出一口。'弦章对曰:'此诸臣之不肖也,知不足知君之善,勇不足以犯君之颜色。然而有一焉,臣闻之:君好之,则臣服之;君嗜之,则臣食之。夫尺蠖食黄,则其身黄,食苍则其身苍;君其犹有陷人言乎?'公曰:'善!今日之言,章为君,我为臣。'是时海人入鱼,公以五十乘赐弦章。归,鱼乘塞涂,抚其御之手,曰:'曩之唱善者,皆欲若鱼者也。昔者晏子辞赏以正君,故过失不掩,今诸臣谄谀以干利,故出质而唱善如出一口,今所辅于君,未见众而受若鱼,是反晏子之义而顺谄谀之欲也。'固辞鱼不受。"

宋人刘恕编《资治通鉴外纪》卷九引录《说苑》记载以为信史。《说苑·君道》在讲述这一故事之后又以"君子曰"形式发表的"弦章之廉,乃晏子之遗训也"的表扬,随后又有关于"人主"应当"自省"的政论。而我们更为注意的,是"海人"称谓的出现。

《说苑》讲述的虽然是先秦故事,作为汉代著述,其中许多文化信息体现了汉代社会风貌。其中关于"海人入鱼"的记载,可以作为海洋渔业史料理解。体现了齐人海洋开发的成就。

"海人"传递的神异知识

《太平御览》卷一四引《汉武内传》说到"海人"献冰蚕茧所制衣裳的故事:"员峤之山名环丘,有冰蚕,以霜雪覆之,然后作茧。其色五采,织为衣裳,入水不濡,以投火,经宿不燎。唐尧之代,海人献,以为黼黻。"所谓"海人献",体现有关海外这些具有神异色彩的物品的知识,是由"海人"传递,为中原人所逐步接受的。"入水不濡","投火""不燎"的织品,可能就是所谓"火浣布"。《三国志》卷四《魏书·三少帝纪·齐王芳》:景初三年二月,"西域重译献火浣布,诏大将军、太尉临试以示百寮"。裴松之注引《异物志》曰:"斯调国有火州,在南海中。其上有野火,春夏自生,秋冬自死。有木生于其中而不消也,枝皮更活,秋冬火死则皆枯瘁。其俗常冬采其皮以为布,色小青黑;若尘垢污之,便投火中,则更鲜明也。"又引《傅子》曰:"汉桓帝时,大将军梁冀以火浣布为单衣,常大会宾客,冀阳争酒,失杯而污之,伪怒,解衣曰:'烧之。'布得火,炜晔赫然,如烧凡布,垢尽火灭,粲然洁白,若用灰水焉。"又引《搜神记》曰:"昆仑之墟,有炎火之山,山上有鸟兽草木,皆生于炎火之中,故有火浣布,非此山草木之皮枲,则其鸟兽之毛也。"裴松之写道:"又东方朔《神异经》曰:'南荒之外有火山,长三十里,广五十里,其中皆生不烬之木,昼夜火烧,得暴风不猛,猛雨不灭。火中有鼠,重百斤,毛长二尺余,细如丝,可以作布。常居火中,色洞赤,时时出外而色白,以水逐而沃之即死,续其毛,织以为布。'"火浣布产地,一说"西域",一说"南荒""南海"。后者应经历南洋航路传至中土。

"海人"进献的,还有神奇的"龙膏"。《太平御览》卷八引王子年《拾遗》曰:"燕昭王二年,海人乘霞舟,然龙膏。"卷一七六引《拾遗记》曰:"海人献龙膏为灯,于燕昭王王坐通云之堂。"卷一七八引《述征记》曰:"燕昭王二年,海人乘霞舟以雕壶盛数斗膏献王。王坐通云堂,亦曰通霞之台,以龙膏为灯,光耀百里。"所谓"以龙膏为灯,光耀百里"之说,反映以鱼类或海洋哺乳动物脂肪作照明燃料的情形。有关鲸鱼死亡"膏流九顷"的记载,说明鲸鱼脂肪受到的重视。《太平御览》卷九三八引《魏武四时食制》曰:"东海有大鱼如山,长五六丈,谓之鲸鲵。次有如屋者。时死岸上,膏流九顷,其须长一丈二三尺,厚六寸,瞳子如三升碗大,骨可为方臼。"文渊阁《四库全书》本。中华书局1960年用上海涵芬楼影印宋本复制重印版"膏流九顷"作"毫流九顷","骨可为方臼"作"骨可为矛矜"。

  人类利用鲸鱼脂肪的历史相当久远。《辞海·生物分册》"鲸目"条:"皮肤下有一层厚的脂肪,借此保温和减少身体比重,有利浮游。""鲸"条写道:"脂肪是工业原料。"(上海辞书出版社,1975,第561页)《简明不列颠百科全书》"鲸油"条:"主要从鲸鱼脂肪中提取的水白色至棕色的油。16世纪到19世纪,鲸油一直是制造肥皂的重要原料和重要的点灯油。"(中国大百科全书出版社,1985年,第4册,第439页)今按:滨海居民以鲸鱼脂肪作"重要的点灯油"的年代,其实要早得多。而关于鲸鱼集中死于海滩这种海洋生物生命现象的明确记载,最早见于中国古代文献《汉书》卷二七中之上《五行志中之上》:"成帝永始元年春,北海出大鱼,长六丈,高一丈,四枚。哀帝建平三年,东莱平度出大鱼,长八丈,高丈一尺,七枚。皆死。"《太平御览》卷七二引《孙绰子》曰:"海人曰:'横海有鱼,一吸万顷之陂。'"这种或许有关鲸鱼生态的知识,很可能来自"海人"的航海经验。其表述有所夸张,与中国早期海洋文化往往神秘色彩的风格也是一致的。

晋人嵇含《南方草木状》卷下引《南越行纪》说:"罗浮山顶有胡杨梅,山桃绕其际,海人时登采拾,止得于上饱啖,不得持下。"(宋《百川学海》本)《艺文类聚》卷八七引裴氏《广州记》曰:"庐山顶有湖杨梅,山桃绕其际,海人时登采拾,止得于上饱,不得持下。"故事情节相近,"庐山"应是"罗浮山"之误。这些可能并非汉代文献记录的"海人"奇异经历,可以作为我们认识"海人"称谓继续沿用体现的海洋探索持久努力的参考。

又如《太平御览》卷七〇九引《汉武帝内传》写道:"方丈山有草,名濡奸,叶色如绀,茎色如漆,细软可萦。海人织以为荐席,卷之不盈一手,舒之列丈。"这种特别的"草"的发现和利用,与前引《汉武内传》"火浣布"故事类似,可能是"海人"们切实的体验。

齐"习船者"与"海人"的技能

《史记》卷三〇《平准书》记述,南越战事发生,卜式上书请战,说到"齐习船者":"齐相卜式上书曰:'臣闻主忧臣辱。南越反,臣愿父子与齐习船者往死之。'"《汉书》卷五八《卜式传》写道:"会吕嘉反,式上书曰:'臣闻主愧臣死。群臣宜尽死节,其驽下者宜出财以佐军,如是则强国不犯之道也。臣愿与子男及临菑习弩博昌习船者请行,死之以尽臣节。'"《史记》所谓"齐习船者",《汉书》更具体地称之为"博昌习船者"。博昌,在今山东广饶西。有关"博昌习船者""齐习船者"的信息,告知我们当时齐地沿海地方有比较集中的技能熟练的专业航海人员。

秦汉社会语言习惯,"习"有时言熟悉,如《史记》卷八《高祖本纪》:"齐王韩信习楚风俗。"卷一一〇《匈奴列传》:"王乌,北地人,习胡俗。"卷一二二《酷吏列传》:"素习关中俗。"又如卷四九《外戚世家》褚少孙补述:"褚先生曰:臣为郎时,问习汉家故事者钟离生。"卷一二五《佞幸列传》:"(韩)嫣先习胡兵,以故益尊贵,官至上大夫,赏赐拟于邓通。"卷九三《韩信卢绾列传》:"公所以重于燕者,以习胡事也。"卷一〇八《韩长孺列传》:"大行王恢,燕人也,数为边吏,习知胡事。"卷九六《张丞相列传》:"张苍乃自秦时为柱下史,明习天下图书计籍。""习"的意义也大致如此。"习",有时言对某事有一定经验,如《史记》卷一一三《南越列传》:"好畤陆贾,先帝时习使南越。""习",有时亦指称比较全面的知识,如言"习事""习于事"之类,《史记》卷七二《穰侯列传》:"穰侯智而习于事。"卷二〇《建元以来侯者年表》:"谨厚习事。"卷一〇四《田叔列传》褚少孙补述:"将军呼所举舍人以示赵禹。赵禹以次问之,十余人无一人习事有智略者。"卷一二六《滑稽列传》褚少孙补述:"问群臣习事通经术者,莫能知。"卷一二八《龟策列传》褚少孙补述:"问掌故文学长老习事者,写取龟策卜事。"卷一二九《货殖列传》:"其俗纤俭习事。"然而"习"更多则肯定某方面能力的高强和技艺的精熟。汉武帝派遣贰师将军李广利远征大宛,又发天下七科適,及载糒给贰师,一充实前线军力物力。《史记》卷一二三《大宛列传》记载:"转车人徒相连属至敦煌。而拜习马者二人为执驱校尉,备破宛择取其善马云。"对于《汉书》卷六一《李广利传》同样记述,颜师古注:"习犹便也。一人为执马校尉,一人为驱马校尉。"《汉书》卷二八下《地理志下》:"至周有造父,善驭习马,得华骝、绿耳之乘,幸于穆王。"亦言"习马"。其中所谓"习马者"与我们讨论的"习船者"的构词形式十分相似,都可以作称谓理解。类似文例,又有《汉书》卷六《武帝纪》"发习战射士诣朔方"的"习战射士"。《汉书》卷八《宣帝纪》"大发兴调关东轻车锐卒,选郡国吏三百石伉健习骑射者,皆从军",《汉书》卷九四上《匈奴传上》"大发关东轻锐士,选郡国吏三百石伉健习骑射者,皆从军"的"习骑射者"也是类似例证。

所谓"习船者",应当是指善于驾驶、操纵船舶,海上航行经验丰富的人员。汉武帝"大为发兴""诛闽越",淮南王刘安上书谏止,言越人优势之所谓"习于水斗,便于用舟"(《汉书》卷六四上《严助传》),可以为我们理解"习船"一语提供参考。《史记》卷三二《齐太公世家》记述了齐国与蔡国发生战争的特殊缘由:"(桓公)二十九年,桓公与夫人蔡姬戏船中。蔡姬习水,荡公,公惧,止之,不止,出船,怒,归蔡姬,弗绝。蔡亦怒,嫁其女。桓公闻而怒,兴师往伐。"这一发生在齐国,事起于"蔡姬习水"的故事,情节与"船"有密切关系,对于我们理解"习船者"的语义也可以有所启示。

"习船",应当是"海人"必然掌握的技艺。或者至少可以这样说,"习船者"是"海人"之中对于他们出航的成败乃至群体的生死具有决定性意义的具备特殊技能的专业人员。

"海人"与"山客"

嵇康《嵇中散集》卷九《答释难宅无吉凶摄生论》写道:"吾见沟浍,不疑江海之大;睹丘陵,则知有泰山之高也。若守药则弃宅,见交则非赊,是海人所以终身无山,山客曰无大鱼也。"(《四部丛刊》景明嘉靖本)嵇康讲述了一个关于认识论的道理,主张摒除狭隘经验对于世界认识的阻障。他认为,在"山客"的知识结构中,既包括对"丘陵"的了解,也包括对"泰山"的认识。而"海人"也是有关水的世界,有关"海"的知识的比较全面的掌握者。然而"海人"未知"山","山客"也不识"大鱼"。值得我们特别注意的是"海人"与"山客"并说的情形。

类似的情形还有许多。如唐释道世《法苑珠林》卷三八引《孙绰子》写道:"海人与山客辩其方物。海人曰:'横海有鱼,额若华山之顶,一吸万顷之波。'山客曰:'邓林有木,围三万寻,直上千里,旁荫数国。'"(《四部丛刊》景明万历本)《太平御览》卷三七七、卷八三四、卷九五二引《孙绰子》内容大致相同,然而又有这样的情节:"有人曰:'东极有大人,斩木为策,短不可支,钓鱼为鲜,不足充饥。'"明杨慎《丹铅总录》卷九《人事类》"渔樵"条也写道:"有瀛海之涉人,晤昆仑之木客,各陈风土并其物色。海人曰:'横海有鱼,厥大不知其几何,额若三山之顶,一吸万顷之波。'山客曰:'邓林有木,围三万寻,直穿星汉而无杪,旁荫八而交阴。'齐谐氏曰:'微尔渔暨樵邈矣,其猶,不见吾国之大人,合山海于一饷,折木为策,短不可杖,钓鱼为泔,不足充铺饫。'海人俯縻,山客胶颐。齐谐忽而去矣,夷坚闻而志之。"

杨慎纪事载于"渔樵"题下,则"海人"是"渔","山客"即"樵",也就是以"海""山"为营生条件的劳动者。

文献屡见"海人"与"山客"并说的现象,可以说明"海人"称谓作为专门职业的指代符号,具有鲜明的典型性意义。

关于"海人之仄陋"

南朝人江淹作《石劫赋并序》,其中说到"海人"。序文写道:"海人有食石劫,一名紫䗩,蚌蛤类也。春而发华,有足异者。戏书为短赋。"其赋曰:"我海若之小臣,具品色于沧溟。既炉天而铜物,亦羹化而染灵。比文豹而无恤,方珠蛤而自宁。冀湖涛之蔽迹,愿洲渚以沦形。故其所巡,左委羽,右穷发。日照水而东升,山出波而隐没。光避伏而不耀,智埋冥而难发。何弱命之不禁,遂永至于夭阙?已矣哉!请去海人之仄陋,充公子之嘉客。傥委身于玉盘,从风雨而可惜。"

全文两次出现"海人"。关于"请去海人之仄陋",有学者作注:"张平子《思玄赋》曰:独幽守此仄陋兮,敢怠遑而舍勤。"(〔明〕

胡之骥注，李长路、赵威点校：《江文通集汇注》，中华书局，1984，第23页）以汉赋解说江淹赋作，是因为六朝赋家多继承汉赋作者风格。其实汉代文献出现"仄陋"一语者，还有《汉书》卷八六《循吏传》"宣帝繇仄陋而登至尊"等。另一例即谏大夫鲍宣上言汉哀帝："高门去省户数十步，求见出入，二年未省，欲使海濒仄陋自通，远矣！愿赐数刻之间，极竭毣毣之思，退入三泉，死亡所恨。"（《汉书》卷七二《鲍宣传》）鲍宣"海濒仄陋"的说法，可以帮助我们理解江淹"请去海人之仄陋"的语义。鲍宣渤海高城人，地在今河北盐山东，正位于"海濒"。而"仄陋"一语的较早使用，见于《晏子春秋》卷八《外篇下》。同样可以看作出身"海濒"的齐国名臣晏子自称"婴者，仄陋之人也"。

也许"海濒仄陋""海人""仄陋"，体现了沿海地区在一定历史时期因距离国家政治重心比较偏远，文化亦未能领先。前引《孙绰子》所谓"微尔渔暨樵，邈矣其貊"，体现了对"海人"和"山客"共同的蔑视。曹植《与杨德祖书》："人各有好，尚兰茝荪蕙之芳，众人所好；而海畔有逐臭之夫。"（《文选》卷四二）故事出自《吕氏春秋·遇合》："人有大臭者，其亲戚兄弟妻妾，知识无能与居者，自苦而居海上。海上人有说其臭者，昼夜随之而弗能去。"《吕氏春秋》所谓"说其臭"的"海上人"，曹植所谓"海畔""逐臭之夫"，南北朝刘昼《刘子》卷八《殊好》就直接称之为"海人"："众鼻之所芳也，海人悦至臭之夫，不爱芳馨之气。海人者，其人在海畔住，乐闻死人极臭之气。有一人独来海边，其人受性，身作死人臭。海人闻之，竞逐死人臭，竟日闻气不足也。"（明正统《道藏》本）"海人""逐臭"的故事，或许反映了内地人对"海人"性情的生疏，也体现了对"海人"的某种歧视。而事实上"海人"对海洋探索和海洋开发的贡献，是我们总结中国海洋史和中国海洋学史时不应当忽视的。

汉武帝与汉武帝时代

自公元前140年至公元前87年,汉武帝在位54年。汉武帝时代,以汉族为主体的统一的多民族国家得到空前的巩固,汉文化的主流形态基本形成,中国开始以文明和富强的政治实体和文化实体闻名于世。当时的西汉帝国以其精神文化和物质文化的辉煌成就成为东方文明的骄傲,在林立于世界的不同文化体系之中居于领先的地位。汉武帝时代的政治体制、经济形式和文化格局,对后世都有重要的历史影响。

班固《汉书》卷六《武帝纪》称颂汉武帝"雄材大略"。荀悦《前汉纪》写作"雄才大略"。对于汉武帝,应劭有"冠于百王"的评价(《风俗通义·六国》)。曹植也赞扬汉武帝"功越百王"(《艺文类聚》卷一二引曹植《汉武帝赞》)。明代思想家李贽称汉武帝为"英雄""圣主""好皇帝""英明之主""千古大圣",以为"不可轻议",又说:"孝武乃大有为之圣人也。""有为之功业已大矣。"(《藏书》卷一《世纪总论》)作为生活在不同时代,对历史有深刻思考的学者,他们都不属于权力集团的中坚力量,并不是正统思想的宣传者,这些意见因而值得我们重视。

近代学者夏曾佑在他的著作《中国古代史》中曾经说,历代帝王,有的是"一朝之皇帝",比如汉高祖,然而,又"有为中国二十四朝之皇帝者",比如汉武帝。历史学家许倬云在为《创造历史的汉武帝》一书作序时写道，历史人物的决定，可以"终乎在诸项可能之中抉择了演变的方向"。他说："方向一旦定了，历史不能再回头，后人遂只有接受这个事实，再作下一步的抉择。"说汉武帝是"为中国二十四朝之皇帝者"，是因为他确认的历史路径，开启的文化风气，创立的政治制度，拓定的国家疆土，对中国历史影响非常长久。汉武帝时代有许多重要举措，如同秦汉史研究大家劳榦所说，都体现出这位历史人物的"大智慧，大决断"。

中国古史的英雄时代

汉武帝时代是英才荟萃的时代。文学、史学、哲学、政治学、经济学、军事学等，在这一时期都有繁盛丰实的创造性的成果。

汉武帝时代在文化方面提供了伟大的历史贡献，重要原因之一，是汉武帝能够"畴咨海内，举其俊茂，与之立功"，就是以宽怀之心，广聚人才，给予他们文化表演的宽阔舞台，鼓励他们充分发挥自己的文化才干。班固在《汉书》卷五八《公孙弘卜式兒宽传》后的赞语中，列数了当时许多身份低下者受到识拔，终于立功立言的实例，指出正是由于汉武帝的独异的文化眼光和非凡的文化魄力，使得这些人才不致埋没，于是"群士慕向，异人并出"，形成了历史上引人注目的群星璀璨的文化景观。如班固所说，当时，"儒雅"之士，"笃行"之士，"质直"之士，"推贤"之士，"定令"之士，"文章"之士，"滑稽"之士，"应对"之士，"历数"之士，"协律"之士，"运筹"之士，"奉使"成功之士，"将率"果毅之士，"受遗"而安定社稷之士等，不可胜纪。班固所谓"汉之得人，于兹为盛"的总结，是符合当时人才队伍最为雄壮的历史事实的。也正是因为有这样一些开明干练的"群士""异人"能够焕发精神，多所创建，这一历史时期于是"兴造功业，制度遗文，后世莫及"，在最多方面完成了空前绝后的历史创造。

我们说，汉武帝时代是中国古代文化史上的英雄时代，除了汉武帝的历史表现以外，还在于当时不仅有卫青、霍去病、李广这样杰出的军事人才，司马迁、董仲舒、桑弘羊、张骞、司马相如、李延年等人的文化贡献，也使得他们在千百年后，依然声名响亮。不过，这一现象的出现，并不完全像班固所说的，完全是汉武帝个人的作用。群星的闪耀，是因为当时社会文化的总体背景，曾经形成了中国古代历史中并不多见的澄静的晴空。

汉武征伐匈奴

汉武帝时代，以军事成功为条件实现了汉帝国的疆域扩张。而最重要的成就，是北边军事形势的改变。匈奴游牧部族联盟的军事力量长期以来压迫着中国北边，使农耕生产的正常经营受到严重的威胁。在形势最严峻的时期，匈奴骑兵甚至曾经侵扰长安邻近地区。与匈奴的关系，成为汉武帝时代在对外关系方面所面临的最为严重、最为困难的问题。

汉武帝克服各种困难，发动了对于匈奴的反侵略战争。由于对于战争主动权的牢固把握，这一战争后来又具有了以征服匈奴为目的的战争的性质。"北边"形势的变化，保证了中原农耕生产秩序的安定。

对汉武帝时代用兵匈奴的历史意义的争论持续了两千年。持积极肯定态度的评价，认为这一军事行为有益于中原的安定，有益于汉文化的传播。《盐铁论·论勇》记录的支持汉武帝匈奴政策的意见，则以"怯夫有备，其气自倍"，"舞利剑，蹶强弩，以与貉虏骋于中原，一人当百，不足道也"等言辞，赞扬了战时形成的英雄主义精神。

汉武帝征伐匈奴，积极经营"北边"，促进了长城沿线地方经济的进步。屯田事业的发展，使得"北边"走向繁荣。河西地方农耕开发与水利建设的成就，为丝绸之路的畅通提供了良好的条件。

张骞"凿空"

西汉初年，今新疆地区的所谓狭义的"西域"计有三十六国，大多分布在天山以南塔里木盆地南北边缘的绿洲上。张骞出使西域，以前后十三年的艰难困苦为代价，使中原人得到了前所未闻的关于西域的知识，同时使汉王朝的声威和汉文化的影响传播到了当时中原人世界观中的西极之地。

汉军击破匈奴，打通河西通道之后，元狩四年（前119），张骞再次奉使西行，试图招引乌孙东归。这一目的虽然没有实现，但是通过此行，加强了汉王朝和西域各国之间的联系。

张骞打通中西交通道路的成功称作"凿空"。《史记》卷一二三《大宛列传》："张骞凿空，其后使往者皆称博望侯。"裴骃《集解》引苏林曰："凿，开；空，通也。骞开通西域道。"张骞作为以中原大一统王朝官方使者的身份开拓域外交通通路的第一人，他对于发展中西交通的功绩，确实在这一角度上有"凿空"的意义。张骞之后，汉与西域的通使往来十分频繁，民间商贸也得到发展。

汉王朝对西域的影响，在世界文化史上有值得重视的意义。正是由于这一历史变化，汉王朝才开始真正地面对世界。正如张维华《论汉武帝》一书所说：张骞通西域，"不仅对于中国的历史，具有重大意义，即对于整个东方的历史，亦具有重大意义"。

在汉武帝时代中原文化取得强势地位的背景下，西汉人形成了"犯强汉者，虽远必诛"（《汉书》卷七〇《陈汤传》）的强烈的国家意识，但是汉武帝本人的民族情结，其实却并不狭隘。比如金日䃅的信用，就是明显的例子。劳榦写道："旧说非我族类，其心必异，然自武帝托孤于休屠王子，天下向风，共钦华化，而金氏亦历世为汉忠臣，虽改朝而不变。"当时汉王朝军事体制中有"胡骑""越骑"部队。少数民族军人甚至负责京畿卫戍。上层社会乃至宫廷生活中"胡巫""越巫"的活跃，也体现了当时的民族关系。

罢黜百家，表章《六经》

汉武帝的谥号虽然是"武"，班固在《汉书》卷六《武帝纪》最后的赞语中总结汉武帝的历史功绩，却并没有一个字言其武功，而是突出地强调了他在文治方面的成就。班固说，西汉王朝的文化建设，是在汉武帝时代取得突出进步的。例如"兴太学，修郊祀，改正朔，定历数，协音律，作诗乐，建封禅，礼百神"等，继周代之后，"号令文章，焕焉可述。后嗣得遵洪业，而有三代之风"。

汉武帝时代影响最为久远的文化政策，是确定了儒学在百家之学中的主导地位。他贬抑黄老刑名等百家之言，起用文学儒者，儒学之士于是在文化史的舞台上逐渐成为主角。《史记》卷一二一《儒林列传》记载，公孙弘以精通《春秋》之学升迁为天子信用的重臣，又封以平津侯，于是"天下之士靡然向风矣"。公孙弘建议各地以道德学问为标准荐举人才，充实政府机构，"以文学礼义为官"。这一建议为汉武帝认可，于是据说从此之后，"则公卿大夫士吏斌斌多文学之士矣"。

汉武帝时代在文化方面的另一重要举措，是兴太学。汉武帝元朔五年（前124）创建太学。国家培养政治管理人才的正式官立大学于是出现。太学的兴立，进一步有效地助长了民间积极向学的风气，对于文化的传播起到了重大的推动作用。同时，大官僚和大富豪子嗣垄断官位的情形有所改变，一般中家子弟入仕的门径得以拓宽，一些出身社会下层的"英俊"之士，也得到入仕的机会。

与历朝建国初期的形势同样，汉初政治结构相继出现以"功臣"

为行政主体和以"功臣子弟"为行政主体的形态。汉武帝执政，开始了新的历史转变，"贤臣"和"能臣"的地位逐渐上升。中国选官制度史有世官制、察举制和科举制这样三个主要阶段。察举制的确立，是汉武帝的一项政治发明。汉文帝时，已经有从社会基层选用"贤良""孝廉"的做法。不过，这种选举形式还没有成为确定的制度。汉武帝在即位之初的第一年，就诏令中央和地方的主要行政长官"举贤良方正直言极谏之士"。六年之后，又下诏策试贤良。特别是在这一年，明确规定了郡国必须选举的人数。这一诏令表明察举制已经发展成为一种比较完备的仕进途径，察举制作为选官制度的主体的地位已经得以确立。这一历史进步意义重大。劳榦因此认为，汉武帝"初令郡国举孝廉各一人"（《汉书》卷六《武帝纪》）的元光元年（前134），是"中国学术史和中国政治史的最可纪念的一年"（劳榦：《汉代察举制度考》，《中央研究院历史语言研究所集刊》第17本，1948）。

汉武帝时代实行了史称"罢黜百家，表章《六经》""推明孔氏，抑黜百家"的重大文化变革，结束了各派学术思想平等竞争的局面，对于学术思想的自由发展，有限制和遏止的消极作用。但是，这一变革坚持"教，政之本也；狱，政之末也"（《春秋繁露·精华》），强调文化教育行政的重心。这对于我们民族重视文化、重视教育的传统的形成，是有明显的积极的意义的。

上古文化的丰收季节

《淮南子》和《史记》是汉武帝时代的两座文化丰碑。

《淮南子》一书，可以看作西汉前期思想的总结。《汉书》卷三〇《艺文志》将它列为杂家，其实，这部书大体还是具备完整的体系的。《淮南子》积极提倡"无为"的文化原则，这是和汉初政治文化形势相一致的。然而《淮南子》所说的"无为"，并不是说凝滞不动，而是要人们注意顺应事物的发展规律，正像《淮南子·原道》中所说的："因其自然而推之。"《淮南子》的社会历史观也有体现"民本"思想的内容。

在汉武帝时代，史学的学术性成就的顶峰，是司马迁的《史记》。《史记》是西汉时期最伟大的文化创造之一。《史记》在中国文化史上占据着重要的地位。历代评价所谓"贯穿经传，驰骋古今"（班固），"其文疏荡，颇有奇气"（苏辙），"深于《诗》者也"，"千古之至文"（章学诚），"《五经》之橐钥，群史之领袖"（崔适），"史家之绝唱，无韵之《离骚》"（鲁迅）等，都说明在作为中国传统文化主体内容的"文""史"之中，《史记》很早以前就已经形成了标范性的影响。

汉赋和乐府诗的成就，在中国古代文学史上具有重要的地位。汉武帝时，赋的创作走向全盛阶段。名家名作迭出。其中最为著名的是司马相如及其作品。他的《子虚赋》和《上林赋》，是这一时期赋作中有代表性的精品。这些赋以气势恢廓，景物华美，辞藻奇丽为特征，正反映了当时文化气度的宏阔广大，时代精神的豪迈勇进，物质生活和精神生活的丰富多彩。我们现在所看到的最早的五言诗，多托名于汉武帝时代的人物，如题为苏武和李陵赠答的五言诗，这是值得我们注意的。清代学者郎廷槐《师友诗传录》有"汉武乐府，壮丽宏奇"的评价，应当理解为对汉武帝时代以"乐府"为标帜的文化成就的肯定。

晚年汉武帝和"巫蛊之祸"

"巫蛊之祸"是发生于汉武帝统治晚期的一场急烈的政治风暴，都城长安在这次政治动乱中致死者之多，竟数以万计。其结果，导致了汉帝国统治上层严重的政治危机。汉武帝晚年，曾经疑心有人使用"巫蛊"的巫术手段谋害自己，指使酷吏清查"巫蛊"。处理"巫蛊"

一案的官员在宫中"掘蛊",利用汉武帝和太子刘据的政策分歧,甚至直接冲犯皇后和太子。刘据无以自明,举兵反抗。汉武帝亲自指挥镇压,太子军与政府军"合战五日,死者数万人"(《汉书》卷六六《刘屈氂传》)。这是中国帝制时代首都发生流血事件的最极端的史例。刘据失败后出城逃亡,在追捕中自杀。

事变之后,"巫蛊"冤情逐渐显现于世,汉武帝内心有所悔悟。他命令一一处置迫害太子事中立功受封者,在刘据去世的地方筑思子宫与归来望思之台,以示哀念。汉武帝又利用汉王朝西域远征军战事失利的时机,开始了基本政策的转变。他公开承认:"曩者,朕之不明。"对于边境战争对社会正常生活的危害,表示"悲痛常在振心"。又向臣民宣布,对于"扰劳天下,非所以优民"的政策,坚定地予以否决。他在正式颁布的史称"轮台诏"即被誉为"仁圣之所悔"的"哀痛之诏"中,"深陈既往之悔",否定了将西域战争继续升级的计划,表示当今政事,首要在于"禁苛暴,止擅赋,力本农",决意把行政重心转移到和平生产方面来。又封丞相田千秋为富民侯,以作为宣示"以明休息,思富养民"(《汉书》卷九六下《西域传下》)之决心的政治信号。

司马光在《资治通鉴》中就此写道,汉武帝有种种过失,"其所以异于秦始皇无几矣"。然而,所以"秦以之亡,汉以之兴",最重要的原因在于汉武帝能够"晚而改过",及时扭转了局势,"此其所以有亡秦之失而免亡秦之祸乎"(《资治通鉴》卷二二"汉武帝后元二年")!李贽《史纲评要》卷七《汉纪》评价:"汉武惟此一诏可谢高帝、文帝。""天下大坏而得以无恙。""过天地之风雷,可不勇哉!"

田余庆这样评价"巫蛊之祸"与汉武帝的政策转变:"历史动向向我们昭示,汉武帝作为早期的专制皇帝,实际上是在探索统治经验,既要尽可能地发展秦始皇创建的专制主义中央集权的统一国家,又要力图不蹈亡秦覆辙。在西汉国家大发展之后继之以轮台罪己之诏，表明汉武帝的探索获得了相当的成功。""轮台诏能够奏效，是由于它颁行于局势有可挽回之际，而且有可挽回之方。""所以汉武帝虽然提供了专制帝王收拾局面的先例，而直到有清之末为止的王朝历史中，真能成功地效法汉武帝以'罪己'诏取得成效的皇帝，却不多见。"（《论轮台诏》，《秦汉魏晋史探微（重订本）》，中华书局，2004年）

汉武帝的"文采"

毛泽东《沁园春·雪》有"惜秦皇汉武，略输文采"的名句。汉武帝在军事方面功业显赫，正如清代学者赵翼《廿二史札记》卷二评价汉武帝时所说："帝之雄才大略，正在武功。"然而，班固在《汉书》卷六《武帝纪》的赞语中，却着力宣扬了他在文化建设方面的特别显著的功绩，他本人的"文采"，也值得我们重视。

赵翼《廿二史札记》又有"汉帝多自作诏"一条，说到"汉诏最可观，至今犹诵述"。这些文辞"可观"，古今"诵述"的诏书中，有的是"天子自作"。他举的第一个例子，就是汉武帝。这或许也是班固所说"号令文章，焕焉可述"的表现之一。《文选》中列有多种文体的作品，其中"诏"一类只收录了两篇，都是汉武帝所作。

《汉书》卷三〇《艺文志》关于赋的记录中，有"上所自造赋二篇"。唐代学者颜师古以为这里所说的"上"，就是汉武帝。宋代学者王应麟《汉艺文志考证》卷八写道：汉武帝的作品，"《外戚传》有《伤悼李夫人赋》，《文选》有《秋风辞》，《沟洫志》有《瓠子之歌》二章"。清代学者沈钦韩指出，《艺文志》所说汉武帝自己创作的两篇赋，就是"《伤李夫人》及《秋风辞》"（《汉书疏证》卷二五）。

《文选》卷四五收录了署名"汉武帝"的《秋风辞》："秋风起兮

白云飞,草木黄落兮雁南归。兰有秀兮菊有芳,携佳人兮不能忘。泛楼船兮济汾河,横中流兮扬素波。箫鼓鸣兮发棹歌,欢乐极兮哀情多。少壮几时兮奈老何!""欢乐极兮哀情多","少壮几时兮奈老何"等句,富有深意。《秋风辞》字句之中楚风饱满,因此清人王士祯《渔洋诗话》卷下说"汉武帝《秋风辞》足迹骚人"。

一个多情的帝王,一个无情的帝王

"金屋藏娇"故事,是以汉武帝为主角的宫廷情感童话。在陈皇后也就是阿娇之后,汉武帝专宠卫子夫。卫皇后色衰,王夫人得幸。王夫人去世较早,后来李夫人得宠。李夫人去世后,又有尹婕妤等有宠。据说这位尹婕妤,原先是倡女。《史记》褚少孙补述说:"士不必贤世,要之知道;女不必贵种,要之贞好。"(《史记》卷四九《外戚世家》)这样的说法,看来符合汉武帝的心理。他晚年喜爱的女人钩弋夫人,却因其子被选定为继承人,被汉武帝冷酷地逼上死路。

汉武帝在位时,曾经频繁任免丞相。他在位54年间,先后用相13人,平均任职时间只有4.15年。其中卫绾汉景帝时任相,汉武帝任命的丞相计12人。其中除田千秋继续在汉昭帝时代担任丞相而外,其余11人中,3人在任上去世(其中田蚡精神错乱致死,也不属于正常死亡),有3人被免职,2人有罪自杀,3人下狱处死。政府高层官员受到严厉处置数量如此之多,密度如此之大,在历史上是空前的。汉武帝晚年,曾出现李陵所谓"法令亡常,大臣亡罪夷灭者数十家"(《汉书》卷二四《苏武传》)的情形。政府高层官员受到严厉处置数量如此之多,密度如此之大,在历史上是罕见的。

我们在认识汉武帝的业绩时,首先应当明确,对于其成功的肯定,不能忽略专制政治的背景。汉武帝虽然史称"雄才大略",但功业的背面多有祸民的事实。而神仙迷信和长生追求,也留下千古笑柄。清末民初的民主志士易白沙曾经著《帝王春秋》，"举吾国数千年残贼百姓之元凶大恶，表而出之，探其病源"，所列诸种罪恶中，"弱民""虚伪""奢靡""愚暗""严刑""奖奸"等，汉武帝均不能免。宋人葛立方《韵语阳秋》说："汉武好大喜功，黩武嗜杀。"这样的评价，应当说是不违反历史事实的。

在汉武帝时代，法令极其严酷。据《汉书》卷二三《刑法志》说，当时因为社会矛盾尖锐，"穷民犯法，酷吏击断"，法网越来越繁密。"律令凡三百五十九章，大辟四百九条，千八百八十二事，死罪决事比万三千四百七十二事。"主持司法的官员也不可能全部通读。在这样的法制环境下，冤狱纷生，不知有多少人不平而罪，不平而死。特别是下层民众中，很可能有一些本来可以促使文明进步，推动社会前行的人才，被暴政和酷刑灭杀了。

田蚡指责窦婴、灌夫等"腹诽而心谤"，最终皆致重罪（《史记》卷一〇七《魏其武安侯列传》）。颜异因廉洁正直，由基层官吏升任大司农，主管经济事务。他对于汉武帝造白鹿皮币的政策表示不同意见，引起汉武帝不满。酷吏张汤与颜异素有成见，竟然以"腹诽"罪名判定死刑："（张）汤奏当（颜）异九卿见令不便，不入言而腹诽，论死。"据《史记》卷三〇《平准书》说，从此之后，有了"腹诽之法比"。这种因思想罪杀人的恶劣制度，其开端也始于汉武帝。

汉武帝的人才意识与人才政策

汉武帝在位54年。作为统一帝国的最高权力者，执政时间仅次于康熙（61年）和乾隆（60年）。汉武帝执政时期能够敏锐地识人，明智地用人，是取得政治成功的重要条件。按照东汉史学家班固在《汉书》卷六《武帝纪》最后"赞曰"中的说法，汉武帝"畴咨海内，举其俊茂，与之立功"。他的功业，其实是当时"海内""俊茂"们共同创立的。

汉武帝"得人"：卑贱者"反贵重之"

班固在《汉书》卷五八《公孙弘卜式兒宽传》最后的赞语中写道，汉武帝时代是两汉时期中在识人用人方面最值得肯定的历史阶段："汉之得人，于兹为盛。"当时的"儒雅"之士如公孙弘、董仲舒、兒宽，"笃行"之士如石建、石庆，"质直"之士如汲黯、卜式，"推贤"之士如韩安国、郑当时，"定令"之士如赵禹、张汤，"文章"之士如司马迁、司马相如，"滑稽"之士如东方朔、枚皋，"应对"之士如严助、朱买臣，"历数"之士如唐都、洛下闳，"协律"之士如李延年，"运筹"之士如桑弘羊，"奉使"之士如张骞、苏武，"将率"之士如卫青、霍去病，"受遗"之士如霍光、金日磾等，都在历史上留有盛名。而"其余不可胜纪"，如"飞将军"李广等等其他更多地体现出汉武帝"得人"之智的英雄人物不可能一一记录。班固总结说："是以兴造功业，制度遗文，后世莫及。"他认为汉武帝时代的"功业""制度"之所以具有突出的历史地位，正是由于汉武帝身边集聚了一个在文化资质上同样"后世莫及"的人才群体。

公孙弘出身贫寒，曾经在海滨牧猪。因为儒学学术素养的优越，被推荐到中央政府任职。后来被破格提拔为丞相，又一反常例得以封侯，曾经积极参与国家大政决策。卜式早年在山中牧羊。因以资财支持汉武帝征伐匈奴的战争，又曾提出合理的行政建议，任地方长官多有政绩，被任命为御史大夫。兒宽早年是贫穷书生，曾经被人雇佣耕作，田间休息时诵读儒学经典。他负责关中行政时，积极开发水利，合理征收赋税，对于地方经济发展有很大贡献，后来被任命为御史大夫。班固分析说，这样的人才以"鸿渐之翼"而曾经受困于燕雀，如果不是汉武帝的识拔，怎么可能做出重要的历史贡献呢？

班固还指出，经历文景之治后，汉王朝在安定的形势下有了丰厚的经济积累，然而四境尚未宾服，制度建设还有许多空白，汉武帝"方欲用文武，求之如弗及"，热切期望寻求得力的人才。对于虽"家贫"，"为客甚困"，然而就战胜匈奴提出战略性谋划的主父偃，汉武帝也曾经有"何相见之晚"的感叹（《史记》卷一一二《平津侯主父列传》）。杰出人才受到重视，产生了明显的政治效应和文化影响，一时海内出现"群士慕向，异人并出"的形势。班固说，除了"卜式拔于刍牧"而外，理财名臣桑弘羊出身于地位低下的商贾之家，大将军卫青原本是奴仆，金日䃅则"出于降虏"，身份本是匈奴战俘。据说贤者傅说作为筑墙的工役而被商王武丁发现任用，春秋时卫国贤者宁戚喂牛车下击牛角而歌，桓公异之，拜为上卿。班固说，汉武帝发现和使用的这些人才，其实都是古时"版筑饭牛之朋"啊。

金日䃅原本是匈奴休屠王太子。休屠王和昆邪王在与霍去病对抗的战役中失败，受到匈奴单于猜忌，有降汉之心。休屠王临事后悔，昆邪王杀了休屠王，率领自己的部族和休屠王部族一同降汉，封为列侯。金日䃅因为父王不降被杀，沦为奴隶，罚送汉王朝宫廷养马，当时只有14岁。一次，汉武帝游宴时吩咐阅看后宫马匹。金日䃅等数十人牵马过殿下，这些养马仆隶都不免私下窥视宫中女子，只有金日䃅表情严肃。汉武帝看到金日䃅神色镇定，马又肥好，询问其出身来历。金日䃅如实对答，为汉武帝所欣赏，当天就赐汤沐衣冠，任命为马监，随后又升任侍中驸马都尉光禄大夫。金日䃅成为汉武帝亲近大臣，谦恭谨慎，出则随行，入侍左右。朝廷贵族有怨言："陛下妄得一胡儿，反贵重之！"汉武帝听到这样的话，对金日䃅更为信任（《汉书》卷六八《金日䃅传》）。如果说，他最初只是通过细节观察发现了金日䃅的直诚，后来则是通过长期的亲密接触，认定这位臣子是忠贞之士。后来在一次意外事变中，金日䃅果然力擒谋杀武帝的叛臣。汉武帝临终病重时，委托霍光辅佐少年汉昭帝。霍光推荐金日䃅。金日䃅说：臣是外国人，这样会让匈奴人轻视汉王朝的。于是只作为霍光的副手一同帮助少帝执政。应当说，后来"昭宣中兴"的成就，也有金日䃅的功绩。

人才发现："何相见之晚也！"

宫阙九重的制度，阻隔了帝王直接接近民间人才的路径。秦王嬴政曾经有读韩非《孤愤》《五蠹》之书，感叹"嗟乎，寡人得见此人与之游，死不恨矣"的故事。李斯说："此韩非之所著书也。"秦国于是急攻韩国，迫使韩非入秦（《史记》卷六三《老子韩非列传》）。汉武帝本人也曾经读司马相如《子虚赋》而内心赞赏，说道："朕独不得与此人同时哉！"蜀人杨得意说，我的同乡司马相如"自言为此赋"。《史记》卷一一七《司马相如列传》写道："上惊，乃召问相如。"也可能司马迁笔下所谓"上惊"引起的心理震动，使得汉武帝注意通过直接交谈了解各方面人才的心理素质和行政见解。

汉武帝用以蒲草包裹车轮减震的"安车蒲轮"迎来儒学思想领袖鲁申公（《汉书》卷六《武帝纪》），"问治乱之事"（《汉书》卷一二一《儒林列传》）。著名学者枚乘也以"安车蒲轮"方式受邀前往长安（《汉书》卷五一《枚乘传》）。蒲车后人诗句"暂下蒲车为鲁公"（〔唐〕窦群《中牟县经鲁公庙》，褚藏言《窦氏联珠集》，《四部丛刊》三编景宋本），"汉家蒲车邀客星"（〔宋〕范浚《寄题余姚严公堂》，《香溪集》卷九，《四部丛刊》续编景明本），"软轮同致美"，"备物壮皇图"（〔宋〕文彦博《省试蒲车诗》，《潞公集》卷三，明嘉靖五年刻本）等，都保留了对汉武帝殷勤邀致才士的历史记忆。

汉武帝曾经同一天接见主父偃、徐乐、严安三人，同时拜为郎中，说道："公等皆安在？何相见之晚也！"体现出汉武帝求才若渴的殷切心情。随后一年之中，主父偃竟然四次升迁（《史记》卷一一二《平津侯主父列传》）。

察举：选官制度的进步

汉武帝开创了献策上书为郎的选官途径，在一定限度内欢迎批评政治的意见。一时四方人士上书言得失者多达千人，其中有些因此而取得了相当高的职位。田千秋就是原任高寝郎这样的低级职官，因为上书言事称旨，很快被任命为列为九卿之一的大鸿胪，不过数月又超迁为丞相。上书，可以使帝王能够听到底层的声音。在中国帝制时代，上书言事，使得一些比较开明的政治见解能够通达高级决策机关，影响行政操作，也往往可以上达民情和民意。上书，也有利于帝王发现和选拔人才。

汉武帝特别重视策问，即通过书面咨询的方式取得政策建议。"对策"，成为士人政治参与的重要形式。元光五年（前130），"太常令所征儒士各对策，百余人，（公孙）弘第居下。策奏，天子擢弘对为第一。召入见。"随即"拜为博士"（《史记》卷一一二《平津侯主父列传》）。董仲舒的《天人三策》，则以"对策"形式成为儒学政治理论的经典。策问这种选才方式后来成为历代沿承的制度，许多士人因此进入高层管理集团。一如明代诗人林廷选《对策》诗所写述："天禄云烟浮笔砚，蓬莱日月丽旌旗。敢云身在层霄上，忘却灯窗昔下帷。"（〔明〕曹学佺《石仓历代诗选》卷四二二《明诗次集五六》，清文渊阁《四库全书》补配文津阁《四库全书》本）

中国古代基本选官制度的演进，大体可以表现出"世官制"（世袭官位）、"察举制"（推荐任官）、"科举制"（通过考试选官）三个阶段。汉文帝时，已经有从社会基层选用"贤良""孝廉"的做法，指令中央官吏和地方官吏得从下级属吏、民间地主和部分自耕农人中选拔从政人员。名臣晁错就是曾经以"贤良文学"之选，又经帝王亲自策试，得以升迁为中大夫的。不过，当时既没有规定选举的确定期限，也没有规定各地方选举的人数。也就是说，这种选举形式还没有成为完备的制度。汉武帝在即位之初的第一年，就诏令中央和地方的主要行政长官"举贤良方正直言极谏之士"（《汉书》卷六《武帝纪》）。六年之后，又下诏策试贤良。特别是在这一年，明确规定了郡国必须选举的人数。

正是在汉武帝时代，"察举制"得以基本成为正统的政制。这一历史进步有非常重要的意义。有的学者曾经指出，汉武帝"初令郡国举孝廉各一人"（《汉书》卷六《武帝纪》）的元光元年（前134），是"中国学术史和中国政治史的最可纪念的一年"（劳榦：《汉代察举制度考》，《中央研究院历史语言研究所集刊》第17本，1948年4月）。这是因为这一诏令表明"察举制"已经发展成为一种比较完备的仕进途径，"察举制"作为选官制度的主体地位已经得以确立。人才的合理选拔，已经制度化。

当然，对于所选拔人才的文化立场是有要求的。《汉书》卷六《武帝纪》记载，有官员建议："所举贤良或治申、商、韩非、苏秦、张仪之言，乱国政，请皆罢。奏可。"有学者说："武帝承文景尚黄老之后独能尊儒向学，得董仲舒诸人，皆绾一言导之也。相业无有大于此者。"（〔清〕周寿昌《汉书补注补》卷三四，清光绪十年周氏思益堂刻本）

太学："养天下之士"

汉武帝时代在文化方面的另一重要举措，是兴太学。太学在当时有"养天下之士"（《汉书》卷五六《董仲舒传》），即为国家培养人才和储备人才的作用。

汉武帝元朔五年（前124）创建太学。国家培养政治管理人才的正式官立大学于是出现。《汉书》卷五六《董仲舒传》说，汉武帝创办太学，是接受了著名儒学大师董仲舒的献策。董仲舒指出，太学可以作为"教化之本原"，也就是作为教化天下的文化基地。他建议，"臣愿陛下兴太学，置明师，以养天下之士"，这样则可以使有志于学者以尽其材，而朝廷也可以因此得天下之英俊。

太学的创建，采用了公孙弘制订的具体方案。公孙弘拟议，第一，建立博士弟子员制度，将博士私人收徒定为正式的教职，将私学转变为官学；第二，规定为博士官置弟子50人；第三，博士弟子得以免除徭役和赋税；第四，博士弟子的选送，一是由太常直接选补，二是由地方官选补；第五，太学管理，一年要进行一次考试；第六，考试成绩中上等的太学生可以任官，成绩劣次，无法深造以及不能勤奋学习者，令其退学。汉武帝批准了公孙弘拟定的办学方案。

汉武帝时期的太学，虽然规模很有限，只有几位经学博士和50名博士弟子，但是这一文化雏形，却代表着中国古代教育发展的方向。太学生的数量，汉昭帝时增加到100人，汉宣帝时增加到200人，汉元帝时增加到1000人，汉成帝末年，增加到3000人，汉平帝时，太学生已经多达数千人，王莽时代进一步扩建太学，一次就曾经兴造校舍"万区"。

  太学的兴立，进一步有效地助长了民间积极向学的风气，对于文化的传播起到了重大的推动作用，同时使大官僚和大富豪子嗣垄断官位的情形有所改变，一般中家子弟入仕的门径得以拓宽，一些出身社会下层的"俊茂"之士，也得到入仕的机会，有可能直接参与行政操作，施展才能。汉武帝时代，除了建立太学之外，还令天下郡国皆立学校官，初步建立了地方教育系统。汉武帝时代教育事业的进步，在中国古代教育史上有重要地位。如果我们从识人用人的视角，从人才思想的视角认识这一历史现象，也可以体会到当时的决策者在人才培养和人才储备方面表现出来的战略眼光。

  青年毛泽东在《〈伦理学原理〉批注》中曾经写道："吾人揽〈览〉史时，恒赞叹战国之时，刘项相争之时，汉武与匈奴竞争之时，三国竞争之时，事态百变，人才辈出，令人喜读。至若承平之代，则殊厌弃之。非好乱也，安逸宁静之境，不能长处，非人生之所堪，而变化倏忽，乃人性之所喜也。"（《毛泽东早期文稿》，湖南出版社，1990年，第186页）汉武帝时代，是一个"事态百变""变化倏忽"的时代，体现出当时我们民族的创造精神和进取精神。而这些历史特征，又是由所谓"人才辈出"所决定的。

北边"群鹤"与泰畤"光景":汉武帝后元元年故事

汉武帝曾经多次远程巡行,数次有行历北边的经历。在他生命的最后一年,又一次巡行北边。这是他最后一次出巡。《汉书》卷六《武帝纪》记载:"后元元年春正月,行幸甘泉,郊泰畤,遂幸安定。""二月,诏曰:'朕郊见上帝,巡于北边,见群鹤留止,以不罗罔,靡所获献。荐于泰畤,光景并见。其赦天下。'"《太平御览》卷五三七引《汉书》:"《武纪》曰:'朕郊见上帝,巡于北边,见群鹤留止,不以罗网,靡所获。献荐于太畤,光景并见。'"《太平御览》卷六五二引《汉书》:"后元年二月诏曰:'朕郊见上帝,巡于北边,见群鹤留止,以不罗网,靡所获。献荐于泰畤,光景并见。其赦天下。'"有"不以罗网""以不罗网"的不同。

宋人林虙编《两汉诏令》卷六《西汉六·武帝》题《赦天下诏》(后元元年二月),列为汉武帝颁布诏令的倒数第二篇。最后一篇是四个月后颁布的《封莽通等》(后元元年六月)。

分析相关信息,可以深化对当时社会生态环境意识的认识,也有益于说明当时生态环境、礼俗传统与行政理念的关系。对北边"群鹤留止"情形再做考察,也许能够为当时生态环境的认识提供新的条件。

关于"非用罗罔时"

既说"行幸甘泉",又说"巡于北边",很有可能是循行联系"甘泉"和"北边"的直道来到"北边"长城防线。他在"北边"地方看到栖息的"群鹤",因为时在春季,当时社会的生态意识和生态礼俗,严禁猎杀野生禽鸟,于是没有捕获这些野鹤用于祭祀上帝时奉献。颜师古注引如淳曰:"时春也,非用罗罔时,故无所获也。"《太平御览》卷五三七引《汉书·武纪》注引如淳曰:"是时春也,非用罗网时。故无所获。""是时春也"应是正文。

汉初名臣晁错在一篇上奏皇帝的文书中发表了有关生态环境保护的言辞。其中说道:"德上及飞鸟,下至水虫草木诸产,皆被其泽。然后阴阳调,四时节,日月光,风雨时。"(《汉书》卷四九《晁错传》)

"德上及飞鸟,下至水虫草木诸产"的说法,当然是儒学的文化宣传。论者认为只有这样,才能"四时节","风雨时"。然而这其实又是值得重视的体现当时进步的生态环境观的表述。应当说在生态环境保护史上,发表了一种比较开明的见解。

《礼记·月令》中多规范了天子和官府在不同季节的作为,因而具有制度史料的意义,与主要反映民间礼俗的《月令》明显不同。其中写道:孟春之月,"覆巢,毋杀孩虫,胎夭飞鸟,毋麛毋卵"。季春之月,"田猎罝罘、罗罔、毕翳、餧兽之药,毋出九门"。睡虎地秦简整理者定名为《秦律十八种》的内容中,有《田律》,其中可见关于山林保护的条文:"春二月……不夏月,毋敢……麛䴏(卵)𪃟,毋□□□□□(四)毋敢……毒鱼鳖,置穽罔(网),到七月而纵之。(五)"整理小组译文:"春天二月……不到夏季,不准……捉取幼兽、鸟卵和幼鸟,不准……毒杀鱼鳖,不准设置捕捉鸟兽的陷阱和网罟,到七月解除禁令。"(睡虎地秦墓竹简整理小组编《睡虎地秦墓竹简》,文物出版社,1990,释文第20—21页)以《月令》作为政策指导,可能在西汉中期以后更为明确。《汉书》卷八《宣帝纪》记录元康三年（前63）六月诏："其令三辅毋得以春夏摘巢探卵，弹射飞鸟。具为令。"春夏两季不得破坏鸟巢，探取鸟卵，射击飞鸟，正是《月令》所强调的保护生态环境的禁令。如《吕氏春秋·孟春纪》："无覆巢，无杀孩虫胎夭飞鸟，无麛无卵。"《礼记·月令》："毋覆巢，毋杀孩虫胎夭飞鸟，毋麛毋卵。"成书于西汉中晚期的《焦氏易林》有相关内容，如《讼·暌》："秋冬探巢，不得鹊雏。御指北去，惭我少姬。"《师·革》："秋冬探巢，不得鹊雏。衔指北去，惭我少夫。"又《观·屯》及《革·复》："秋冬探巢，不得鹊雏。衔指北去，愧我少姬。"都说"秋冬探巢"，似乎也可以说明"毋得以春夏摘巢探卵"的制度确实在民间形成了礼俗规范。

关于"时春""非用罗罔时"的制度礼俗，汉代直接的文物证据，见于甘肃敦煌悬泉置汉代遗址发掘出土的泥墙墨书《使者和中所督察诏书四时月令五十条》，其中有关于生态保护的内容。如涉及禁止杀害野生禽鸟的规定：

孟春月令：

·毋杀幼虫·谓幼少之虫不为人害者也尽九月

·毋杀孡·谓禽兽六畜怀任（妊）有孡（胎）者也尽十二月常禁

·毋矢蜚鸟·谓矢蜚鸟不得使长大也尽十二月常禁

·毋麛·谓四足之及畜幼小未安者也尽九月

·毋卵·谓蜚鸟及鸡□卵之属也尽九月

中春月令：

·毋焚山林·谓烧山林田猎伤害禽兽也虫草木□□四月尽□

孟夏月令

·毋大田猎·尽八月□☑

这篇文书开篇称"大皇大后诏曰",日期为"元始五年五月甲子朔丁丑"(甘肃省文物考古研究所:《敦煌悬泉汉简释文选》,《文物》2000年第5期;胡平生、张德芳:《敦煌悬泉置汉简释粹》,上海古籍出版社,2001年,第192—199页),时在公元5年,是明确作为最高执政者的最高指令——诏书颁布的。书写在墙壁上,是为了扩大宣传,使有关内容能够众所周知。

鹤与汉代社会生活

汉代社会生活中可以看到鹤与人类相亲近的诸多表现。汉代画像中可以看到纵养禽鸟的画面。成都双羊山出土的一件,画像中心似乎就是鹤。以"友鹤"或者"鹤友"为别号或者命名书斋和著作者,多见于文化史的记录。这一情感倾向,在汉代已经有所表现。"友鹤"行为和意致,体现出古代文人清高的品性和雅逸的追求,同时也反映了人与动物的关系,又可以间接体现人对于自然的情感,人对于生态环境的理念。

但是另一方面,我们又看到以所谓"煮鹤烧琴"表现的对反文明、反文化行为的批评。如韦鹏翼《戏题盱眙壁》诗:"岂肯闲寻竹径行,却嫌丝管好蛙声。自从煮鹤烧琴后,背却青山卧月明。"(《全唐诗》卷七七〇)唐代诗人李商隐据说在被称作"盖以文滑稽者"(〔宋〕胡仔《渔隐丛话》前集卷二二引《西清诗话》)的游戏文字《杂纂》中,曾经说到诸种"杀风景"的行为,其中就包括"烧琴煮鹤"。〔元〕陆友仁《研北杂志》卷下:"李商隐《杂纂》一卷,盖唐人酒令所用,其书有数十条,各数事。其'杀风景'一条有十三事。如'背山起楼''烹琴煮鹤'皆在焉。""烧琴煮鹤"作"烹琴煮鹤"。"煮鹤",不仅见于意在嘲讽的幽默文字,也反映了古代食物史的实践。

传说伊尹曾经向商汤进"鹤羹"而得以拔识,《天中记》卷五八。而《北堂书钞》卷一六引《穆天子传》有"饮白鹤之血"的故事。汉代出土文物资料,可以说明这一情形当时比较普遍。马王堆一号汉墓出土系在330号竹笥上的木牌,写有"熬鹔笥"字样。"鹔"即"鹮",就是"鹤"。《集韵·铎韵》:"鹤,鸟名,或作'鹮'。"马王堆三号汉墓出土同类木牌也有书写"熬鹔笥"者。发掘报告写道:"出土时脱落,与实物对照,应属东109笥。"而《遣策》中"熬鹔一笥"(136)当即指此。报告执笔者又指出,"鹔"就是"鹤"。《史记》卷六《秦始皇本纪》:"卒屯留,蒲鹔反。"司马贞《索隐》:"'鹔',古'鹤'字。"(湖南省博物馆、湖南省文物考古研究所:《长沙马王堆二、三号汉墓》,第一卷"田野考古发掘报告",文物出版社,2004年,第192页)"鹳"是"鹤"的俗字(《干禄字书·入声》,《龙龛手鉴·鸟部》)。马王堆一号汉墓出土系在283号竹笥上的木牌,题写"熬鹄笥"(湖南省博物馆、中国科学院考古研究所:《长沙马王堆一号汉墓》,文物出版社,1973年,上册第115页)。与283号竹笥木牌及330号竹笥木牌对应的内容,《遣策》作"熬鹄一笥"(71)及"熬鹄一笥"(72)。"鹄"即"鹄",也是"鹤"的异写。《集韵·铎韵》:"鹤,鸟名。《说文》:'鸣九皋,声闻于天。'或作'鹄'。"《庄子·天运》:"鹄不日浴而白。"陆德明《释文》:"'鹄',本又作'鹤',同。"李商隐《圣女祠》:"寡鹄迷苍壑,羁凤怨翠梧。"朱鹤龄注:"'鹄',《英华》作'鹤'。'鹤''鹄'古通。"

马王堆一号汉墓283号竹笥及330号竹笥发现的动物骨骼鉴定报告,确定其动物个体是鹤($G_1usSP.$)。可知"出土骨骼内,共有鹤2

只"。鉴定者指出："出土骨骼的主要特征均与鹤科鸟类一致"。"鼻骨前背突起与前颌骨额突清晰分开，与灰鹤近似，与白枕鹤不同"，"但出土头骨的颧突特别短而钝，与灰鹤和白枕鹤均不相同。究属何种，尚难确定。"（中国科学院动物研究所脊椎动物分类区系研究室、北京师范大学生物系：《动物骨骼鉴定报告》，《长沙马王堆一号汉墓出土动植物标本的研究》，文物出版社，1978年，第67—68页）然而，马王堆汉墓的发现，确实可以作为"煮鹤""烹鹤"的实证。由此可以推知古代有关"鹤羹"的传说，也并非没有根据的虚言。《楚辞·天问》："缘鹄饰玉，后帝是飨。"汉代学者王逸的解释是："后帝，谓殷汤也。言伊尹始仕，因缘烹鹄鸟之羹，修饰玉鼎以事于汤。汤贤之，遂以为相也。"其中"缘鹄"，或作"缘鹤"。一代名相伊尹，竟然是因向殷汤奉上"鹤羹"而得到信用的。

通过马王堆汉墓出土资料有关以鹤加工食品的信息，可以推知汉武帝如果以鹤"荐于泰畤"，将会以怎样的形式奉上。

"光景并见"："灵命"的暗示

《汉书》卷二五下《郊祀志下》记载："莽篡位二年，兴神仙事，以方士苏乐言，起八风台于宫中。台成万金，作乐其上，顺风作液汤。又种五粱禾于殿中，各顺色置其方面，先鬻鹤髓、毒冒、犀玉二十余物渍种，计粟斛成一金，言此黄帝谷仙之术也。"颜师古注以为"鹤髓"就是"鹤髓"："髓，古髓字也。谓煮取汁以渍谷子也。"《太平御览》卷九一六引《汉书》说到王莽使用鹤的骨髓的故事。四库全书本写作："王莽以鹤髓渍谷种学仙。"上海涵芬楼影印宋本则作："王莽常以鹤髓渍谷种学仙。"所谓"神仙事""方士言"，其志在"学仙"的神秘的营作，竟然以"鹤髓"作配料。这一情形，当与长期以来所谓"鹤一起千里，古谓之仙禽"有关。可能因鹤能高翔，在汉代人的意识中可以与天界沟通。

汉武帝后元元年春二月诏言："朕郊见上帝，巡于北边，见群鹤留止，以不罗罔，靡所获献。荐于泰畤，光景并见。其赦天下。"所谓"荐于泰畤，光景并见"，实际上是说在与上帝对话时看到了显现为"光景"（可能即"光影"）的异常的吉兆，于是"大赦天下"。

"光景"，有可能即"光影"。《释名·释首饰》："镜，景也。言有光景也。"《初学记》卷二五引《释名》："镜，景也。有光景也。"《太平御览》卷七一七引《释名》同。然而《释名·释天》又说："枉矢，齐鲁谓光景为枉矢。言其光行若射矢之所至也。亦言其气枉暴，有所灾害也。"

汉代文献所见"光景"，颇多神秘主义色彩。《史记》卷二八《封禅书》关于秦的祭祀体系的介绍，说到"光景"："……而雍有日、月、参、辰、南北斗、荧惑、太白、岁星、填星、辰星、二十八宿、风伯、雨师、四海、九臣、十四臣、诸布、诸严、诸逑之属，百有余庙。西亦有数十祠。于湖有周天子祠。于下邽有天神。沣、滈有昭明、天子辟池。于杜、亳有三社主之祠、寿星祠；而雍菅庙亦有杜主。杜主，故周之右将军，其在秦中，最小鬼之神者。各以岁时奉祠。唯雍四畤上帝为尊，其光景动人民唯陈宝。"《汉书》卷二五上《郊祀志上》有同样的说法："唯雍四畤上帝为尊，其光景动人民，唯陈宝。"《后汉书》卷八六《西南夷列传·邛都夷》："青蛉县禺同山有碧鸡金马，光景时时出见。"《水经注·淹水》："淹水出越巂遂久县徼外。东南至青蛉县。县有禺同山，其山神有金马碧鸡，光景倏忽，民多见之。汉宣帝遣谏大夫王褒祭之，欲致其鸡马。褒道病而卒，是不果焉。王褒《碧鸡颂》曰：'敬移金精神马，缥缥碧鸡。'故左太冲《蜀都赋》曰：'金马骋光而绝影，碧鸡倏忽而耀仪。'"

《太平御览》卷三引刘向《洪范传》曰："日者昭明之大表，光景之大纪,群阳之精,众贵之象也。"日光,是"光景之大纪"。《艺文类聚》卷四二引魏陈王曹植《箜篌引》也说:"惊风飘白日,光景驰西流。"《艺文类聚》卷七四王褒《为象经序》曰:"昭日月之光景,乘风云之性灵,取四方之正色,用五德之相生。"则说日月天光都是"光景"。

《后汉书》卷一〇下《皇后纪下·顺烈梁皇后》:"顺烈梁皇后讳妠,大将军商之女,恭怀皇后弟之孙也。后生,有光景之祥。"这一有关"光景之祥"的故事,《北堂书钞》卷二三引文列于"灵命"题下。《鹖冠子》卷下《学问》:"神征者,风采光景,所以序怪也。"

《汉书》卷二五下《郊祀志下》写道:"西河筑世宗庙,神光兴于殿旁,有鸟如白鹤,前赤后青。神光又兴于房中,如烛状。广川国世宗庙殿上有钟音,门户大开,夜有光,殿上尽明。上乃下诏赦天下。"第一例"西河"事,"神光"与"有鸟如白鹤"并见。这种"光"或说"神光"与疑似"白鹤"的同时出现,可以有益于我们理解汉武帝诏文所言"光景并见"。所谓"神光兴于殿旁","神光又兴于房中",同时又"有鸟如白鹤",也可以理解为"光景并见"。这可能是对于汉武帝后元元年所见神异现象的一种复制。我们现在还不能准确解说汉武帝诏文所言"光景并见"究竟是怎样的情境,但是有理由推想,可能出现了与"神光兴于殿旁,有鸟如白鹤,前赤后青"类似的情形,于是使得这位垂老的帝王感觉到了某种"性灵""神征""祥""怪"一类神秘的象征。而事情的缘起,与"鹤"有关。

来自"上帝"的"灵命"暗示,体现了对汉武帝"见群鹤留止,以不罗罔,靡所获献"行为的真诚谅解和高度认可。拂去这一故事笼罩的神秘主义迷雾,可以察知当时社会生态保护意识得到以神灵为标榜的正统理念的支持。而鹤与天界的神秘关系,似乎也因此得到了曲折的体现。

"北边""群鹤留止"记录的生态史料意义

汉武帝春二月时"巡于北边,见群鹤留止"事,可以作为我们分析当时生态环境形势时的重要参考。

鹤被称为"涉禽",以"沼泽"为主要生活环境。《简明不列颠百科全书》写道:"鹤,crane,鹤形目、鹤科14种体型高大的涉禽。""这些高雅的陆栖鸟类昂首阔步行走在沼泽和原野。"(第3册,中国大百科全书出版社,1985年,第757页)或有生物学辞书言,鹤,"大型涉禽","常活动于平原水际或沼泽地带"。丹顶鹤"常涉于近水浅滩,取食鱼、虫、甲壳类以及蛙等,兼食水草"(《辞海·生物分册》,上海辞书出版社,1975年,第532页)。汉武帝后元二年诏书所说"巡于北边,见群鹤留止",体现北边长城防线上汉武帝巡行的路段,有天然水面或湿地。这一情形反映当时水资源形势与现今明显不同。这一信息,亦符合竺可桢等学者对于战国至西汉时代气候较今温暖湿润的判断(《中国近五千年来气候变迁的初步研究》,收入《竺可桢文集》,科学出版社,1979年)。北边和临近北边地方当时其他湖沼的面积和水量,也远较现今宏大。

蓑羽鹤"为夏候鸟"。灰鹤"繁殖在苏联西伯利亚和我国东北及新疆西部","秋季迁徙时,在我国境内经华北、西北南部、四川西部和西藏昌都一带,至长江流域及以南地区越冬"。丹顶鹤"主产于我国黑龙江省及苏联西伯利亚东部和朝鲜;迁长江下游一带越冬"(《辞海·生物分册》,第532页)。汉武帝时代后元二年春二月北边有"群鹤留止",如果是"至长江流域及以南地区越冬"的鹤群回归北地时停栖此地,则似乎时间稍早,或可说明当时气温较现今为高。如果所见"群鹤留止"就是在这里越冬,则可看作反映当时这一地区冬季气温高于现今的幅度相当大的重要例证。当然,就此还需要进一步的严密论证。

长安:西汉经学的"天府"

长安作为西汉王朝的都城,当时曾经表现出世界都会的气象。这里是经济和政治的中心,也是文化的中心。

《史记》和《汉书》所见区域经济与区域政治评价,六见"天府"的说法,其中五次都是指关中。如苏秦语:"秦四塞之国,被山带渭,东有关河,西有汉中,南有巴蜀,北有代马,此天府也。"(《史记》卷六九《苏秦列传》)娄敬语:"秦地被山带河,四塞以为固,卒然有急,百万之众可具也。因秦之故,资甚美膏腴之地,此所谓天府者也。"(《史记》卷九九《刘敬叔孙通列传》)张良语:"夫关中左殽函,右陇蜀,沃野千里,南有巴蜀之饶,北有胡苑之利,阻三面而守,独以一面东制诸侯。诸侯安定,河渭漕挽天下,西给京师;诸侯有变,顺流而下,足以委输。此所谓金城千里,天府之国也。"(《史记》卷五五《留侯世家》)如果借用"天府"一语来形容区域文化优势,其实也是适宜的。正是在西汉长安地方,经学的主导地位得以确立,经学的人才空前集中,经学论著的收藏和传播,经学的研究和经学的教育,也以此为中心。长安,可以称作西汉经学的"天府"。

长安与齐鲁文化的西渐

西汉时期,是先秦时代已经成熟并分别形成深刻影响的楚文化、秦文化和齐鲁文化相互融汇的历史阶段。一个突出的文化现象是在全国政治重心在关中地方确立之后，齐鲁文化的西渐。

齐鲁地区基础深厚的文化，在战国时代已经形成对周边地区发生重要影响的显著领先的优势。《史记》卷一二一《儒林列传》："及高皇帝诛项籍，举兵围鲁，鲁中诸儒尚讲诵习礼乐，弦歌之音不绝，岂非圣人之遗化，好礼乐之国哉？""夫齐鲁之间于文学，自古以来，其天性也。"《史记》卷三二《齐太公世家》："太史公曰：吾适齐，自泰山属之琅邪，北被于海，膏壤二千里，其民阔达多匿知，其天性也。以太公之圣，建国本，桓公之盛，修善政，以为诸侯会盟，称伯，不亦宜乎？洋洋哉，固大国之风也！"《史记》关于地方民风，除卷一一〇《匈奴列传》"其俗，宽则随畜，因射猎禽兽为生业，急则人习战攻以侵伐，其天性也"及卷一一二《平津侯主父列传》"行盗侵驱，所以为业也，天性固然"言匈奴"天性"外，只言及齐民"天性"和"齐鲁之间""天性"。

秦汉时期，齐鲁文化在保持自己的个性的同时，又积极参与了"远迩同度"（《史记》卷六《秦始皇本纪》）的文化共同体的建设。秦最后灭齐。秦始皇东巡，表现出对包括神祀体系的齐鲁文化传统的某种尊重。齐鲁，作为历史悠远的文化高地，各地人们皆不得不仰视，甚至嬴政这样的强势政治人物也不能例外。秦始皇当政时，据说"天性刚戾自用"，"天下之事无小大皆决于上"，以其绝对的刚愎自信，却仍然"悉召文学方术士甚众，欲以兴太平"，在他的高级谘政集团中有许多儒学博士承当政治文化顾问。秦始皇廷前议地方行政格局事，至湘山祠问湘君，海上"求芝奇药仙者"等，都曾经听取他们的意见，"上邹峄山，立石"，又曾经直接"与鲁诸儒生议"。就所谓"坑儒"这一著名冷酷的集体残杀儒学之士的血案看，当时在秦王朝统治中心咸阳，"诸生皆诵法孔子"者，仅"自除犯禁"而"坑之咸阳"的，竟多达460余人（《史记》卷六《秦始皇本纪》）。

刘邦的汉军在歼灭项羽军之后,"项王已死,楚地皆降汉,独鲁不下。汉乃引天下兵欲屠之,为其守礼义,为主死节,乃持项王头颅视鲁,鲁父兄乃降。始,楚怀王初封项籍为鲁公,及其死,鲁最后下,故以鲁公礼葬项王谷城。汉王为发哀,泣之而去"(《史记》卷七《项羽本纪》)。原秦博士,出身于鲁国薛地的叔孙通被刘邦拜为博士,号稷嗣君。他"征鲁儒生三十余人"西行,合作帮助汉王朝制定朝仪。成功后,刘邦感叹道:"吾乃今日知为皇帝之贵也!"于是"拜叔孙通为太常,赐金五百金"(《史记》卷九九《刘敬叔孙通列传》)。鲁地儒生拜为九卿,使儒学的影响第一次可以托附于政治权力的作用而空前扩展。

继秦始皇"徙天下豪富于咸阳十二万户"(《史记》卷六《秦始皇本纪》)之后,西汉政权策划迁徙关东贵族豪杰名家居关中时,首先想到的又是"徙齐诸田"(《史记》卷九九《刘敬叔孙通列传》)。这一政策,也许也是齐鲁经学向西部地方传递的一个重要契机。

汉武帝时代,儒学在百家之学中的主导地位得以彻底确定。齐地儒生公孙弘相继任博士、太常、御史大夫、丞相,封平津侯,是标志儒学地位开始上升的重要的文化信号。《史记》卷一二一《儒林列传》记载:"公孙弘以《春秋》为天子三公,封以平津侯,天下之士靡然向风矣。"公孙弘作为齐鲁儒生的代表,建议各地荐举"好文学,敬长上,肃政教,顺乡里,出入不悖所闻者",加以培养,充实政府机构,"以文学礼义为官"。这一建议为汉武帝认可,于是"自此以来,则公卿大夫士吏斌斌多文学之士矣"。《汉书》卷八八《儒林传》则写作"自此以来,公卿大夫士吏彬彬多文学之士矣"。

陈直曾经著文论述西汉时期齐鲁文化人的学术艺术成就,题为《西汉齐鲁人在学术上的贡献》。其中凡举列九种,即:一、田何、伏生等的经学;二、褚少孙的史学;三、东方朔的文学;四、仓公的医学；五、尹都尉的农学；六、徐伯、延年的水利学；七、齐人的《九章算术》；八、宿伯年、霍巨孟的雕绘；九、无名氏之书学。陈直先生主要讨论了齐鲁人以上九种文化贡献，其他"至于《汉书·艺文志》所载师氏的乐学，《律历志》所载即墨徐万且的历学，《曹参传》所载胶西盖公的黄老学，其事实不够具体，故均略而不论"（陈直：《西汉齐鲁人在学术上的贡献》，《文史考古论丛》，天津古籍出版社，1988年，第173—182页）在齐鲁文化对社会的影响之中，经学被列为第一，是符合文化史的实际的。

长安因政治重心西移得以吸引齐鲁文化西渐。作为帝国的都城，长安又是齐鲁文化向西扩展影响的主要目标。长安以积极的态度迎接这一历史变化。然而这里并不是儒学向西传布的终点。从儒学向巴蜀和河西等地方普及的文化轨迹看，长安实际上又承担了经学传播的重要的中继站的作用。

石渠千秋

汉代开创了中国古代图书收藏史的新阶段。其重要成就，是经学论著的收藏。而长安，成为经学论著收藏和进一步传播的中心。

在儒学地位空前上升的背景下，汉武帝命令广开献书之路，又设写书官抄写书籍。按照《汉书》卷三〇《艺文志》的说法，汉武帝时代，"建藏书之策，置写书之官，下及诸子传说，皆充秘府"。刘歆《七略》说，当时的藏书机构，"外则有太常、太史、博士之藏，内则有延阁、广内、秘室之府"。说当时集中了相当数量的书籍，外廷有太常、太史、博士等部门的收藏，宫内又有命名为延阁、广内、秘室的书库。汉成帝时，又进一步访求天下遗书，并指令刘向总校诸书。刘向的儿子刘歆继承父业，在校书过程中发现了一些儒学经典的不同底本。他宣布自己发现了古文《春秋左氏传》，还说发现了《礼》三十九篇（《逸礼》）以及《尚书》十六篇（《古文尚书》）。这两种书据说都是鲁恭王坏孔子旧宅时所得到，由孔子十二世孙孔安国献入秘府的。刘歆要求把这些书立于学官，并且与反对这一主张的博士进行激烈的论辩，于是经学中出现了今文经学和古文经学两个流派。唐人崔日知"孔壁采遗篆，周韦考绝编"的诗句（〔唐〕崔日知《冬日述怀奉呈兰台诸公》，《石仓历代诗选》卷一一五），又如元人柳贯诗所谓"孔壁发神秘"（〔元〕柳贯《尊经堂诗》，《待制集》卷一），王逢诗所谓"简册潜回孔壁光"（〔元〕王逢《后无题五首》之五，《梧溪集》卷四），也都是对"孔壁"图书发现的感叹。汉长安城出土的"石渠千秋"瓦当，可以看作这种文献学成就的纪念。

汉代的国家藏书，有了确定的制度，而民间图书收藏也有可观的规模。最典型的例证，也发生在长安。《史记》卷一一七《司马相如列传》记载，司马相如病重，汉武帝吩咐臣下："司马相如病甚，可往从悉取其书；若不然，后失之矣。"使者前往司马相如家，"而相如已死，家无书。问其妻，对曰：'长卿固未尝有书也。时时著书，人又取去，即空居。'"这里所说的"家无书"，"未尝有书"，是指司马相如的论著，而并非图书收藏。《后汉书》卷八二下《方术列传下·王和平》记载："北海王和平，性好道术，自以当仙。济南孙邕少事之，从至京师。会和平病殁，邕因葬之东陶。有书百余卷，药数囊，悉以送之。后弟子夏荣言其尸解，邕乃恨不取其宝书仙药焉。"北海方士王和平由弟子孙邕陪伴前往京师，不幸途中病逝，安葬在东陶。所有图书百余卷，都随葬于墓中。后来听说王和平尸解成仙，孙邕于是悔恨当初不如取其"宝书"以为私有。从王和平出行携带图书多达百余卷，可以推想其收藏文献的数量。这是一个图书随主人向"京师"集聚的故事。这里所说的"京师"，当然是洛阳。但是西汉时期儒生西行长安必然携带常用图书的情景，也是可以由王和平事迹推知的。

"书肆"与"槐市"

西汉思想家文学家扬雄在《法言·吾子》中写道:"好书而不要诸仲尼,书肆也。"强调应当理解和领会孔子的思想实质,而不仅仅是熟悉和爱好孔子的文字言谈。关于"书肆",注家解释说:"卖书市肆,不能释义。"涉及"书肆"的这句话,可能是关于出售书籍的商店的最早的记载。扬雄的意思,是说如果只是喜欢孔子的书,而不懂得其中的真义,则不过只是陈列和出售书籍的店铺而已。《法言》中所说到的"书肆"告诉我们一个重要的文化信息:在秦始皇推行焚书之令,制定挟书之律的政策成为历史之后,民间书籍流通显现出新的形势,长安地方专营图书销售的"书肆"已经出现。扬雄是在讨论"仲尼"思想的时候说到"书肆"的,可知在这样的图书传播场地,经学书籍很可能是流通的主体。

记录汉长安城地方风俗制度的《三辅黄图》一书中,说到长安有一处特殊的市场"槐市"。据《艺文类聚》卷三八引文:"列槐树数百行为隧,无墙屋,诸生朔望会此市,各持其郡所出货物及经传书记、笙磬乐器,相与买卖。雍容揖让,论说槐下。"都城中有以槐树为标志的专门设置的空地,国家官学的学生们在月初和月中聚会在这里,以家乡土产以及"经传书记、笙磬乐器"彼此交换,"相与买卖"。这样定时交易的图书市场,参与流通者是特定的人群。所谓"雍容揖让,论说槐下",形容了这个特殊的市场的特殊的文化气氛。唐代诗人刘禹锡有"学古游槐市"诗句(《韩十八侍御见示岳阳楼别窦司直诗因令属和重以自述故足成六十二韵》,《刘宾客文集》外集卷五)。刘禹锡又写道:"槐市诸生夜对书,北窗分明辩鲁鱼。"(《秋萤引》,《刘宾客文集》卷二一)又如宋代诗人葛胜仲诗:"旧直蓬山无俗梦,今官槐市有清阴。"(《近蒙夏蒙夫之文教授用赠太守韵见贻辄复和答》,《丹阳集》卷二〇)。周必大也有这样的诗句:"君不见,汉京辟雍载《黄图》,博士直舍三十区,分行数百曰槐市,下有诸生讲唐虞。"(《龙泉李宗儒师儒兄弟槐阴书院》,《文忠集》卷四三)似乎"槐市"的商业色彩较为淡薄,而学术气氛相当浓烈。后来文人们习惯,或以"槐市"与"杏坛"并说,如唐人黄滔《谢试官》:"得槐市三千,杏坛七十"(《黄御史集》卷七《启》),宋人杨亿《景德二年三月试草泽刘牧策二道》:"复杏坛槐市之规,遵小成大成之制。"(《武夷新集》卷一二)欧阳修《早赴府学释奠》:"雾中槐市暗,日出杏坛明。"(《文忠集》卷五六)或以"槐市"与"兰台"为对,如苏轼《次韵徐积》:"但见中年隐槐市,岂知平日赋兰台。"(《东坡全集》卷一五)。又有"槐市育才"(〔宋〕王十朋:《丁丑二月二十一日集英殿赐第》,《梅溪后集》卷二)、"槐市育材"(〔宋〕刘才邵:《贺魏司业启》,《檆溪居士集》卷九《启》),以及"太学曰槐市"(〔宋〕朱胜非:《绀珠集》卷七)等说法,也以"槐市"作为文化机关和教育场所的象征。"诸生"所经营的"经传书记",可以明确主要是经学图书。

经学研究的中心

《史记》卷一二一《儒林列传》:"汉兴,然后诸儒始得修其经艺,讲习大射乡饮之礼。叔孙通作汉礼仪,因为太常,诸生弟子共定者,咸为选首,于是喟然叹兴于学。"儒学被最高执政者重视,其契由正是发生在长安的经学的一次实际应用。据司马迁记述:"及今上即位,赵绾、王臧之属明儒学,而上亦乡之,于是招方正贤良文学之士。自是之后,言《诗》于鲁则申培公,于齐则辕固生,于燕则韩太傅。言《尚书》自济南伏生。言《礼》自鲁高堂生。言《易》自菑川田生。言《春秋》于齐鲁自胡毋生,于赵自董仲舒。及窦太后崩,武安侯田蚡为丞相,绌黄老、刑名百家之言,延文学儒者数百人,而公孙弘以春秋白衣为天子三公,封以平津侯。天下之学士靡然乡风矣。"在长安确立最高执政中心的汉王朝努力招致人才。除了吸引各地学者参与议政和行政之外,还殷勤邀请经学专家来到京师。即所谓"详延天下方正博闻之士,咸登诸朝",长安于是成为经学研究的中心。

申公曾在长安求学,后来又来到长安。《史记》卷一二一《儒林列传》写道:"吕太后时,申公游学长安,与刘郢同师。已而郢为楚王,令申公傅其太子戊。戊不好学,疾申公。及王郢卒,戊立为楚王,胥靡申公。申公耻之,归鲁,退居家教,终身不出门,复谢绝宾客,独王命召之乃往。弟子自远方至受业者百余人。申公独以诗经为训以教,无传,疑者则阙不传。"据《汉书》卷六《武帝纪》,汉武帝刘彻即位初,建元元年(前140),"议立明堂。遣使者安车蒲轮束帛加璧征鲁申公。"颜师古注:"以蒲裹轮,取其安也。"《前汉纪》卷一〇的记载是:"遣使者安车蒲轮束帛加璧征鲁申公,议立明堂。申公年八十余矣。"直接动因似是就经学与行政结合的具体问题请教。经学专家和长安的关系,通过申公的故事可以得到鲜明的体现。

《史记》卷一一二《平津侯主父列传》班固称曰:在汉武帝重视儒学文化建设,"兴造功业,制度遗文,后世莫及"之后,"孝宣承统,纂修洪业,亦讲论六艺,招选茂异,而萧望之、梁丘贺、夏侯胜、韦玄成、严彭祖、尹更始以儒术进"。这些人物集中于长安,更强化了京师作为经学研究基地的文化影响。

以梁丘贺为例,《汉书》卷八八《儒林传·梁丘贺》记载:"年老终官。传子临,亦入说,为黄门郎。甘露中,奉使问诸儒于石渠。临学精孰,专行京房法。琅邪王吉通《五经》,闻临说,善之。时宣帝选高材郎十人从临讲,吉乃使其子郎中骏上疏从临受《易》。临代五鹿充宗君孟为少府,骏御史大夫,自有传。充宗授平陵士孙张仲方、沛邓彭祖子夏、齐衡咸长宾。张为博士，至扬州牧，光禄大夫给事中，家世传业；彭祖，真定太傅；咸，王莽讲学大夫。籀是梁丘有士孙、邓、衡之学。"由此一例，亦可以大致得知长安经学的学术渊源和传递方式。经学名家往往同时又是朝廷大员，经学和行政的关系也因此明朗。

据《汉书》卷九九上《王莽传上》："有逸《礼》、古《书》《毛诗》《周官》《尔雅》、天文、图谶、钟律、月令、兵法、《史篇》文字，通知其意者，皆诣公车。网罗天下异能之士，至者前后千数，皆令记说廷中，将令正乖缪，壹异说云。"李约瑟说，这是在王莽的倡议下召开的"中国历史上第一次科学专家会议"（〔英〕李约瑟：《中国科学技术史》第一卷《导论》，上海古籍出版社，1990年，第112页）。王莽集合的学者，经学家受到特殊重视。经学研究人才的集中和经学研究水准的提升，又达到新的程度。

太学：经学教育的基地

长安除了作为经学研究的中心而外，也是经学教育的最重要的基地。

汉武帝时代在文化方面的另一重要举措，是兴太学。《史记》卷一二一《儒林列传》记录汉武帝的指示："其令礼官劝学，讲议洽闻兴礼，以为天下先。太常议，与博士弟子，崇乡里之化，以广贤材焉。"公孙弘等人建议："闻三代之道，乡里有教，夏曰校，殷曰序，周曰庠。其劝善也，显之朝廷；其惩恶也，加之刑罚。故教化之行也，建首善自京师始，由内及外。今陛下昭至德，开大明，配天地，本人伦，劝学修礼，崇化厉贤，以风四方，太平之原也。古者政教未洽，不备其礼，请因旧官而兴焉。为博士官置弟子五十人，复其身。太常择民年十八已上，仪状端正者，补博士弟子。郡国县道邑有好文学，敬长上，肃政教，顺乡里，出入不悖所闻者，令相长丞上属所二千石，二千石谨察可者，当与计偕，诣太常，得受业如弟子。一岁皆辄试，能通一艺以上，补文学掌故缺；其高弟可以为郎中者，太常籍奏。即有秀才异等，辄以名闻。其不事学若下材及不能通一艺，辄罢之，而请诸不称者罚。"太学的创建，采用了公孙弘制订的具体方案。公孙弘拟议，第一，建立博士弟子员制度，将博士私人收徒定为正式的教职，将私学转变为官学；第二，规定为博士官置弟子50人；第三，博士弟子得以免除徭役和赋税；第四，博士弟子的选送，一是由太常直接选补，二是由地方官选补；第五，太学管理，一年要进行一次考试；第六，考试成绩中上等的太学生可以任官，成绩劣次，无法深造以及不能勤奋学习者，令其退学。汉武帝批准了公孙弘拟定的办学方案。《汉书》卷八八《儒林传》："为博士官置弟子五十人，复其身。太常择民年十八以上仪状端正者，补博士弟子。"汉昭帝时，"增博士弟子员满百人，宣帝末增倍之"。汉元帝时，"更为设员千人"。"成帝末，或言孔子布衣养徒三千人，今天子太学弟子少，于是增弟子员三千人。"据《汉书》卷九九上《王莽传上》，在王莽专政时代，长安曾经一次即"为学者筑舍万区"，又扩展经学研习和传授名目，"立乐经，益博士员，经各五人。征天下通一艺教授十一人以上。"其中"教化之行也，建首善自京师始，由内及外"的意见，值得我们重视。

汉武帝元朔五年（前124）创建太学。国家培养政治管理人才的正式官立大学于是出现。《汉书》卷五六《董仲舒传》说，汉武帝创办太学，是接受了著名儒学大师董仲舒的献策。董仲舒指出，太学可以作为"教化之本原"，也就是作为教化天下的文化基地。他建议，"臣愿陛下兴太学，置明师，以养天下之士"，这样则可以使有志于学者以尽其材，而朝廷也可以因此得天下之英俊。所谓"养天下之士"，体现出太学在当时有为国家培育人才和储备人才的作用。

太学的兴立，进一步有效地助长了民间积极向学的风气，对于文化的传播起到了重大的推动作用，同时使大官僚和大富豪子嗣垄断官位的情形有所改变，一般中家子弟入仕的门径得以拓宽，一些出身社会下层的"英俊"之士，也得到入仕的机会。东汉太学生运动受到较多关注。吕思勉还注意到，早在西汉，已经发生过太学生请愿运动。他写道："今世学校，有所谓风潮者，汉世即已有之。"并举《汉书》卷七二《鲍宣传》所见太学诸生为营救鲍宣，拦截丞相乘车，并守阙上书事（吕思勉：《秦汉史》，上海古籍出版社，1983年，下册第719页）。田昌五、安作璋也对这一史事有所关注，指出："由于太学生中不少人来自地主阶级的下层，对外戚、宦官集团的横行无忌和瘫残腐化十分不满，因而不断酝酿着反对当权集团和改良政治的运动。西汉哀帝时，他们曾声援因反对丞相孔光而获罪下狱的司隶校尉鲍宣。"（田昌五、安作璋：《秦汉史》，人民出版社，1993年，第486页）对于汉哀帝时的这起政治变故，在《汉书》卷七二《鲍宣传》的记述中可以看到如下情节："丞相孔光四时行园陵，官属以令行驰道中，（鲍）宣出逢之，使吏钩止丞相掾史，没入其车马。摧辱宰相，事下御史，中丞侍御史至司隶官，欲捕从事，闭门不肯内。宣坐距闭使者，亡人臣礼，大不敬，不道，下廷尉狱。博士弟子济南王咸举幡太学下，曰：'欲救鲍司隶者会此下。'诸生会者千余人。朝日，遮丞相孔光自言，丞相车不得行，又守阙上书。上遂抵宣罪减死一等，髡钳。宣既被刑，乃徙之上党，以为其地宜田牧，又少豪俊，易长雄，遂家于长子。"西汉长安的太学生运动是东汉洛阳太学生运动的先声。以"王咸举幡"为标志的这一事件，表现出了青年知识人作为执政集团的后备力量在进入官场之前即主动参与政治活动的社会责任心。这种责任的正义性长期受到肯定和赞誉。事件发生的场地在长安太学，又是以经学为学术方向的学人们的表演，因此特别值得我们重视。

汉武帝时代，除了建立太学之外，还令天下郡国皆立学校官，初步建立了地方教育系统。而长安的太学，是各地经学教育系统的领导和典范。

西汉长安：政治主导与文化中心

自西汉时代起，以儒学为主体的正统意识形态形成了政治主导作用。这是此前从来没有出现过的政治文化现象。

此后这一形式经后世王朝继续沿承，得以凝定化，又影响了中国政治风貌和政治生活长达两千年。

经学的兴起，是这一历史变化中最显著的现象。"罢黜百家，表章《六经》"（《汉书》卷六《武帝纪》），"推明孔氏，抑黜百家"（《汉书》卷五六《董仲舒传》），确定了儒学在百家之学中的主导地位，是汉武帝时代影响最为久远的文化政策。汉武帝贬抑黄老刑名等百家言，大力起用文学儒者，齐鲁儒学之士纷纷西行，进入执政集团上层。儒学学者在文化史的舞台上逐渐成为主角，"师异道，人异论，百家殊方"的局面结束，中国文化进程进入了新的历史阶段。值得注意的是，这一变化是和以"汉"为标号的民族文化共同体的基本形成大体同步的。现在总结汉武帝时代思想文化的格局，多使用"独尊儒术"的说法，其实，这种表述方式出现较晚，不能准确地反映历史真实。当时最高执政集团的统治方略，其实是"霸王道杂之"（《汉书》卷九《元帝纪》）。即使对汉武帝决策多所谘议的儒学大师董仲舒，终生也未能真正显达。于是《艺文类聚》卷三〇引董仲舒《士不遇赋》有"呜呼嗟乎，遐哉邈矣！时来曷迟去之速矣"，以及"遑遑匪宁，祗增辱矣，努力触藩，徒摧角矣"等感叹。宋人诗句"追惜汉武世，仲舒道硗确"（〔宋〕石介《安道登茂材异等科》，《徂徕集》卷三），写绘了历史的这一侧面。当然，这一执政策略的灵活性，并不能够动摇儒学作为主体意识形态理论基础的地位。

西汉时期，长安作为政治都会和文化重心所在，成为经学发育的主要园地。西汉长安的文化地位，使得中国政治文化格局的形成和政治体制发展的走向，大体得以确定。

就西汉长安经学的大体形态和发展趋势进行研究，有学术史的意义，也有思想史和文化史的意义，对于从区域文化研究的角度说明长安的历史地位，也是极有价值的工作。

东方朔言"海上""仙人"

《资治通鉴》卷二〇"汉武帝元封元年"记载,汉武帝封禅泰山后"欲自赴海求蓬莱",东方朔以"仙者,得之自然",成功劝阻"至蓬莱见仙人"行为。这是汉武帝时代对求仙狂热直接谏止而最终得以说服这位独断帝王仅见之史例,因而值得研究汉代思想史及海洋文化的学者充分重视。东方朔研究学者亦应有所关注。此事《史》《汉》均无记载,司马光当有所据。考察相关史事,应注意东方朔海滨出身,可能与燕齐方术之学有一定文化关联的背景。注意后世东方朔神异传说的形成和影响,或许可以在汉武帝时代发现早期渊源。通过传东方朔撰《神异经》与《十洲记》,可以发现与东方朔相关的文化现象的海洋因子。

《资治通鉴》谏止武帝"欲自赴海求蓬莱"记载

汉武帝东巡,封禅泰山,又有至"海上"欲"求蓬莱"的历史记载。《资治通鉴》卷二〇"汉武帝元封元年"写道:"其以十月为元封元年。行所巡至博、奉高、蛇丘、历城、梁父,民田租、逋赋皆贷除之,无出今年算。赐天下民爵一级。又以五载一巡狩,用事泰山,令诸侯各治邸泰山下。"随后又"东至海上":"天子既已封泰山,无风雨,而方士更言蓬莱诸神若将可得,于是上欣然庶几遇之,复东至海上望焉。上欲自浮海求蓬莱,群臣谏,莫能止。东方朔曰:'夫仙者,得之自然，不必躁求。若其有道，不忧不得；若其无道，虽至蓬莱见仙人，亦无益也。臣愿陛下第还宫静处以须之，仙人将自至。'上乃止。"所谓"静处以须之"，胡三省注："须，待也。"

《资治通鉴》又写道："会奉车霍子侯暴病，一日死。子侯，去病子也。上甚悼之；乃遂去，并海上，北至碣石，巡自辽西，历北边，至九原，五月，乃至甘泉。凡周行万八千里云。"（《资治通鉴》，中华书局，1956年，第680页）

关于封禅泰山后"方士更言蓬莱诸神若将可得，于是上欣然庶几遇之"事，《史记》《汉书》有所记载，然而都并未出现东方朔谏止情节。

《史记》卷二八《封禅书》写道："天子既已封泰山，无风雨灾，而方士更言蓬莱诸神若将可得，于是上欣然庶几遇之，乃复东至海上望，冀遇蓬莱焉。奉车子侯暴病，一日死。上乃遂去，并海上，北至碣石，巡自辽西，历北边至九原。五月，反至甘泉。"关于"奉车子侯暴病，一日死"，司马贞《索隐》："《新论》云：'武帝出玺印石，财有朕兆，子侯则没印，帝畏恶，故杀之。'《风俗通》亦云然。顾胤案：《武帝集》帝与子侯家语云'道士皆言子侯得仙，不足悲'。此说是也。"《史记》卷一二《孝武本纪》："天子既已封禅泰山，无风雨菑，而方士更言蓬莱诸神山若将可得，于是上欣然庶几遇之，乃复东至海上望，冀遇蓬莱焉。奉车子侯暴病，一日死。上乃遂去，并海上，北至碣石，巡自辽西，历北边至九原。五月，返至甘泉。"裴骃《集解》："骃案：《汉书音义》曰：'周万八千里也。'"

《汉书》卷二五上《郊祀志上》："天子既已封泰山，无风雨，而方士更言蓬莱诸神若将可得，于是上欣然庶几遇之，复东至海上望焉。奉车子侯暴病，一日死。上乃遂去，并海上，北至碣石，巡自辽西，历北边至九原。五月，乃至甘泉，万八千里云。"裴骃引《汉书音义》"周万八千里也"应据此。而《资治通鉴》对"凡周行万八千里云"予以采用。

《史》《汉》均于"复东至海上望"文后,接叙"奉车子侯暴病,一日死",《通鉴》则插入东方朔进言事:"上欲自浮海求蓬莱,群臣谏莫能止。东方朔曰:'夫仙者,得之自然,不必躁求。若其有道,不忧不得;若其无道,虽至蓬莱见仙人亦无益也。臣愿陛下第还宫静处以须之,仙人将自至。'上乃止。"清人傅恒《通鉴辑览》卷一六"汉武帝元封元年"将这段文字在上下文即《史》《汉》记述"复东至海上望"与"奉车子侯暴病,一日死"之间特别用小字排出(文渊阁《四库全书》本),以示区别,似有深意。

东方朔谏言可否信据

《资治通鉴》记载东方朔以所谓"夫仙者,得之自然,不必躁求。若其有道,不忧不得;若其无道,虽至蓬莱见仙人亦无益也"谏止汉武帝"自浮海求蓬莱"事未见于《史》《汉》,不免使人心存疑惑。

司马光在《资治通鉴》有关战国秦汉史的记述中采用未知出处之史料的情形还有其他例证。我们看到,《资治通鉴》卷四"周赧王三十一年"记载:"乐毅修整燕军,禁止侵掠,求齐之逸民,显而礼之。宽其赋敛,除其暴令,修其旧政,齐民喜悦。""祀桓公、管仲于郊,表贤者之闾,封王蠋之墓。齐人食邑于燕者二十余君,有爵位于蓟者百有余人。"杨宽《战国史》中关于乐毅破齐故事的记述,先后版次不同,对《资治通鉴》这一记载的判断曾经有重大改动。原版写道:"乐毅为了拉拢齐国地主阶级,在齐国封了二十多个拥有燕国封邑的封君,还把一百多个燕国爵位赏赐给齐人。"作者注明"根据《资治通鉴》周赧王三十一年"(杨宽:《战国史》,上海人民出版社,1981年,第349)。新版则不再保留这段文字,又特别在"绪论"中"战国史料的整理和考订"题下专门讨论了"《资治通鉴》所载乐毅破齐经过的虚假"这一问题。作者论证《通鉴》所称"齐人食邑于燕者二十余君,有爵位于蓟者百有余人"事不可能发生,又指出,"所有这些,都是后人夸饰乐毅为'王者之师'而虚构的。""所有这些伪托的乐毅政绩,符合于《通鉴》作者的所谓'治道',因而被采纳了。"并直接批评司马光"竟如此辑录杜撰历史以符合作者宗旨"(杨宽:《战国史》(增订本),上海人民出版社,1998,第18—20页)。这样的分析,有益于澄清战国史的重要史实,但是所谓"伪托"的判定,仍不免显得有些简单武断。如果探求到有关"后人夸饰""虚构"之渊源脉络的明确的实证,其论点自然会更有说服力。近来,辛德勇对田余庆《论轮台诏》文中所引据《资治通鉴》记录的可信度提出质疑,认为"《通鉴》相关记载不见于《史记》《汉书》等汉代基本史籍,而是出自南朝刘宋王俭著的小说《汉武故事》,完全不可信据"。论者称司马光的"重构"体现了"过分强烈的主观价值取舍"(辛德勇:《汉武帝晚年政治取向与司马光的重构》,《清华大学学报》2014年第6期)。论说显示了作者文献学的深厚功底,读来多受教益。相关学术讨论的积极意义应当肯定,但就此进行进一步的深层次的探究也许还有必要。比如,论者指出《汉武故事》"藉取前人相关行事,作为创作的原型"情形,举颜驷故事可见《论衡·逢遇》中"更早的原型",其说甚是。同样的道理,似乎我们也不能排除《资治通鉴》和《汉武故事》分别采用了共同的可以看作"原型"的早期史料的可能。

那么,《资治通鉴》记载东方朔谏止汉武帝"自浮海求蓬莱"事是否可能来自可疑材料,而司马光失考误信,或甚至"虚构""伪托""杜撰"呢?正如辛德勇所说,"我们今天要想尽知《通鉴》的史料来源,确实是无法做到的事情"(辛德勇:《汉武帝晚年政治取向与司马光的重构》,《清华大学学报》2014年第6期),但是,我们却不能因不知晓东方朔谏言的"史料来源",就简单否定《通鉴》相关内容的可信性。

宋人魏了翁《古今考》卷一四《汉武帝封禅祀明堂考》说汉武帝准备亲自"浮海"追寻蓬莱,为东方朔谏止:"元封元年,天子既已封泰山,无风雨,而方士更言蓬莱诸神于上,上忻然庶几遇之,复东至海上,欲自浮海求蓬莱,以东方朔谏而止。"(文渊阁《四库全书》本)与《资治通鉴》记载一致。宋人祝穆《事文类聚》前集卷三四《仙佛部》"汉武求仙"条写道:"汉武帝时,方士言蓬莱诸神若将可,上欣然庶几遇之,复至海上望焉。上欲自浮海求蓬莱,东方朔曰:'陛下第还宫静处以须之,仙人将自至。'乃止。遂去,并海上,凡周行万八千里云。"(文渊阁《四库全书》本)又宋人谢维新《事类备要》前集卷五〇《道教门》"汉武求仙"条:"汉武帝时,方士言蓬莱诸神若将可得,上欣然庶几遇之,复至海上望焉。上欲自浮海求蓬莱,东方朔曰:'陛下第还宫静处以须之,仙人将自至。'乃止。遂去,并海上,凡周行万八千里云。《本纪》。"(文渊阁《四库全书》本)所谓出"《本纪》"说显然不确。看来距司马光时代相近的这些学者,对汉武帝"欲自浮海求蓬莱",东方朔谏"乃止"的说法予以取信。我们尚不能排除他们与司马光看到了同样前代文献信息的可能。

东方朔谏止汉武帝"自浮海求蓬莱"事的文化影响

元代诗人梁寅《上之回》写道:"海波如白山,三山不可到。凌云台观思仙人,金舆远出回中道。回中道,何逶迤。朝旭照黄屋,灵飙卷鸾旗。青鸟西来集行殿,王母云軿初降时。碧藕味逾蜜,冰桃甘若饴。笑饮九霞觞,侍女皆瑶姬。从臣罗拜称万岁,终不学穆天子,八骏无停辔。还宫静处仙自来,愿与轩辕同久视。"(《石门集》卷三,文渊阁《四库全书》本)诗句所谓"还宫静处仙自来"者,完全出自《资治通鉴》记载的东方朔谏止汉武帝"欲自浮海求蓬莱"言辞。

清人张贵胜《遣愁集》卷一《一集韵谈》说到东方朔"仙人将自至"语:"汉武帝幸缑氏,礼祭中岳太室,从官在山下闻有若呼万岁者三。乃禅泰山,白云出封中,群臣皆上寿颂功德。又欲自浮海至蓬莱山,求神仙不死药。东方朔曰:'陛下第还宫静以须之,仙人将自至。'上悟乃止。"(清康熙二十七年刻本)对东方朔谏止汉武帝"欲自浮海至蓬莱山,求神仙不死药"事有所宣传。

清人易佩绅《通鉴触绪》卷八《汉》就东方朔这一谏言有所讨论:"是时武帝之愚盖不可以理谕矣,故东方朔以滑稽动之而已。夏侯湛谓东方朔戏万乘若僚友,吾直谓其戏之若婴儿耳。"(清光绪刻本)其实,从东方朔言谈,看不出"以滑稽动之","戏万乘""若婴儿"的迹象,读来可以感觉到语气诚恳,态度严肃。清人盛百二《柚堂笔谈》卷二将东方朔此言与襄楷谏汉桓帝语联系比照,分析颇为中肯:"东方朔谓武帝曰:'夫仙者,得之自然,不必躁求。若其有道,不忧不得;若其无道,虽至蓬莱见仙人亦无益也。臣愿第还宫静处以须之,仙人将自至。'桓帝时襄楷上书曰:'闻宫中立浮屠之祠,此道清虚,贵尚无为,好生恶杀,省欲去奢。'又曰:'或言老子入夷狄为浮屠,浮屠不三宿桑下不欲久生恩爱精之至也。其守一如此,乃能成道。'二臣皆是因其主之所好而引诱之,即孟子好货好色之对也。二君求仙奉佛,乃左右有真仙真佛而不能用,其叶公之好龙乎!"(清乾隆三十四年潘莲庚刻本)

有汉武帝最终对方术形成清醒认识的说法。清人蒋伊《万世玉衡录》卷四"戒"条写道:"汉武帝好神仙,信方士李少君,言可使丹砂化为黄金,于是始亲祠灶,遣方士入海求蓬莱。方士栾大言往来海上，见安期、羡门之属，不死之药可得，仙人可致也。复因公孙卿言，亲幸缑氏，观大人迹，命郡国各除道缮治宫观，以望幸焉。上欲自浮海求蓬莱，东方朔曰：'仙者得之自然，不必躁求，陛下第还宫静处以须之，仙人将自至。'上乃还。后栾大等以诬罔伏诛。田千秋曰：'方士言神仙者甚众，而无显功。臣请罢之。'上感悟，悉罢方士候神人者，叹曰：'天下岂有仙人？尽妖妄耳！节食服药，差可少病而已。'"（清康熙刻本）以为汉武帝最终"感悟"方士宣传之"妖妄"，有东方朔谏言启示的作用。

应当注意，"田千秋曰"及"上感悟"诸记述，据《资治通鉴》卷二二"汉武帝征和四年"："田千秋曰：'方士言神仙者甚众，而无显功，臣请皆罢斥遣之。'上曰：'大鸿胪言是也。'于是悉罢诸方士候神人者。是后上每对群臣自叹：'向时愚惑，为方士所欺。天下岂有仙人，尽妖妄耳！节食服药，差可少病而已。'"辛德勇已有考论，以为"强自截取《汉武故事》"，"点窜而成"（辛德勇：《汉武帝晚年政治取向与司马光的重构》，《清华大学学报》2014年第6期）。〔明〕王祎撰《大事记续编》卷一载《解题》曰："《通鉴》载：'上每对群臣自叹曰：乡时愚惑，为方士所欺。天下岂有仙人？尽妖妄耳！节食服药，差可少病而已。'此出《汉武故事》，其言绝不类西汉，《通鉴》误取尔。"

此说值得注意。而"东方朔曰"与"田千秋曰"是否存在同样的问题，也是我们应当警觉的。有所不同的似乎是，"田千秋曰"据辛德勇说已找到《汉武故事》这一信息源头，而"东方朔曰"始出文献则目前似乎并不明朗。而对于《汉武故事》为信息源头的判断，如前所说，也许《资治通鉴》所依据的，还有比《汉武故事》更早的"原型"。

《太平御览》卷八二五及卷九八四引《东方朔别传》都说到东方

朔劝阻求神仙而汉武帝终于"罢方士"故事。《太平御览》卷八二五引《东方朔别传》曰："武帝求神仙，朔言能上天取药。上知其谩，欲极其言，即遣方士与朔上天。朔曰：'当有神来迎我。'后方士昼卧，朔遽口呼：'若极真者，吾从天上还。'方士遽以闻。上以为面欺，下朔狱。朔泣曰：'臣几死者再。天公问臣：下方何衣？朔曰：衣蚕。蚕若何？曰：啄唷唷类马，色班班类虎。天公大怒，以臣为谩，系臣司空。使使下问，还报有之，乃出臣。今陛下以臣为诈，愿使使上问之。'上曰：'齐人多诈，欲以喻我止方士也。'罢方士。"《太平御览》卷九八四引《东方朔别传》曰："孝武皇帝好方士，敬鬼神，使人求神仙不死之药，甚至初无所得，天下方士四面蜂至，不可胜言。东方朔睹方士虚语以求尊显，即云'上天'，欲以喻之。其辞曰：'陛下所使取神药者，皆天地之间药也，不能使人不死。独天上药能使人不死耳。'上曰：'然。天何可上也？'朔对曰：'臣能上天。'上知谩诧，极其语，即使朔上天，取其不死之药。朔既辞去，出殿门，复还曰：'今臣上天，似谩诧者。愿得一人为信验。'上即遣方士与朔俱往，期三十日而反。朔等既辞而行，日日过诸侯传饮，往往留十余日。期又且尽，无上天意。方士谓之曰：'期且尽，日日饮酒为奈何？'朔曰：'鬼神之事难豫言，当有神来迎我者。'于是方士昼卧良久，朔遽觉之曰：'呼君极久，不应我，今者属从天上来。'方士大惊，还具以闻。上以为面欺，诏下朔狱。朔啼对曰：'朔顷几死者再。'上曰：'何也？'朔对曰：'天公问臣：下方人何衣？臣朔曰：衣虫。虫若何？朔曰：虫喙骞骞类马，色邾邾类虎。天公大怒，以臣为谩言，系臣。使下问，还报有之，名蚕。天公乃出臣。今陛下苟以臣为诈，愿使人上问之。'上大惊曰：'善。齐人多诈，欲以喻我止方士也。'罢诸方士弗复用也，由此朔日以亲近。"（第3676页，第4357—4358页。）"东方朔睹方士虚语以求尊显"，文渊阁《四库全书》本作"东方朔谐方士虚语以求尊显"。所谓"谐",体现对方士行为习惯的熟悉。关于《东方朔别传》,《汉书》卷六五《东方朔传》记录东方朔"著论设客难己"及"设非有先生之论",班固说:"朔之文辞,此二篇最善。其余有《封泰山》,《责和氏璧》及《皇太子生禖》,《屏风》,《殿上柏柱》,《平乐观赋猎》,八言、七言上下,《从公孙弘借车》,凡刘向所录朔书具是矣。世所传他事皆非也。"颜师古注:"谓如《东方朔别传》及俗用五行时日之书,皆非实事也。"所谓"刘向所录朔书",《汉书》卷三〇《艺文志》"杂家者流"载录"《东方朔》二十篇"。《汉书》卷五一《枚皋传》:"武帝春秋二十九乃得皇子,群臣喜,故皋与东方朔作《皇太子生赋》及《立皇子禖祝》。"《汉书》卷六三《武五子传·戾太子据》:"初,上年二十九乃得太子,甚喜,为立禖,使东方朔、枚皋作《禖祝》。"

看来,根据颜师古的判断,《东方朔别传》内容"非实事",然而,此书汉代已经为"世所传",应当在班固之前甚至在刘向时代已经成书。据《太平御览经史图书纲目》所见,《东方朔别传》在64种"别传"中列为第一种,这也是值得注意的。

即使东方朔谏止"武帝求神仙"事也被断定为不足以凭信,相关文化现象的发生,也是研究者应予关注的问题。

东方朔成功谏止汉武帝"自浮海求蓬莱"的因由

导致汉武帝放弃"欲自浮海至蓬莱山"动议的原因,有这样两种说法:第一,"奉车子侯暴病,一日死。上乃遂去……"《史记》《汉书》均用此说;第二,东方朔的谏言,司马光《资治通鉴》采用此说。

如果《资治通鉴》言东方朔谏止汉武帝事记述可靠,人们还会提出这样的问题:东方朔为什么能够谏止汉武帝?在"群臣谏,莫能止"的情况下,汉武帝何以能够被东方朔说服?

《艺文类聚》卷八一引《东方朔记》记述了一则东方朔说服汉武帝"止方士"的故事:"武帝好方士。朔曰:'陛下所使取神药者,皆天地之间药,不能使人不死。独使取神药天上药,能使人不死耳。'上曰:'天何可上?'朔曰:'臣能上天'。既辞去,出殿门。复还曰:'今臣上天,似谩诞者,愿得一人为信验。'上即遣方士与朔俱,期三十日而返。朔等辞而行,日日过诸侯传饮。方士昼卧,朔邊呼之曰:'若极久不应我何耶?今者属从天上来。'方士大惊,乃具以闻。上问朔,朔曰:'诵天上之物,不可称原。'上以为面欺,诏朔下狱问之。左右方提去,朔啼泣对曰:'使须几死者再。'上曰:'何也?'"东方朔回答:"天公问臣:下方人何衣?臣对曰:'衣虫。'虫何若?'臣对曰:'虫喙颛颛类马,色邠邠类虎。'天公大怒,以臣为谩。使使下问,还报,名曰'蚕'。天公乃出臣。今陛下苟以为诈,愿使人上天问之。"于是汉武帝大惊曰:"善。欲以喻我止方士也。"

《太平御览》卷八二五及卷九八四引《东方朔别传》皆曰:"上曰:'齐人多诈,欲以喻我止方士也。'"卷八二五引文随后有"罢方士"字样。卷九八四引文则曰:"罢诸方士弗复用也。由是朔日以亲近。"这一故事中,东方朔"欲以喻"汉武帝"止方士"的这段话,似乎有"以滑稽动之","戏万乘""若婴儿"的意味。而雄才大略之汉武帝之所以为其所"动",为其所"戏",应当有值得深究的缘由。

故事可见先有"方士大惊",而后有"上大惊"的情节,体现出东方朔的智慧对方术学者及其拥有最高权力的支持者均形成强有力的冲击。汉武帝之所以称"善",并最终认同东方朔"止方士"的态度,"罢方士",或曰"罢诸方士弗复用也",当是因为东方朔"能上天"及所说与"天公"间的故事生动具体,有感染力和说服力。

关于东方朔与天界和仙界的神秘联系,曾经有多种传说。《艺文类聚》卷一引《列仙传》曰:"东方朔,楚人也。后卖药五湖,知其岁星焉。"《太平御览》卷五引《汉武故事》曰:"西王母使者至,东方朔死。上问使者,对曰:'朔是木帝精,为岁星,下游人中,以观天下,非陛下臣也。'"《艺文类聚》卷二引《汉武帝内传》曰:"东方朔乘云飞去,仰望大雾覆之,不知所在。"《艺文类聚》卷四引《汉武故事》曰:"七月七日,上于承华殿斋,正中,忽有一青鸟从西方来,集殿前。上问东方朔。朔曰:'此西王母欲来也。'有顷,王母至。"《太平御览》卷三一引《汉武帝故事》:"七月七日,上于承华殿斋。其日忽有青鸟从西方来,集殿前。上问东方朔,朔曰:'此西王母欲来也。'有顷,王母至。有二青鸟如凤,夹侍王母旁也。"

又《艺文类聚》卷八六引《汉武故事》曰:"东郡献短人,呼东方朔。朔至,短人因指朔谓上曰:'西王母种桃三千岁一为子,此儿不良也,已三过偷之矣。'"《太平御览》卷三七八引《汉武故事》曰:"东郡送一短人,长七寸,衣冠具足,疑其山精。常令在案上行。召东方朔问,朔至,呼短人曰:'巨灵,汝何忽叛来,阿母还未?'短人不对,因指朔谓上曰:'王母种桃,三千年一作子。此儿不良,已三过偷之矣。遂失王母意,故被谪来此。'上大惊,始知朔非世中人。"《太平御览》卷九六七引《汉武故事》曰:"东郡献短人,帝呼东方朔。朔至,短人指朔谓上曰:'王母种三千年桃结子,此儿不良,已三过偷之矣。后西王母下,出桃七枚,母自啖二,以五枚与帝。帝留核着前,王母问曰:'用此何为?'上曰:'此桃美,欲种之。'母叹曰:'此桃三千年一着子,非下土所植也。'……后上杀诸道士妖妄者百余人,西王母遣使谓上曰:'求仙信邪?欲见神人而杀戮,吾与帝绝矣。'又致三桃曰:'食此可得极寿。'"《太平御览》卷一八八引《汉武故事》曰:"西王母降,东方朔于朱鸟牖中窥母。母谓帝曰:'此儿无赖,久被斥逐,原心无恙,寻当得还。'"

传说中东方朔有神秘身世。《太平御览》卷二二引《洞冥记》曰："东方朔母田氏寡，梦太白星临其上，因有娠。田氏叹曰：'无夫而孕，人得弃我。'乃移向代郡之东方里。五月生朔，仍以所居为姓。"《太平御览》卷三六〇引《洞冥记》曰："东方朔母田氏寡居，梦太白星临其上，因有娠。田氏叹曰：'无夫而妊，人将弃我。'"乃移向代都东方里为居。五月旦生朔，因以所居里为氏，朔为名。"东方朔亦有神秘能力。《太平御览》卷六引《风俗通》："东方朔，太白星精，黄帝时为风后，尧时为务成子，周时为老子，越为范蠡，齐为鸱夷。言其变化无常也。"《太平御览》卷一三引《汉武内传》曰："西王母曰：东方朔为太山仙官，太仙使至方丈助三天司命。朔但务山水游戏，擅弄雷电，激波扬风，风雨失时。"《太平御览》卷五一引《荆楚岁时记》曰："张骞寻河源，得一石，示东方朔。朔曰：'此石是织女支机石，何至于此?'"

东方朔神秘身世与神秘能力，使得其言行具有浓重的神秘色彩。还应当注意到，东方朔"齐人"出身，"平原厌次人也"（《汉书》卷六五《东方朔传》）。厌次县治据谭其骧主编《中国历史地图集》，距当时的海岸约30公里（《中国历史地图集》第2册，地图出版社，1982年，第44—45页）。可以说，东方朔与自战国至西汉上层政治舞台上十分活跃的"燕齐海上之方士"们，曾经生活在同样的以海洋为背景的文化生态之中。《史记》卷二八《封禅书》："自齐威、宣之时，驺子之徒论著终始五德之运，及秦帝而齐人奏之，故始皇采用之。而宋毋忌、正伯侨、充尚、羡门高最后皆燕人，为方仙道，形解销化，依于鬼神之事。驺衍以阴阳主运显于诸侯，而燕齐海上之方士传其术不能通，然则怪迂阿谀苟合之徒自此兴，不可胜数也。"东方朔的思想不大可能不受到环渤海文化圈方术之学的影响。

可能正因为东方朔与"燕齐海上之方士"具有某种文化渊源方面

的神秘关系，"陛下所使取神药者，皆天地之间药，不能使人不死。独使取神药天上药，能使人不死耳"等意见可以为汉武帝真心倾听。

东方朔思想确实具有"燕齐海上"方术色彩。

讨论东方朔思想与方术之学是否存在某种内在关系，还可以参考以下例证。《汉书》卷六五《东方朔传》言"刘向所录朔书"，颜师古注："谓如《东方朔别传》及俗用五行时日之书，皆非实事也。"《后汉书》卷八二上《方术列传上》序文说道："……其流又有风角、遁甲、七政、元气、六日七分、逢占、日者、挺专、须臾、孤虚之术，及望云省气，推处祥妖，时亦有以效于事也。"关于其中所谓"逢占"，李贤注："《前书》班固曰：'东方朔之逢占、覆射。'《音义》云：'逢人所问而占之也。'"《汉书》卷六五《东方朔传》的记载是这样的："朔之诙谐，逢占射覆……"颜师古注："如淳曰：'逢占，逢人所问而占之也。'师古曰：'此说非也。逢占，逆占事，犹云逆刺也。'"

在汉代人的知识体系中，"五行""杂占"都属于"数术"之学（《汉书》卷三〇《艺文志》）。

题东方朔撰《神异经》《十洲记》的海洋文化因子

《汉书》卷三〇《艺文志》"杂家"类有"《东方朔》二十篇"。《隋书》卷三三《经籍志二》"史志"有"《东方朔传》八卷"，"《十洲记》一卷，东方朔撰"，"《神异经》一卷，东方朔撰，张华注"。《隋书》卷三四《经籍志三》"子经志"有"《东方朔岁占》一卷"，"《东方朔占》二卷"，"《东方朔书》二卷"，"《东方朔书钞》二卷"，"《东方朔历》一卷"，"《东方朔占候水旱下人善恶》一卷"。"《杂占梦书》一卷"条下注文写道："梁有《师旷占》五卷，《东方朔占》七卷……"《隋书》卷三五《经籍志四》"集志"有"汉太中大夫《东方朔集》二卷"。《旧唐书》卷四六《经籍志上》有"《东方朔传》八卷","《十洲记》一卷,东方朔撰","《神异经》一卷,东方朔撰"。《旧唐书》卷四七《经籍志下》有"《东方朔占书》一卷","《东方朔集》二卷"。《新唐书》卷五八《艺文志二》有"《东方朔传》八卷"。《新唐书》卷五九《艺文志三》有"东方朔《神异经》二卷","《东方朔占书》一卷"。《新唐书》卷六〇《艺文志四》有"《东方朔集》二卷"。

还有一些题署"东方朔"的论著,有的已为文献学研究者关注(参看辛德勇:《记东方朔〈五岳真形图序〉存世最早的写本》,《九州》第5辑,商务印书馆,2014年)。

东方朔是海滨齐人。《太平御览》卷六七四引《洞冥记》曰:"宜都崇台,正紫泥之海,东方朔宴息之所也。"东方朔"宴息"之地在海上。他的著作中直接说到"海"的文字看起来却似乎并不很多。《汉书》卷六五《东方朔传》载东方朔《答客难》:"语曰'以筦窥天,以蠡测海,以莛撞钟',岂能通其条贯,考其文理,发其音声哉!"其中所谓"以蠡测海",称"语曰"。这样的说法,其实对海没有直观感受的内地人也可以发表。另一可以曲折反映东方朔海洋情结的实例,即"陆海"之说。称关中为"陆海",见于《汉书》卷二八下《地理志下》:"(秦地)有鄠、杜竹林,南山檀柘,号称陆海,为九州膏腴。"颜师古注:"言其地高陆而饶物产,如海之无所不出,故云'陆海'。"《文选》卷一班固《西都赋》有"陆海珍藏"语。李善注:"《汉书》:东方朔曰:'汉兴,去三河之地,止灞浐以西,都泾渭之南北,谓天下陆海之地。'"济曰:"海者,富有如海,故言'陆海珍藏'。""陆海"一语的使用,可能最初还是始于东方朔。《汉书》卷六五《东方朔传》记载,汉武帝行猎南山下,"乃使太中大夫吾丘寿王与待诏能用算者二人,举籍阿城以南,盩厔以东,宜春以西,提封顷亩,及其贾直,欲除以为上林苑,属之南山。又诏中尉、左右内史表属县草田,欲以偿鄠杜之民。吾丘寿王奏事,上大说称善。"东方朔进谏,说到农耕条件的可贵:"夫南山,天下之阻也,南有江淮,北有河渭,其地从汧陇以东,商雒以西,厥壤肥饶。汉兴,去三河之地,止霸产以西,都泾渭之南,此所谓天下'陆海'之地,秦之所以虏西戎兼山东者也。"颜师古注:"高平曰陆,关中地高故称耳。海者,万物所出,言关中山川物产饶富,是以谓之'陆海'也。""陆海"之称,不大可能原出于海洋知识相对贫乏,对于海洋资源富饶缺少直接感受的关中人。所谓"海者,万物所出",所谓"海者,富有如海",应当是对海洋有一定了解的人们的知识。言关中"饶物产,如海之无所不出","言关中山川物产饶富,是以谓之'陆海'也"。作为东方朔这样的对海有真切认知,对海有深厚感情的人,进行"陆海"这样的语词创制,是很自然的。

《太平御览经史图书纲目》列有题名"东方朔"的文献四种:《东方朔别传》;东方朔《客难》;东方朔《神异经》;东方朔《十洲记》。现在看来,《神异经》和《十洲记》都是对于早期海洋学知识有所记录的论著。

《后汉书》卷五九《张衡传》李贤注:"东方朔《十洲记》曰'瀛洲,在东海之东,上生神芝仙草,有玉石膏出泉如酒味,名之为玉酒,饮之令人长生'也。""东方朔《神异经》曰:'南方有火山,长四十里,广四五里,昼夜火然。'"《十洲记》关于"东海之东""瀛洲"的文字,有浓重的方术之学的色彩,充分体现出神仙学说的"长生"向往。而《神异经》言"南方有火山",似是对大洋中火山的描述。《太平御览》卷九六六引《神异经》曰:"东方朔云:东南外有建春山,其上多美甘树。"这应当是对东南方向海岛植被的记述。

《三国志》卷四《魏书·齐王芳纪》载西域献火浣布事,裴松之

注:"东方朔《神异经》曰:'南荒之外有火山,长三十里,广五十里,其中皆生不烬之木,昼夜火烧,得暴风不猛,猛雨不灭。火中有鼠,重百斤,毛长二尺余,细如丝,可以作布。常居火中色洞赤,时时出外而色白。以水逐而沃之,即死。绩其毛,织以为布。"《后汉书》卷八六《南蛮西南夷列传》李贤注引《神异经》:"南方有火山,长四十里,广四五里。生不烬之木,昼夜火然,得烈风不猛,暴雨不灭。火中有鼠,重百斤,毛长二尺余,细如丝,恒居火中,时时出外,而色白,以水逐沃之即死。绩其毛,织以作布。用之若污,以火烧之,则清洁也。"《太平御览》卷八二〇引东方朔《神异经》曰:"南荒之外有火山,长四十里,广五十里。其中皆生不烬之木,昼夜火烧,得暴风猛雨不灭。火中有鼠,重百斤,毛长二尺余,细如丝。可以作布,恒居火中,色洞赤,时时出外而色白。以水逐而沃之,即死,织以为布。"火山活跃时期的存留生物,会使陆地居民深心惊异。所谓"火浣布"与石棉有关。东方朔《神异经》看来是记录海外"神异"发现的著作。

东方朔《十洲记》也保存了若干珍贵的海外知识。所谓"洲",即远海陆地。《太平御览》卷五三引东方朔《十洲记》曰:"长洲,一名青丘,在南辰巳地。地五千里,去岸二十五万里。上饶山川,又多大树,树有二千围者。一洲之上,专是林木。故一名'青丘'。仙草、灵药、甘液、玉英,靡所不有。"当是指南洋资源。《太平御览》卷六〇引东方朔《十洲记》曰:"祖洲,东海中,地方五百里。上有不死草生琼田中。草似菰苗。人已死者,以草覆之,皆活。又曰:扶桑在碧海中,树长数千尺,一千余围,两两同根,更相依倚,是以名'扶桑'。"这是关于"东海"的记述。而所谓"有不死草生琼田中",所谓"人已死者以草覆之,皆活",体现了不死之药追求所表露的方术文化风格。

我们现在看到的《神异经》和《十洲记》，都应当是托名东方朔借以扩大传播幅面的论著。但是由此或可得知东方朔的文化形象与海洋的关系，也可以在获得对于早期海洋学若干片段发现的同时，了解海洋文化对当时社会知识构成的影响。

张骞"凿空"事业

丝绸之路的正式开通,是中国史的一件大事,也是世界史的一件大事。虽然有前张骞时代的丝绸之路交通,但是司马迁所谓"张骞凿空"(《史记》卷一二三《大宛列传》)对于中原与中亚、西亚的文化交流,意义十分重要。

"凿空"之旅

汉武帝建元年间,汉中人张骞以郎的身份应募接受联络大月氏的使命,率众自长安出发西行。途中遭遇匈奴人,被拘禁十余年方得逃脱。张骞继续履行使命,又西越葱岭,行至大宛,抵达大月氏。后来在归途中又被匈奴俘获,一年后乘匈奴内乱,于元朔三年(前126)回到长安。张骞出行时随从百余人,最终只有两人生还。他亲身行历大宛、大月氏、大夏、康居诸国,又细心调查了附近国家的国情,向汉武帝做了汇报。张骞的西域之行,以前后13年的艰难困苦为代价,使中原人得到了前所未闻的关于西域的知识,同时使汉王朝的声威和汉文化的影响传播到了当时中原人世界观中的西极之地。张骞又曾跟随大将军卫青出击匈奴。因为了解地理情势及水草资源,为远征军的胜利提供了交通条件的保障,功封博望侯。张骞又奉命出使乌孙。乌孙遣使送张骞归汉,又献马报谢。后来与汉通婚,一起进军击破匈奴。此后,汉与西域的通使往来十分频繁,民间商贸也得到发展。西域地区50国接受汉帝国的封赠，佩带汉家印绶的侯王和官员多至376人。而康居、大月氏、安息、罽宾、乌弋等绝远之国也有使者与汉往来，据说一时诸国"莫不献方奇，纳爱质"（《后汉书》卷八八《西域传》），于是"异物内流则国用饶"（《盐铁论·力耕》）。据《史记》卷一二三《大宛列传》，张骞在大夏见到据说"得蜀贾人市"的"蜀布邛竹杖"，获知巴蜀有通往身毒即今印度的道路。汉武帝"乃令骞因蜀犍为发间使，四道并出"，"皆各行一二千里"，探求更为便捷的联系西域的道路。

《史记》卷一二三《大宛列传》于"西北国始通于汉矣"句后写道："然张骞凿空，其后使往者皆称博望侯，以为质于外国，外国由此信之。"司马迁以"凿空"一语，高度赞扬张骞的历史功绩。

"凿空"语义

关于"凿空"的语义，唐代学者裴骃引用了苏林的解释："凿，开；空，通也。骞开通西域道。"另一位唐代研究《史记》的专家司马贞说："谓西域险厄，本无道路，今凿空而通之也。"都强调"开通"或者"通之"的意思。《史记》卷一二三《大宛列传》说汉武帝指令张骞从蜀犍为（犍为郡治在今四川宜宾）派出使团"四道并出"寻求通身毒的道路。这一努力是后来西南丝绸之路开通的历史先声。开通西南方向的国际道路与经营西南夷有直接的关系。《史记》称之为"事西南夷""通西南夷"。《汉书》以及孙盛《蜀谱》又有"开西南夷"的说法。有学者说，"开西南夷"之"'开'字"可以理解为"开道、开通、开化"，"有文化交流的意思"，汉代文献中可以看到"开……道"和"通……"的说法，"和司马迁称张骞的'凿空'之举都是同义"（龚伟：《汉武帝经略"西南夷"年际考述》，《中华文化论坛》2016年第11期）。《说文·门部》："开，张也。""辟，开也。"段玉裁注:"引申为凡开祐之称。古多假借辟字。"看来,"凿空"大致有开通、开辟、开拓的含义。新疆拜城发现的汉代石刻《龟兹左将军刘平国诵》记述开道治关工程,有"作孔"字样,一些学者认为"作孔"就是"凿空"。盛昱说:"'斫孔'即'凿空',见《汉书》颜注。"王仁俊也写道:"'作孔'犹《张骞传》之'凿空'。"程颂万题诗:"敦煌而外数沙南,更有龟兹凿空谭",也以为石刻所见"作孔"就是"凿空"。(陶喻之:《东汉刘平国刻石研究资料汇编》,《西域考古·史地·语言研究新视野:黄文弼与中瑞西北科学考查团国际学术研讨会论文集》,科学出版社,2014)"凿空"的文字表现方式有所不同,与汉代人"多假借"的习惯有关。明代学者杨慎《丹铅总录》卷一四《订讹类》"空有四音"认为,"《张骞传》'楼兰、姑师小国当空道'","《大宛传》曰'张骞凿空'","空"的读音都应当是"孔"。

明代学者徐应秋《玉芝堂谈荟》卷三一也有大体一致的意见。以为"《张骞传》'楼兰、姑师,小国,当空道'","《大宛传》曰'张骞凿空'","空"的读音都应当是"孔"的看法,可以帮助我们理解"作孔"与"凿空"的关系。

"'孔道'犹言大道"

司马迁所谓"张骞凿空",又有"张骞凿西域"之说。明人赵南星《怀古》诗:"少年盛意气,闲居非所安。文墨称儒雅,趑趄使人叹。张骞凿西域,介子歼楼兰。斯人乃吾徒,长驱跨黄间。勒功万里外,封侯何必还。威名震一世,光气耀天端。白日度飞谷,不肯为盘桓。精消壮志颓,快事成悲酸。形骸不自振,宝刀宁忍看。惜哉班仲升,愿入玉门关。昔日何其壮,今日何其孱。人生老旧林,岂必愧孔颜。"([明]赵南星:《赵忠毅公诗文集》卷二,明崇祯十一年范景文等刻本）所谓"张骞凿西域"，是体现"意气""壮志"的行为，亦成就"威名"的"快事"。亦有"张骞凿匈奴"说。清人王鸣盛言："《史记·大宛列传》叙张骞凿匈奴事。"（〔清〕王鸣盛：《尚书后案》卷三《虞夏书》，清乾隆四十五年礼堂刻本）"张骞凿匈奴"的说法，当然与张骞通西域的交通行为两次因匈奴拘禁受阻的情形相关。"张骞凿西域""张骞凿匈奴"，都是说张骞打通了与西域、匈奴的交通道路。

唐人柳宗元《为安南杨侍御祭张都护文祭张舟》有"空道北出"语。注："空与孔同。《张骞传》：'楼兰、姑师小国，当孔道。'"（〔唐〕柳宗元：《注释音辨柳集》卷四〇《祭文哭辞》，元刻本）宋人杨侃《两汉博闻》卷一"凿空"条《张骞传》"骞凿空"，注文："苏林曰：'凿，开也。空通也。骞始开通西域道也。'师古曰：'空，孔也。犹言始凿其孔穴也。'故此下言'当空道'，而《西域传》谓'孔道'也。"（文渊阁《四库全书》本）明确以为"凿空"就是"凿孔"的，又有清人陈维崧《寄董玉虬侍御秦中》"秦时明月，凿空张骞，缒兵邓艾"，"空"字下注："音孔。"（〔清〕陈维崧：《迦陵词全集》卷一八，清乾隆二十八年陈宗石患立堂刻本）清人王筠《说文释例》解释"击空声"："'空'，盖即'孔'字。《考工记》'眂其钻空'、《史记》'张骞凿空'是也。"（〔清〕王筠《说文释例》卷一六，清道光刻本）清人贝青乔《穿石》诗有"缅维汉张骞，凿孔达西隩"句（〔清〕贝青乔：《半行庵诗存稿》卷三，清同治五年叶廷管等刻本），也读"凿空"为"凿孔"。

朱骏声《说文通训定声》"丰部弟一""空"条："《汉书·张骞传》'小国当空道'，注：'即孔也。'"又引《汉书·李广利传》注："空，孔也"，《张骞传》注："空，通也。"又说："孔，通也。"（〔清〕朱骏声：《说文通训定声》，武汉市古籍书店据临啸阁本，

1983年，影印版，第43页）而王念孙《读书杂志·汉书杂志》"孔道"条提出"'孔道'犹言大道"的说法："'婼羌国，辟在西南，不当孔道。'师古曰：'辟'读曰'僻'。'孔道'者，穿山险而为道，犹今言穴径耳。念孙案：师古之说甚迂。'孔道'犹言大道。谓其国僻在西南，不当大道也。老子《道经》'孔德之容'，河上公注曰：'孔，大也。'《太元·羡次五》曰：'孔道夷如，蹊路微如。''孔'字亦作'空'。《张骞传》'楼兰、姑师，小国当空道'是也。《说文》曰：'孔，通也。'故大道亦谓之通道。今俗语犹云'通衢大道'矣。"（〔清〕王念孙：《读书杂志》，江苏古籍出版社，据王氏家刻本，1985年影印版，第391页）王先谦《汉书补注》引录此说（王先谦撰：《汉书补注》，中华书局，据清光绪二十六年虚受堂刊本，1983年影印版，第1608页）。徐松《汉书西域传补注》卷上也采用了这一意见（清道光九年刻本）。地湾汉简可见如下简文："□当空道便处禀食如律」□□□□□"（86EDT8∶14A）（甘肃简牍博物馆、甘肃省文物考古研究所、出土文献与中国古代文明研究协同创新中心中国人民大学中心：《地湾汉简》，中西书局，2017年，第22页）

"当空道便处禀食"应即于临近大道的便利地方廪食。地湾汉简"当空道"文字与《史记》卷一二三《大宛列传》及《汉书》卷六一《张骞传》"当空道"表述形式完全相同，可知符合汉代通行的语言习惯。

《龟兹左将军刘平国作关城诵》"作孔"，义近司马迁"张骞凿空"之"凿空"，指开辟了交通大道。曾经为《龟兹左将军刘平国作关城诵》保留最早可靠拓本的施补华曾于光绪十年（1884）出疆，经苏巴什作行旅诗："小驿苏巴什，由来险莫伦。南山围似幛，西域凿为门。风热蝇仍扰，泉枯草不繁。劳人自今古，石上认车痕。"（〔清〕施补华：《抵苏巴什甚热》，《泽雅堂诗二集》卷一三，清光绪十六年两研斋刻本）以所谓"西域凿为门"称颂刘平国的历史功绩，是得体的。"劳人自今古，石上认车痕"诗句，形容这一工程值得追怀纪念，也可以理解为对交通史重要成就的充分肯定。

　　关于《龟兹左将军刘平国作关城诵》的内容与性质，或说"当日凿岩以开道路"（〔清〕王仁俊、沈塘：《〈刘平国作孔记〉题识》，上海图书馆吴江沈氏双麓山旧藏本），或说"从字面理解推断，可知刘平国是凿断博子克勒克峡岩石，首开通往伊犁之路"（〔日〕渡辺哲信：《西域旅行日记》，载《新西域记》，东京：有光社，1937年，第315页），或说"碑文言始断岩云云，以字面而言，完全是一名军人开通道路，刻石纪功"（〔日〕堀贤雄：《堀贤雄西域旅行日记》，载《西域文化研究》第四《中央アジア古代语文献》，第39页）。徐树钧说："此碑当是为刘平国开山通道纪功而作。"（〔清〕徐树钧：《龟兹左将军刘平国碑并释文》，《宝鸭斋题跋》卷上）罗振玉等命名为《刘平国治路诵》（罗振玉：《〈汉刘平国治路诵〉题识》，上海图书馆刘鹗旧藏本；顾廷龙校阅《艺风堂友朋书札》，上海古籍出版社，1981年，第998页，端方等命名为《刘平国开道记》（端方：《〈刘平国拓本陶斋题记东汉白山摩崖刘平国开道记〉题识》，北京故宫博物院1965年购藏本；田北湖：《〈精拓刘平国开道记〉题识》，《神州国光集》第六集。吴湖帆：《〈汉白山摩崖龟兹左将军刘平国开道记〉题识》，上海博物馆购藏本；吴湖帆：《〈汉白山摩崖龟兹左将军刘平国开道记原石精拓本〉题识》，上海博物馆购藏本。陆和九：《〈刘平国开道记〉题识》，北京大学图书馆陆和九旧藏本），或题《刘平国治路记》（王世仁：《〈刘平国治路记〉题识》，上海图书馆潘飞声旧藏本），《刘平国治路颂》（刘正成主编《中国书法鉴赏大辞典》，中国大地出版社，1989年，第98页；刘正成主编《中国书法全集》7《秦汉刻石一》，荣宝斋出版社，1997年，第489页；邵大箴主编《中国美术百科全书》，人民美术出版社，2009年，第822页），《刘平国修道记》（陆和九：《〈东汉白山摩崖汉刘平国修道记初拓本〉题识》，北京大学图书馆陆和九旧藏本）等。以上信息，多参考陶喻之《东汉刘平国刻石研究资料汇编》（《西域考古·史地·语言研究新视野：黄文弼与中瑞西北科学考查团国际学术研讨会论文集》，科学出版社，2014年）。"刘平国开道记"之称，又见于其他论著。如谢建华《胡小石先生年表》（南京博物院编《胡小石书法文献》，荣宝斋出版社，2008年，第434页）；刘正成主编《中国书法鉴赏大辞典》（中国大地出版社，1989年，第98页）；柏克莱加州大学东亚图书馆编《柏克莱加州大学东亚图书馆藏碑帖》（上，《图录·碑石类》，上海古籍出版社，2008年，第31页；下，《总目·一摩崖石刻》，第13页）。这些定名都强调刘平国主持这一交通建设工程"开道路""开通道路""开山通道""治路""开道""修道"的历史贡献。"作孔"，是刘平国功绩的概括性表现，一如张骞"凿空"。

"遥想汉人多少闳放"

后来被称作"丝绸之路"的东西文化联系的通道，其实有久远的历史。《左传·昭公十二年》说到周穆王"周行天下"的事迹。出于汲冢的《竹书纪年》也有关于周穆王西征的明确记载。《史记》卷五《秦本纪》和卷四三《赵世家》说到周穆王"西巡狩""见西王母"的故事。

考古工作的收获已经证明，在张骞之前，中原经过西北地方与外域的文化通路早已发挥着促进文化沟通、文化交流、文化融汇的历史作用。在阿尔泰地区发现的公元前5世纪的贵族墓中曾经出土中国丝织品。巴泽雷克5号墓出土了来自中国的有凤凰图案的刺绣。在这一地区公元前4世纪至前3世纪的墓葬中，还出土了有典型关中文化风格的秦式铜镜。

严文明曾经指出:"早先是西方的青铜文化带着小麦、绵羊和冶金技术,不久又赶着马匹进入新疆,而且继续东进传入甘肃等地;东方甘肃等地的粟和彩陶技术也传入新疆,甚至远播中亚。这种交互传播的情况后来发展为著名的丝绸之路。"(《〈新疆的青铜时代和早期铁器时代文化〉序一》,韩建业:《新疆的青铜时代和早期铁器时代文化》,文物出版社,2007年,第1页)尽管前张骞时代的丝绸之路史不宜忽视,然而张骞作为以中原大一统王朝官方使者的身份开拓域外交通通路的第一人,对于发展中西交通的功绩,确实有开创性的意义。

基于张骞的努力,西域与汉帝国建立了正式的联系。俄罗斯学者比楚林(Бичурин)曾经指出,西域丝绸之路开通"在中国史的重要性,绝不亚于美洲之发现在欧洲史上的重要"。以"凿空"显现的张骞对正式开通丝绸之路的首功,是不能磨灭的。唐代名臣魏征说,"张骞凿空"之"开远夷,通绝域"体现出"开""通"的成功,动机在于"宏放"的文化追求(《隋书》卷八三《西域传》)。新疆罗布泊地区出土的汉锦图案中"登高明望四海"的文字,以及汉镜铭文"宜西北万里"等,都体现了当时汉文化面对世界的雄阔的胸襟。理解张骞之"凿空",应当注意其历史功业体现英雄主义和进取精神的积极意义。鲁迅曾经写道:"遥想汉人多少闳放","毫不拘忌","魄力究竟雄大"。他热情肯定的当时民族精神之所谓"豁达闳大之风"(《坟·看镜有感》),也可以通过张骞"凿空"的事业有所体会。

合浦的海气珠光

被称作"银滩"的地方，绝美的沙岸。远看白色潮头一浪一浪地推上前来，细雨浸湿的彩旗依然被劲风扬起，急烈地拂动着。新闻充斥着南国暴雨洪灾的消息。海风得意地推进着万里乌云，扫荡了三伏的暑气。风声夹送几乎横飞的雨滴，好像在问窗前寂寞的远来北客：你在看什么？你在想什么？

我第一次来北海，第一次来合浦，拜谒这处丝绸之路史上声名显赫的出发港。面向窗外的海空，很自然地回想起秦汉帝国的南洋开拓，似乎看到云气雾色之中烈风挟送那两千年前的帆影。

南海名港

二千多年前，对海洋心怀特殊幻想的秦始皇东巡海滨，上泰山时遇暴风雨，但是他来到海上，"昭临朝阳，观望广丽"时，应当是晴好天气。

秦始皇在公元前221年实现统一之后，第二年就有向西的巡行。随后，次年又向东走到海滨。他在琅邪（今山东青岛南）居留了三个月，据说"大乐之"，组织了以此为目的地的大规模的移民。并且宣布，这些琅邪新居民享受12年不必承担赋税徭役的特殊优遇。远程出巡途中留居三月，是极异常的举动。这也是秦始皇在咸阳以外地方居留最久的记录。而"徙黔首三万户"，达到关中以外移民数量的极点。

"复十二岁"的优遇,则是秦史仅见的一例。这种特殊的行政决策,应有特殊的动机。越王勾践曾经迁都于琅邪,这里成为越国后期的政治中心。而越人海上航行方面的强势是众所周知的。琅邪是著名的海港。我们在历史文献中看到,有移民从琅邪前往乐浪的记载。乐浪在朝鲜半岛北部。上古地理知识有关东夷"君子之国""去琅邪三万里"(《两汉博闻》卷一一引《山海经》)、"亶洲去琅邪万里"(《括地志》引吴人《外国图》)等说法,体现琅邪作为"东海"大港的地位。

在秦始皇视察琅邪7年之后,即秦始皇三十五年(前212),"立石东海上朐界中,以为秦东门。"在大致今天江苏连云港的位置设立标志,确定为秦的"东门"。这里的空间位置确实在秦都咸阳的正东方向,但是"秦东门"的设定,也许还有其他的意义。似乎秦始皇热切关注"东海"的中心视点,从琅邪向南移动到了"朐"。这可能与秦帝国海岸线的延长有关系。因为"南海"置郡,海岸的中心于是南移。

秦始皇三十七年(前210)最后一次出巡,"上会稽,祭大禹,望于南海,而立石刻颂秦德"(《史记》卷六《秦始皇本纪》)。在浙江绍兴附近望海,我们都知道应当是东海。这里说"望于南海",有可能体现秦始皇的海洋知识中已经存留了有关"南海"的信息。他以"望于南海"表达了对于帝业成功的充分自信。

秦始皇对于"南海"的认识始于何时呢?《史记》卷六《秦始皇本纪》在秦始皇二十六年(前221)记事内容中已言"南至北向户",二十八年(前219)琅邪刻石有"皇帝之土……南尽北户"语,可知向岭南的拓进应当在兼并六国后随即开始。《史记》卷七三《白起王翦列传》的记载:"……平荆地为郡县。因南征百越之君,而王翦子王贲与李信破定燕齐地。秦始皇二十六年,尽并天下。"也就是说,在"秦始皇二十六年"之前，秦军在灭楚之后，随即已经开始"南征百越之君"的军事行动。我们可以认为，秦始皇对于岭南的征服是秦统一战争的重要主题。秦统一的规模其实并不限于所谓"六王毕，四海一"（〔唐〕杜牧：《阿房宫赋》）指出的对六国的征服。秦的版图扩展至于珠江流域、南海之滨，是超越了原先楚国的行政控制范围的。

根据《秦始皇本纪》的记载，秦始皇三十三年（前214）正式设桂林郡、象郡、南海郡。属于象郡的合浦地方归于秦帝国，开始承纳北方移民迁入，也开始接受中原文化影响。而作为重要的出海口，也向秦帝国的执政者传递了关于"南海"的知识。秦始皇"望于南海"，可以看作对"为桂林、象郡、南海"的炫耀，或许也可以理解为对"南海"世界积极探索的欲望的表露。

《史记》卷一二九《货殖列传》说，岭南地方便于得到"珠玑、犀、玳瑁、果、布"。《汉书》卷二八下《地理志下》也写道："（粤地）处近海，多犀、象、毒冒、珠玑、银、铜、果、布之凑，中国往商贾者多取富焉。"看来，合浦等地方海路贸易的优势很早已经得到开发。山东青州西辛战国齐王墓曾经出土来自波斯地区的口沿有埃及文字的裂瓣纹银盒，年代大约在公元前9世纪至公元前6世纪（国家文物局：《2004年中国重要考古发现》，文物出版社，2005年，第77页）。这件文物，有学者称之为"银豆盒"，以为具有"粟特艺术特点"，反映了"草原文化"影响（王云鹏、庄明军：《青州西辛战国墓出土金银器对草原丝绸之路的佐证》，《潍坊学院学报》2012年第3期）。也有学者以为这一文物发现"证明了齐国的海外交通范围很广"（周运中：《先秦中国大陆与台湾间的航海新考》，《国家航海》2013年第3期）。后一种意见应当更符合历史真实。临淄战国古墓还曾经出土来自地中海东岸地区的玻璃珠（淄博市博物馆、齐故城博物馆：《临淄商王墓地》，齐鲁书社，1997年，第68—69页；参看林梅村：《丝绸之路考古十五讲》，北京大学出版社，2006年，第105页）。这些文物资料可以看作反映齐地当时和极遥远的南洋地方已经实现文化沟通的信息。这种沟通，很可能是以航海事业的进步为条件的。南海地方作为外来文化因素进入中原的早期通路，相关信息提供了考察的条件。认识南海大港合浦的开发与繁荣，应当注意南洋航路早期开通的历史。

到了西汉时期，合浦作为南洋航路重要出发港的地位更为明确。班固撰写的《汉书》卷二八下《地理志下》已经明确告知人们，合浦是远航黄支国的出发港，也是东方海上航路上的名港。

"合浦珠还"传说

"珠玑"是粤地"近海"之处的特产。"合浦珠"或说"南珠"早已因地方品牌的形成而享有盛名。

宋代诗人程俱颂扬一位官员的仁心德政，使用了"种德久弥芳""哀荣动故乡"文句，还借用汉代古典，言"合浦珠还增气象"（《北山集》卷一〇）。另一位宋代诗人陶弼的《合浦还珠亭》诗，直接回顾了汉代循吏孟尝的故事："合浦珠还旧有名，使君方似古人清。沙中蛤蚌胎常满，潭底蛟龙睡不惊。"（《邕州小集》）《后汉书》卷七六《循吏列传·孟尝》记载，孟尝任合浦太守，当地农耕生产未能充分发展，"郡不产谷实，而海出珠宝"，由于与交阯接境，"常通商贩，贸籴粮食"。此前在合浦任职的地方官员"并多贪秽，诡人采求，不知纪极"，致使珍珠丰产优势逐渐转移到交阯郡地，合浦地方经济因此走向萧条，"于是行旅不至，人物无资，贫者饿死于道"。孟尝到任之后，"革易前敝，求民病利"，不到一年，竟然"去珠复还"，合浦的总体形势明显改善，"百姓皆反其业，商货流通"。孟尝的行政风格所以一时"称为神明","珠还"应当是明显的表征。后人所谓"美政新还合浦珠"（〔明〕顾璘：《寿易太守士美》，《山中集》卷三），成为体现深刻历史记忆的千百年历代习用的文化典故。

孟尝后来的故事，因病得到准许回归中原的命令，但是合浦官吏和百姓"攀车请之"，期望挽留。孟尝无法启程，不得已，于是"乃载乡民船夜遁去"。后来他"隐处穷泽，身自耕佣"，成就了"循吏"的模范。关于孟尝的"德"的表现，有介绍说：除"去珠复还"外，"且南海多珍，财产易积，掌握之内，价盈兼金，而尝单身谢病，躬耕垄次，匿景藏采，不扬华藻"。与孟尝"单身谢病，躬耕垄次"对应的，是"南海多珍，财产易积，掌握之内，价盈兼金"的"海出珠宝"的财富优势。类似的多财与清心的对比，又见于《后汉书》卷三一《张堪传》记述的故事：吴汉军击败公孙述，成都占领之后，蜀郡太守张堪首先入城，他清点库藏，收其珍宝，均仔细列出清单上报，"秋毫无私"。时人赞美道："公孙述破时，珍宝山积，卷握之物，足富十世"，而张堪离职的时候，乘坐的是"折辕车"，携带的是"布被囊"。唐代学者李贤解释说："卷握"好比"掌握"，"谓珠玉之类也"。对照上文所引"南海多珍，财产易积，掌握之内，价盈兼金"，这些说法，都强调了"珍""珠"不过"掌握""卷握"的数量，就可以"价盈兼金""足富十世"的惊人价值。

《汉书》卷二八上《地理志上》说，以合浦为出发港，前往南洋的远航贸易，追求的主要目的包括"珠"："入海市明珠、璧流离、奇石异物，赍黄金杂缯而往。""珠"的等级和规格较高，"大珠至围二寸以下"。合浦本自盛产"珠"，而又引入外来的"珠"，"入海市明珠"，传入的物资中"大珠至围二寸以下"，"明珠""大珠"，都指规格等级较高的珍珠。《汉书》卷九六下《西域传下》："明珠、文甲、通犀、翠羽之珍盈于后宫。"说宫廷高等级消费生活内容，"明珠"居于前列。马援故事"上书谮之者以为前所载还皆明珠、文犀",指出"明珠"来自南海。《后汉书》卷六一《黄琼传》:"羽毛、齿革、明珠、南金之宝殷满其室。""羽毛、齿革"都是南国物产,"明珠"也是同样,所谓"南金之宝"尤其明确地指出了这些宝物出产地的方位。

合浦"近海"多"珠玑"可以从两个方面理解:第一,这里是"珠"的重要出产地;第二,这里是海外"明珠""大珠"进入中国市场的重要通道。

"神珠薏苡"

合浦汉墓出土"薏苡"。这种植物种实具有一定的食疗作用。《后汉书》卷二四《马援传》记载,起初马援在交阯时,经常食用"薏苡实",据说有益于"轻身省欲,以胜瘴气"。李贤注《后汉书》,引用了《神农本草经》的说法:"薏苡味甘,微寒,主风湿痹下气,除筋骨邪气,久服轻身益气。"由于"南方薏苡实大",马援"欲以为种",移植北方,于是回军时"载之一车"。然而因此导致误会。当时人以为马援车载"南土珍怪",朝中权贵皆瞩目。当时马援受到皇帝恩宠,没有人报告此事。但是马援去世后,"有上书谮之者,以为前所载还,皆明珠文犀"。皇帝震怒,马援妻子家人皆惊惶恐惧,不敢将马援葬入家族墓地,宾客故人也不敢前往吊唁。

《后汉书》卷六四《吴祐传》于是说"昔马援以薏苡兴谤"。这一历史记忆相当深刻。《旧唐书》卷七〇《杜正伦传》:"……夫薏苡以谤,士大夫慎之",《旧唐书》卷一七二《萧俛传》:"昔马援以薏苡兴谤",以及《旧唐书》卷一九〇下《文苑传下·唐次》"薏苡惑珠",《明史》卷一七八《项忠传》"昔马援薏苡蒙谤"等,都说到马援事迹中"薏苡"曾经被误认为"南土珍怪"导致"谮""谤"的情形。

薏苡除了具有"主风湿痹下气，除筋骨邪气"的药性，据说"久服轻身益气"，似乎与汉代社会的成仙追求有某种神秘关系。薏苡具有神力，又见于传说时代的故事。据《史记》卷一《五帝本纪》司马贞《索隐》引。《礼纬》的说法，禹的母亲修己吞食了薏苡，因而有孕生禹，于是以"姒氏"为姓。《史记》卷二《夏本纪》张守节《正义》引《帝王纪》："父鲧妻修己，见流星贯昴，梦接意感，又吞神珠薏苡，胸坼而生禹。"裴骃《集解》引《礼纬》也说："祖以吞薏苡生。"而《帝王纪》"神珠薏苡"的说法，特别值得注意。"神珠"，或许形容薏苡形状圆润，但是也使人联想到"薏苡"与"珠"都属于"南土珍怪"的情形。

"璧流离"——舶来的玻璃

《汉志》说，经由合浦的海运物产种类颇多，即所谓"入海市明珠、璧流离、奇石异物，赍黄金杂缯而往"。合浦汉墓出土金饼，使我们联想到"赍金饼"的贸易行为。"杂缯"明确见于文献记载，提示予这条中外文化交流通道以"海上丝绸之路"的定位是准确的。斯里兰卡DelivalaStupa遗址出土的一件中国丝绸，年代测定为公元前2世纪，即这条丝绸贸易通路的文物实证（查迪玛：《斯里兰卡藏中国古代文物研究——兼谈中斯贸易关系》，山东大学博士学位论文，2011年）。所谓"璧流璃"，作为外来珍品，为中国上层社会所倾心追求，同时也具有政治文化象征意义。《汉书》卷九六上《西域传上》关于"罽宾"的记述中，说到当地出产"珠玑、珊瑚、虎魄、璧流离"。"珠玑"上文已经说到。"珊瑚"是热带海洋腔肠动物珊瑚虫的石灰质骨骼遗存。"虎魄"就是通常所说的"琥珀"，合浦汉墓多有出土。合浦风门岭23号汉墓和盐堆1号汉墓出土的琥珀狮子饰件，基于狮子出产地的知识，都可以确定通过南洋海路输入（广西壮族自治区文物工作队、合浦县博物馆：《合浦风门岭汉墓——2003—2005年发掘报告》，科学出版社，2006年，第135页）。那么，什么是"璧流离"呢？颜师古注释《汉书》，引录了孟康的说法："流离，青色如玉。"又说："《魏略》云：大秦国出赤、白、黑、黄、青、绿、缥、绀、红、紫十种流离。"以为孟康只说"青色"，知识有所局限，"不博通也"。他说："此盖自然之物，采泽光润，踰于众玉，其色不恒。"指出"璧流离"的光润色泽超过了各种"玉"，只是"其色不恒"，大概是说，其色彩的深沉与恒久，则不如"玉"。又说："今俗所用，皆销冶石汁，加以众药，灌而为之，尤虚脆不贞，实非真物。"强调"璧流离"的制作加工，采用了高温烧炼方式，又加入多种化学成分。其质量，又有"虚脆不贞"即容易破碎的特点。有人说，"璧流离"就是"琉璃"。宋代学者王观国说，扬雄《羽猎赋》、左思《吴都赋》等言"流离"，"本用'琉璃'，亦借用'流离'耳。"（《学林》卷五）孙奕也持这种看法（《示儿篇》卷二〇《字说》）。这种所谓"璧流离"，很可能与外来玻璃器有关。

合浦汉墓出土玻璃器数量很多，样式纷繁，色彩明丽。有些玻璃串珠，在考古报告中或被记录为"琉璃串珠"（广西壮族自治区文物工作队、合浦县博物馆：《合浦风门岭汉墓——2003—2005年发掘报告》，科学出版社，2006年，第133—134页）。合浦红岭头34号墓出土的湖蓝色玻璃杯、合浦黄泥岗1号墓出土的湖蓝色玻璃杯，文昌塔70号墓出土的淡青色玻璃杯，都是晶莹明澈、华美精致的绝品。有的学者曾经认为，"璧流离"可能是来自印度、阿富汗的绿宝石、蓝宝石、青金石。季羡林说，"璧流离"是梵文的音译，"今天的'玻璃'就是。"（季羡林：《中印文化交流史》，中国社会科学出版社，2008年，第17页）考古学者熊昭明指出："从合浦汉墓出土的众多玻璃器来看，'璧流离'应是汉代对玻璃的一种称谓。"（熊昭明：《汉代合浦港考古与海上丝绸之路》，文物出版社，2015年，第59页）这样的见解，我们是同意的。

《宋书》卷二九《符瑞下》说到作为祥瑞现象的"璧流离"："璧流离，王者不隐过则至。"说政治权力的把握者，即"王者"如果"不隐过"，即对自己的"过"即罪过、过失不掩饰、不隐瞒、不否认，则这种异常的祥瑞就会出现。山东嘉祥武氏祠汉代石刻画像资料中也出现"璧流离，王者不隐过则至"的榜题，可知这是汉代已经流行的认识。而图像画面中，"璧流离"显现为"璧"的形象，大概玻璃器具"其色不恒"，不好表现，于是画工依照多数人比较熟悉的"璧"的形式加入到形象史学的信息中。当然也可能石刻的制作者同样"不博通"，没有亲自见识并具体把摩过这种远洋舶来的宝物。

南洋航路上的"蛮夷贾船"

合浦已经发掘的上千座汉代墓葬，出土文物非常丰富。从形制看，均为典型的汉式墓葬。但是随葬品构成，却体现出诸多外来文化元素。除了《汉志》所言"珠玑、珊瑚、虎魄、璧流离"上文已经有所讨论而外，我们还看到合浦凸鬼岭汽齿厂6号墓出土的石榴子石狮子饰件，合浦第二毛纺厂4号墓出土的石榴子石串饰，合浦北插江10号墓、合浦北插江4号墓、合浦凸鬼岭汽齿厂30B号墓出土的肉红石髓串饰等。合浦风门岭26号墓出土的肉红石髓狮子饰件，也应来自南洋。又有玛瑙串饰、戒指、剑璏等。合浦发现的水晶制品，包括白水晶、紫水晶、黄水晶、茶晶等，据考古学者推断也应当来自印度（熊昭明：《汉代合浦港考古与海上丝绸之路》，文物出版社，2015年，第68—70页，第78页，第71页，第95页）。这些文物，使人联想到《汉志》所谓"入海市明珠、璧流离、奇石异物"中与"明珠、璧流离"并列的"奇石异物"。所谓"南海多珍"，应当是包括的这些"奇石异物"的。被称作"钵生莲花器"的文物,出土与合浦风门岭1号东汉晚期墓。在合浦三国墓中,同类器物出土12件。就现有资料看,这类器物仅发现于合浦。研究者注意到,莲花造型与佛教有密切关系,判断这种器形的发现反映了海洋丝绸之路与佛教传播的关系(熊昭明:《汉代合浦港考古与海上丝绸之路》,文物出版社,2015年,第141页)。

除犀角杯、象牙模型、乳香等许多学者以为来自南洋的文物之外,广州汉墓出土体现南海交通线路畅通的实物证明,又有胡俑托灯形象。合浦寮尾13B号墓出土的"胡人俑座灯"性质相同。合浦堂排1号墓出土的怀抱印度弓形竖琴的胡人俑,"面相明显是胡人",但"缠头绾结"似乎表现出"汉式"风格。合浦寮尾13B号墓出土的波斯陶壶,是体现海上丝绸之路文化联系作用的典型器物。

《汉书》卷二八上《地理志上》说,从合浦出发的南洋航行,有些船队是非中原人驾驶的,即所谓"蛮夷贾船,转送致之"。既然称"蛮夷贾船",则这类商船的主人、船长和水手,应当是外族人。合浦汉代墓葬的主人,是否有来自南洋的"蛮夷"即外族商人和航海家的可能呢?以往发现的合浦汉墓的人骨遗存,考古学者以为不具备进行族属鉴定的条件。或许现今DNA提取和比对技术,可以为学界增进相关认识提供有意义的信息。

丝绸之路的开通和经营,是多民族合作的历史文化成就。便利了中西文化交往,在这条草原东西通路上,有草原民族活跃的身影。"胡商""胡贾"们促进丝绸之路交通的历史贡献,值得关心经济史、交通史、民族史和文化交流史的人们注意。对南洋航路上"蛮夷贾船"的历史考察,也将获得有意义的发现。

"伏波"南征

东汉初年，合浦附近地方发生过一次大规模的战争。汉光武帝建武十八年，也就是公元42年的夏季，名将马援受命以伏波将军名义率军平定征侧、征贰武装暴动，又进而南下九真，到达上古时代中原王朝军事力量南进的极点。这次成功的远征，由海陆两道并进。楼船军经海路南下，战争规模、进军效率以及与陆路部队的配合都超过汉武帝时代楼船军浮海击南越、击东越、击朝鲜故事，成为战争史中新的航海记录。南海海面马援军"楼船""伏波"的成功，有汉武帝时代数次海上远征经验以及不同民族不同身份的南海航行者艰险的海洋探索所提供的技术基础。这一军事行为对合浦地方的震动，应当是强烈的。

西汉帝国的版图在汉武帝时代得以空前扩张。东北征服了朝鲜半岛北部。西南至于云贵。东南则灭南越，建南海、苍梧、郁林、合浦、日南、九真、交趾、儋耳、珠崖九郡，在海南岛首次设置行政管理机构，"合浦"也正式置郡。但是当时最突出的推进在西北方向。河西四郡的设立，使得通往西域地方的道路安全有所保障。1963年8月出土于湖北鄂城的汉镜，铭文可见"宜西北万里"，体现汉代社会对于西北方向特别的关注。"宜西北万里"语，透露出对以"西北"为方向的"万里"行程可能经历艰险的乐观态度。长江流域出土主题涉及"西北"的镜铭文字，反映丝绸之路交通对于当时汉文化风貌之英雄主义与进取精神的积极影响。镜铭文字所见"宜西北万里"前程的"富昌长乐"预想，或许体现了向西北方向的"万里"行旅与社会经济生活的广泛联系。

两汉之际的历史变化有多种迹象。其中，移民方向体现的社会对东南地方的倾心值得注意。通过对公元2年和公元140年两个户口统计数字的比较可以得知，这138年间全国户口数字呈副增长趋势，户数和口数分别为-20.7%和-17.5%。而今天江西、湖南诸郡国的户口却迅速增长。豫章郡（郡治在今江西南昌）户数增长了502.56%，口数增长了374.17%。而零陵郡的增长幅度，户数达到906.5%，口数达到618.6%。当时，位于今湖南的零陵郡和位于今江西的豫章郡都接纳了大量的南迁人口。这两个地区当时均处于中原向江南大规模移民通道的要冲。

自两汉之际开始的由中原往江南的移民热潮，即所谓"大规模的自发的人口迁移"，"导致中国人口的地理分布在一段时间里出现了南增北减的变化"（石方：《中国人口迁移史稿》，黑龙江人民出版社，1990年，第147页），又经历六朝繁华，江南地区逐渐成为全国经济的重心。

对外战略方向的判断和选择，西汉雄主汉武帝和东汉政权的创立者汉光武帝是有所不同的。

汉武帝政治军事的主要关注方向在西北。而刘秀对西北方向的政策有所变化。两汉之际，匈奴嚣张。而莎车王强势，也使得西域局势陷于危局。鄯善王上书请求汉王朝派遣都护，出兵安定西域。刘秀却回答道："今使者、大兵未能得出。如诸国力不从心，东西南北自在也。"（《后汉书》卷《西域传》）对于刘秀的答复，清代学者何焯以"坚忍"二字评判（《义门读书记》卷二四《后汉书》）。刘秀对西北方向的危局以"坚忍"态度表现出大政治家的宽怀与镇定，但毕竟透露了对西北经营趋于保守的消极倾向。然而另一方面，对于东南方向的进取，却鲜明地表现出积极的态度。马援远征交阯、九真，正是典型的历史迹象。《后汉书》卷二四《马援传》记载这次军事行为的启动和早期动向："玺书拜援伏波将军，以扶乐侯刘隆为副，督楼船将军段志等南击交阯。军至合浦而志病卒，诏援并将其兵。遂缘海而进，随山刊道千余里。十八年春，军至浪泊上，与贼战，破之，斩首数千级，降者万余人。"楼船将军段志在"军至合浦"时去世，其部众由马援直接统率，全军胜利挺进，"援将楼船大小二千余艘，战士二万余人，进击九真"，最终"峤南悉平"。合浦作为战事发起的重要地点，不仅在军事史上留下威名，在航海史上的地位也因此显赫。

《汉书》卷六《武帝纪》记载汉武帝元封五年（前106）出巡事："五年冬，行南巡狩，至于盛唐"，在九嶷山望祀舜帝，又登天柱山，"自寻阳浮江，亲射蛟江中，获之"。随行船队浩荡，据说"舳舻千里"，"遂北至琅邪，并海，所过礼祠其名山大川。春三月，还至泰山，增封"。武帝出巡，"自寻阳浮江，亲射蛟江中，获之"，其事迹颇类同秦始皇海中"自以连弩候大鱼出射之"，终于"见巨鱼，射杀一鱼"（《史记》卷六《秦始皇本纪》）。汉武帝"夏四月"诏对此"巡狩"行程有所回顾，其中写道："朕巡荆扬，辑江淮物，会大海气，以合泰山。上天见象，增修封禅。"对于"会大海气"，颜师古注引郑氏语，以为"会大海气"就是"会合海神之气，并祭之"。汉武帝"会大海气"的说法，赋予"大海"崇高的神性，特别值得注意。这篇小文标题使用"海气"字样，借取汉武帝诏文用语，试图使自己的文气也能够与汉代人的海洋意识与积极面对海外交往的文化理念有所接近。

究天人之际,通古今之变

司马迁在致任少卿的信中自叙撰写《史记》的心志,有"欲以究天人之际,通古今之变,成一家之言"的话。这一说法影响非常深远,不少人以此作为人生格言,或以标示学术追求的鹄的。

"天人""古今"

班固把这段文字记录在《汉书》卷六二《司马迁传》中。然而《史记》卷一三〇《太史公自序》里,我们只看到所谓"成一家之言",并没有"究天人之际,通古今之变"这十字。不过,司马迁在他的史学实践中,是切实坚持了这一学术理念的。《史记》卷二七《天官书》写道:"为国者必贵三五。上下各千岁,然后天人之际续备。"按照司马贞《索隐》的解释,"三五",指的是"三十岁一小变,五百岁一大变"。仍然说到了"古今之变"。在《太史公自序》中介绍"八书"的撰述主题,也说"天人之际,承敝通变",这里"通变",也许可以理解为"通古今之变"。关于《礼书》的内容,司马迁也有"略协古今之变"的说法。这些表述,其实都包含有"究天人之际,通古今之变"的深意。有人评价《史记》,以为正是因为追求这一境界,于是成就辉煌,"七十列传,各发一义,皆有明于天人古今之数"。而《货殖列传》"亦天人古今之大会也"(〔清〕恽敬《大云山房文稿》初集卷二《读货殖列传》,四部丛刊景清同治本)。

-207

所谓"通古今之变",指出了历史学者的学术责任是考察古今历史演变的进程,并进而认识历史,理解历史,总结关于历史规律的体会。对于进行这样的学术工作的路径,司马迁的做法是"网罗天下放失旧闻,考之行事,稽其成败兴坏之理"。考察、认识中国的历史文化,应当进行这样的努力。对于经历艰苦探索,终于获得历史新知的内心欣慰,他的表述是:"则仆偿前辱之责,虽万被戮,岂有悔哉!"如此坚定的学术信念,今天的读书人,依然可以借以自勉。

"敬天"理念

理解"究天人之际"的文意,当然不能脱离当时的文化背景,关注人们对于"天"具有浓重神秘色彩的深心崇敬。曾经就《公羊春秋》的研读对司马迁有所指导的董仲舒对"天人之应"多所讨论(《汉书》卷五六《董仲舒传》),他的思想可能对司马迁有一定的影响。《史记》卷一《五帝本纪》说尧"敬顺昊天"。张守节《正义》解释为"敬天"。后世注家对《史记》文字的解说,也可见"敬天常"(《史记》卷一一七《司马相如列传》司马贞《索隐》)、"严敬天威"(《史记》卷四《周本纪》裴骃《集解》)等说法。

如果认识到秦汉社会的"敬天"理念包含对自然的尊重,对生态的爱护,应当珍视其中值得继承的文化因素。《韩诗外传》卷七写道:"善为政者循情性之宜,顺阴阳之序,通本末之理,合天人之际,如是则天气奉养而生物丰美矣。"从这一角度看"天人之际"的"合",可以发现接近现今科学的生态环境保护意识的内涵。

还应当注意到,司马迁"究天人之际"的"究",强调对未知规律的探索追求,与董仲舒"道之大原出于天,天不变,道亦不变"(《汉书》卷五六《董仲舒传》)的僵化偏执倾向有所不同。

时代话题

司马迁生活的时代，是英雄主义、进取精神和开放风格凸显，文明大幅度进步的历史阶段。思维活泼、创造积极，导致了文化丰收。当时的思想者有比较宽广的视野和比较高远的追求，"天人"和"古今"的关系，似乎是许多人共同关心的文化命题。

汉武帝说："善言天者必有征于人，善言古者必有验于今。"董仲舒说："天人之征，古今之道也。"(《汉书》卷五六《董仲舒传》)公孙弘也曾经言及"明天人分际，通古今之义"(《史记》卷一二一《儒林列传》)。《淮南子·泰族》写道："明于天人之分，通于治乱之本。"《淮南子·要略》也有"埒略衰世古今之变"，"通古今之论"，"经古今之道"，以及"观天地之象，通古今之事"之说。

看来，司马迁所谓"究天人之际，通古今之变"，代表了一种具有强烈时代特征的历史文化意识。而这位伟大学者的思考多有历史发明，确实体现了真知灼见。不过，因为与决策者的文化立场和政治判断有所不同，因李陵之祸爆发，终于激怒汉武帝，以陷腐刑。他从对历史的感悟中提供的认识，是否对汉武帝这样就"天""人""古""今"也曾经有所关注的执政者形成影响，属于另一个层面的问题，大概需要通过更细致的学术考察才能够说明。

史家的"童心":《史记》阅读体验

《左传》有"昭公十九年矣,犹有童心"的说法。《史记》沿承了这一记载。《鲁周公世家》:"昭公年十九,犹有童心。"也可以说是较早使用"童心"这一词语的文献。不过,《左传》以批评的口气言"童心"。《史记》却没有明显的否定性倾向。裴骃《集解》引东汉学者服虔对"有童心"的解释是"言无成人之志,而有童子之心"。现在我们回顾历史,似乎"有童子之心"恰是许多有文化贡献的人们共同的值得肯定的资质。阅读《史记》这部中国史学童蒙时期的杰作,是可以通过其气质与笔法的朴实、清纯、天真,亲切体味著家的"童心"的。

"天真""好奇"

司马迁与《史记》研究的名家李长之在《司马迁之人格与风格》一书中,对司马迁于他所处时代的另一代表性人物汉武帝进行过比较。他注意到这两位历史名人有共同之处:"汉武帝之求才若渴,欣赏奇才,司马迁便发挥在文字上。汉武帝之有时而幼稚,可笑,天真,不实际,好奇,好玩,好幻想,司马迁也以同样的内心生活而组织成了他的书。"所谓"幼稚""天真""好奇""好幻想",正是"童子之心"的表现。

对于司马迁的"好奇",西汉扬雄《法言·君子》早有评价:"多爱不忍,子长也。""子长多爱,爱奇也。"因此才取得"《太史公》,圣人将有取焉"的非常成就。扬雄所谓"爱奇",后人或直接称赞其"好奇"。欧阳修《帝王世次图序》说:司马迁"博物好奇之士,务多闻以为胜者"。徐孚远《史记测议序》也写道:"太史公志大而好奇","包举广矣"。

"好奇"而务求"多闻",首先表现为历史资料收集之求之"若渴",对于其中富有"奇"的意味的信息之深心"欣赏"。司马迁对于历史现象"包举"之"广",可以说至于极致。就通过实地考察丰富历史体验、充实历史识见而言,王国维《观堂集林》卷一一曾经说:"史公足迹殆遍宇内,所未至者,朝鲜、河西、岭南诸初郡耳。"司马迁勇敢写叙"当代史"为许多评论家所赞许。顾颉刚肯定对于"武帝之世"历史的记录,是"《史记》一书,其最精彩及价值最高部分"。又说,"武帝时事为迁所目睹,其史料为迁所搜集,精神贯注",因而实现了"光照千古"的文化成就。

"永远带有生命"的"寂寞和不平"

"好奇"还表现为历史观察视角之新异的追求。有学者评价:"《史记》记载同他有交往的,他常从他们吐谈中寻取这种便利,……最可贵的,他还把这种关系深入到野人田父身上……"(卢南乔:《论司马迁及其历史编纂学》)《史记》避免了一般史书"不载民事","未睹社会之全体"的痼病,能够"大抵详察社会,精言民事"(朱希祖:《中国史学通论》)。于是梁启超《中国史学革命案》写道:"(《史记》其书)常有国民思想,如项羽而列诸本纪,孔子、陈涉而列诸世家,儒林、游侠、刺客、货殖而为之列传,皆有深意存焉。"他关注司马迁此奇异之"深意",于是感叹:"太史公诚史界之造物主也!"

"好奇"表现为历史探索之创意,使得历史革新、历史推进的真实得以发现。正如有的学者所指出的,"司马迁使到了他的笔下的人类的活动永远常新,使到了他的笔下的人类的情感,特别是寂寞和不平,永远带有生命"(李长之:《司马迁之人格与风格》)。

天下"奇气",古今"至文"

基于"童心"的"好奇"还使得《史记》的文献形制和语言风格超越了以往的历史典籍。

陈继儒曾为黄嘉惠所刻《史记定本》作序,其云:"余尝论《史记》之文,类大禹治水,山海之鬼怪毕出,黄帝张乐,洞庭之鱼龙怒飞,此当值以文章论,而儒家以理学挶束之,史家以体裁义例挶撼之,太史公不受也。"司马迁突破了旧有的史书记述风格的拘限,使得其"文章"呈示全新气象。俞正燮说《史记》可以看作司马谈与司马迁合著,然而,"至其驰骋议论,谈无与焉"(《癸巳类稿》卷一一《太史公释名义》)。苏辙《上枢密韩太尉书》赞美《史记》"其文疏荡,颇有奇气"。所谓"驰骋""疏荡"显现的"奇气",无疑也是"好奇"追求的收获。人们公认《史记》成就了中国史学和中国文学共同的经典。班彪曾经赞誉这部名著"今之所以知古,后之所以视前,圣人之耳目也"(《后汉书》卷四〇上《班彪传上》)。班固也说《史记》"贯穿经传,驰骋古今"(《汉书》卷六《司马迁传》)。梁启超肯定"《史记》自是中国第一部史书"(梁启超:《要籍解题及其读法·史记》)。崔适也称《史记》为"群史之领袖"(崔适:《史记探源》卷一《序证·要略》)。然而又多有学者指出,《史记》不仅于史学建设多所创制,还体现出全面的文化优胜。朱熹说"《太史公书》疏爽"(《朱子语类》卷一三〇《历代史》)。章学诚也有"深于《诗》者也","千古之至文"的称誉(《文史通义·内篇五·史德》)。鲁迅也说《史记》不仅是"史家之绝唱",亦"无韵之《离骚》"(鲁迅:《汉文学史纲要》)。读《史记》,正是高等级的美学享受。从司马迁著写的这部名著中可以品味真实的美,充沛的美,深沉的美。

李长之《司马迁之人格与风格》写道:"汉武帝之有时而幼稚,可笑,天真,不实际,好奇,好玩,好幻想,司马迁也以同样的内心生活而组织成了他的书。"说到与"幼稚""天真""好奇"并列的"好玩"的"内心生活",也许有人会联想到与汉武帝频繁出巡类似的司马迁的长途旅行。

苏辙《上枢密韩太尉书》说,《史记》的"奇气",由自"太史公行天下,周览四海名山大川,与燕赵间豪俊交游"。马存说,"其文奔放而浩漫","其文停蓄而渊深","其文妍媚而蔚纡","其文感愤而伤激","其文雄勇猛健,使人心悸而胆栗",都与司马迁广泛游历对于不同的地理景观与人文遗迹的亲身体验有关。他说:"子长平生喜游,方少年自负之时,足迹不肯一日休,非直为景物役也,将以尽天下大观以助吾气,然后吐而为书,观之,则其平生所尝游者皆在焉。"(凌稚隆《史记评林》卷首引马存语)这里所说的"方少年自负之时,足迹不肯一日休",是可以与我们讨论的"童心"相互对照理解的。

"山川""云物""鸟兽""草木":汉赋的关心

对于自然的亲近,也是"童心"的表现。《史记》以较多篇幅引录汉赋文字,曾经受到一些《史记》《汉书》比较研究者的批评。比如明代学者王鏊《震泽长语》卷下说,《史记》没有载录贾谊的《治安策》和董仲舒的《天人三策》,是"疏略"于《汉书》。梁启超《中国历史研究法补编》也曾写道,对于贾谊,"专载他的《鵩鸟赋》《吊屈原赋》,完全当作一个文学家看待,没有注意他的政见,未免太粗心了。"其实，司马迁重视汉赋作品，除了内心的文学偏爱之外，可能还由于汉赋对自然景观的细致描绘，亦切合他热爱自然的心理。

《文心雕龙·比兴》说，汉赋有"图状山川，影写云物"的优长。有学者甚至说："汉赋有绘形绘声的山水描写，是山水文学的先声。"（康金声：《汉赋纵横》）有的学者分析汉赋"所铺陈的事物内容"，首先指出"山川、湖泽、鸟兽、草木"（姜书阁：《汉赋通义》）。

司马相如《上林赋》有关草色林光"延曼太原，丽靡广衍，应风披靡，吐芳扬烈，郁郁斐斐，众香发越"等文句被收容在《史记》中，体现了司马迁特别的情趣，也为我们保留了宝贵的生态史料。

"得意"：秦汉政治表情

特别注意对事物细节的观察并有所思考，是儿童心理的特征之一。《史记》对历史人物表情的细致描绘，也与作者的"童心"有关。例如《史记》关于秦史，有一个特殊的语汇值得注意，这就是"得意"。

秦始皇二十八年琅邪刻石："立石刻，颂秦德，明得意。"又说："普天之下，抟心揖志。器械一量，同书文字。日月所照，舟舆所载。皆终其命，莫不得意。"秦二世回顾先帝事业，言"作宫室以章得意"（《史记》卷六《秦始皇本纪》）。李斯以述职表功为主题的上书，也说道"治驰道，兴游观，以见主之得意"（《史记》卷八七《李斯列传》）。《史记》卷一五《六国年表》写道："秦既得意，烧天下《诗》《书》。"贾谊《过秦论》中秦"得意于海内"的辞句为司马迁所重视，《史记》卷一三〇《太史公自序》也使用了这一说法。

对"得意"的关注，从这一政治表情分析政治心态，是《史记》政治史记录的独到之处。

类似的例子，又如项羽看到秦皇帝时言"彼可取而代也"（《史记》卷七《项羽本纪》)。刘邦则感叹"嗟乎,大丈夫当如此也"(《史记》卷八《高祖本纪》),鸿门宴历史记忆之深刻,主要由于因《史记》所记述项羽、范增、项庄、刘邦、张良、樊哙等人物表情之生动(《史记》卷七《项羽本纪》)。

童年"耕牧"生活

对儿童生活的关注,是《史记》超越诸多史书的独有特点。扁鹊为"小儿医"的故事(《史记》卷一〇五《扁鹊仓公列传》),刘盈兄妹幼时随吕后参与田间劳作的故事(《史记》卷八《高祖本纪》),窦太后的弟弟窦少君"年四五岁"被拐卖从事苦工的故事(《史记》卷四九《外戚世家》),童年汉景帝与吴太子游戏时发生争执,以博局掷击对方致死的故事(《史记》卷一〇六《吴王濞列传》),张汤儿时审鼠处刑,"其文辞如老狱吏",后来成为司法名臣的故事(《史记》卷一二二《酷吏列传》),以及匈奴"儿能骑羊,引弓射鸟鼠"情形(《史记》卷一一〇《匈奴列传》)等,都为司马迁所关注,一一载入史籍,成为我们研究汉代未成年人生活的重要史料。

我们在考察汉代的儿童劳动与劳动儿童时还注意到,司马迁在《史记》卷一三〇《太史公自序》中回顾自己早年经历时,说到在"年十岁则诵古文"之前,他曾经"耕牧河山之阳"。司马迁童年亲身从事"耕牧"实践的劳动生活,使得他与"野人田父"能够情感融汇,心灵相通。《史记》注重下层社会的物质生产与物质生活,也理解劳动阶级的精神体验,自然与这样的童年生活有关。《史记》于是如梁启超所说,能够"以社会全体为史的中枢,故不失为国民的历史"(梁启超:《中国历史研究法》)。我们思考汉代社会史、汉代未成年人生活史,乃至汉代文化史和汉代史学史,都不能不关注这样的事实。

"好会":《史记》记述的和平外交

通过政治文化视角,观察国家治理层面,《史记》保留了许多行政史记录。《史记》又专有卷一四《十二诸侯年表》"谱十二诸侯,自共和讫孔子,表见《春秋》《国语》学者所讥盛衰大指著于篇",记述春秋时期列国"盛衰"的历史。所考察和记述的内容,包括"兴师""讨伐","强乘弱","威而服"的战争场景,也包括"会盟"等外交形式。《史记》又有卷一五《六国年表》,同样载录战国时期七雄兼并,"征伐会盟",即战争史和外交史两方面的竞争。在"海内争于战攻"之战场角逐的另一面,更有国际外交方面的智慧展示,即所谓"从衡短长之说起",包括"置质剖符"等形式的运用。"从衡"之说,就是合纵连横之说。"短长之说",也指论辩技能。《史记》卷九四《田儋列传》"太史公曰":"蒯通者,善为长短说,论战国之权变,为八十一首。"司马贞《索隐》解释说:"言欲令此事长,则长说之;欲令此事短,则短说之。故《战国策》亦名曰'短长书'是也。"所谓"从衡短长之说起",也是战国外交史的特征之一。"长短""短长"之说,往往显现高明的智谋和精彩的辩才。

《史记》"会"的史迹

我们看到,在"春秋无义战"(《孟子·尽心下》),"五霸更盛衰"(《史记》卷一三〇《太史公自序》)的东周前期,已经多有

"会""盟""会盟"的史事记录。如《史记》卷五《秦本纪》记载："(秦桓公)十年，楚庄王服郑，北败晋兵于河上。"随即有"会盟"行为，"当是之时，楚霸，为会盟合诸侯。""会盟"，经常是成就霸业的标志。随后，秦桓公二十四年（前580），"晋厉公初立，与秦桓公夹河而盟。归而秦倍盟，与翟合谋击晋"。秦桓公与晋人"夹河而盟"之后，随即撕毁盟约，"倍盟"，即背弃外交约定，会同"翟"人合力"击晋"，致使晋军反击。"二十六年，晋率诸侯伐秦，秦军败走，追至泾而还。"所谓"晋率诸侯伐秦"，也应当是经过了"盟"的程序的。

正是在战争竞争激烈的年代，"会盟"的记录也最为频繁。春秋时期，据说"秦僻在雍州，不与中国诸侯之会盟，夷翟遇之"，而战国时期，却成为中原会盟的积极参与者。《史记》卷五《秦本纪》记载，公元前308年，秦武王表示了"寡人欲容车通三川，窥周室，死不恨矣"的愿望。事又见《史记》卷七一《樗里子甘茂列传》及《战国策·秦策二》。秦武王于是与甘茂有息壤之盟，促成甘茂艰苦攻伐，占领宜阳。这是秦史中所仅见的君臣之盟的史例。

自秦武王时代至战国时期结束，"以至于秦，卒并诸夏"（《史记》卷一三〇《太史公自序》），《史记》记载各国间以"会"为基本形式的外交活动多达19次。这是"会盟"活动最密集的历史时期。19例中，18例都是秦与其他国家"会盟"。如公元前313年秦魏会于临晋。《史记》卷五《秦本纪》记载："（秦惠文王更元十二年）王与梁王会临晋。"《史记》卷一五《六国年表》写道："（魏哀王六年）与秦王会临晋。"《史记》卷四四《魏世家》："（魏哀王六年）与秦会临晋。"据《史记》卷五《秦本纪》和《史记》卷一五《六国年表》记载，秦国与其他国家的"会"，在公元前313年之后，又有公元前310年秦魏会临晋，公元前308年秦韩会临晋外，秦魏会应，公元前304

年秦楚会黄棘，公元前302年秦魏会临晋应亭，秦韩会临晋，公元前285年秦楚会宛，秦赵会中阳，公元前284年秦魏会西周宜阳，秦韩会西周新城，公元前283年秦楚会鄢，秦楚会穰，公元前282年秦韩会新城，秦魏会新明邑，秦韩会两周间，公元前279年秦赵会渑池，公元前278年秦楚会襄陵。秦国在列国外交行为中的活跃，体现出与征战同样的积极性。

对于这些国君"会"的外交记录的理解，与《史记》卷四三《赵世家》所谓赵武灵王九年（前317）"楚、魏王来，过邯郸"及赵惠文王十六年（前283）"王与赵王遇"等一般性会面或许不同，多有学者称之为"会盟"。如杨宽、吴浩坤主编《战国会要》将这些历史现象系于《礼十一·宾礼·会盟》题下（上册，上海古籍出版社，2005年，第192—194页）。这样的认识应当是可以成立的。

河洛地区：战国会盟中心

战国晚期河洛地区成为会盟中心，是值得重视的历史现象。

这一现象发生的重要原因之一，是强大的秦国在向东方扩张的进程中首先将这一地区作为首先侵吞的目标，并随即进而以河洛为兵员和作战物资的中继基地，向赵、楚、齐、燕等强国进军。河洛地区成为会盟中心，很可能也与周王朝政治权力虽然衰败，然而依然余威残存，有一定的政治影响有关。（王子今：《论战国晚期河洛地区成为会盟中心的原因》，《中州学刊》2006年第4期）

《史记》记录了秦国以战国竞争中的强势地位，成为河洛地区国际会盟主角的情形。前引《史记·秦本纪》"秦僻在雍州，不与中国诸侯之会盟"，以及《史记》卷三二《齐太公世家》所谓"秦穆公辟远，不与中国会盟"的传统已经完全改变。秦国国君频繁出没于河洛地方，成为引人注目的历史现象。（参看王子今：《秦国君远行史迹考述》,《秦文化论丛》第8辑,陕西人民出版社,2001年)秦王积极的会盟行为,可以看作秦国在实施战争打击的同时,采用外交方式分化瓦解敌国,同时以"会"作为强化政治威慑,进行心理征服的手段。

"唐且"故事

《后汉书》卷五二《崔骃传》有"唐且华颠以悟秦"文句,回顾了秦史故事。唐且就是唐雎。李贤注引《战国策》说:"齐、楚伐魏,魏使人请救于秦,不至。魏人有唐雎者,年九十余矣,西见秦王。秦王曰:'丈人忙然乃远至此,魏来者数矣,寡人知魏之急矣。'唐且曰:'夫魏,万乘之国也。称东藩者,以秦之强也。今齐、楚之兵以在魏郊矣,大王之救不至,魏急,且割地而约从。是王亡一万乘之魏,而强二敌之齐、楚。'秦王悟,遽发兵救魏。"魏国面临齐楚联军强攻,求救于秦。秦救兵不至。魏人唐雎见秦王,说以利害关系,秦王被说服,于是发兵救魏。《史记》卷四四《魏世家》有关于唐雎见秦王的记录:"齐、楚相约而攻魏,魏使人求救于秦,冠盖相望也,而秦救不至。"于是唐雎主动请命前往秦国。"魏人有唐雎者,年九十余矣,谓魏王曰:'老臣请西说秦王,令兵先臣出。'魏王再拜,遂约车而遣之。唐雎到,入见秦王。秦王曰:'丈人芒然乃远至此,甚苦矣!夫魏之来求救数矣,寡人知魏之急已。'"唐雎答道:"大王已知魏之急而救不发者,臣窃以为用策之臣无任矣。夫魏,一万乘之国也,然所以西面而事秦,称东藩,受冠带,祠春秋者,以秦之强足以为与也。"他强调了魏国和秦国相重相倚的关系,指出魏国之"大急"将增益齐、楚之强,而不利于秦国:"今齐、楚之兵已合于魏郊矣,而秦救不发,亦将赖其未急也。使之大急,彼且割地而约从,王尚何救焉?必待其急而救之,是失一东藩之魏而强二敌之齐、楚,则王何利焉?"警告如果"秦救不发",将导致秦失"东藩之魏"而"齐、楚""二敌"得"强"。于是秦昭王紧急发兵救魏,"魏氏复定"。唐雎以九十高龄出使秦国。他和秦王的对话,体现出坚定而灵活的外交家的风范。《史记》的相关文字,可以看作上古外交史记录中闪光的一页。

《战国策·魏策四》也有关于唐且使得"秦王喟然愁悟,遽发兵,日夜赴魏",使得"齐、楚闻之,乃引兵而去",于是"魏氏复全"的记载。唐且另一次和秦王的对话,也记录在《战国策·魏策四》里。这一故事,题为《唐且不辱使命》,列入《古文观止》,又收录在中学语文教科书中,因此为人们所熟悉。

《战国策》中的原文,题《秦王使人谓安陵君》。说秦王派人对安陵君说,我要以五百里地方交换安陵,希望安陵君同意。然而为安陵君拒绝:"秦王使人谓安陵君曰:'寡人欲以五百里之地易安陵,安陵君其许寡人。'安陵君曰:'大王加惠,以大易小,甚善。虽然,受地于先生,愿终守之,弗敢易。'秦王不说。"于是,安陵君派遣唐且出使秦国。

"安陵君因使唐且使于秦。秦王谓唐且曰:'寡人以五百里之地易安陵,安陵君不听寡人,何也?且秦灭韩亡魏,而君以五十里之地存者,以君为长者,故不错意也。今吾以十倍之地,请广于君,而君逆寡人者,轻寡人与?'唐且对曰:'否,非若是也。安陵君受地于先生而守之,虽千里不敢易也,岂直五百里哉?'"

对于这样的回答,秦王恼怒,以"天子之怒"为恐吓语,"秦王怫然怒,谓唐且曰:'公亦尝闻天子之怒乎?'唐且对曰:'臣未尝闻也。'秦王曰:'天子之怒,伏尸百万,流血千里。'"唐且则以"布衣之怒"回应,"唐且曰:'大王尝闻布衣之怒乎?'秦王曰:'布衣之怒,亦免冠徒跣,以头抢地尔。'唐且曰:'此庸夫之怒也,非士之怒也。夫专诸之刺王僚也,彗星袭月;聂政之刺韩傀也,白虹贯日;要离之刺庆忌也,仓鹰击于殿上。此三子者,皆布衣之士也,怀怒未发,休祲降于天,与臣而将四矣。若士必怒,伏尸二人,流血五步,天下缟素,今日是也。'挺剑而起。"

"秦王色挠,长跪而谢之曰:'先生坐,何至于此,寡人谕矣。夫韩、魏灭亡,而安陵以五十里之地存者,徒以有先生也。'"秦王言"天子之怒"威胁,可能是外交语言表达的常态。而唐且所谓"布衣之怒""士之怒",针锋相对,表现出勇敢抗击强权的英雄主义气势。应当注意到,秦王和唐且的对话中,都说到"伏尸""流血",前者说"天子之怒,伏尸百万,流血千里",后者说"若士必怒,伏尸二人,流血五步,天下缟素"。这种激切的语言方式,可能是符合当时外交对话的通常气氛的。

唐且故事列入《说苑·奉使》,被看作"出境可以安社稷利国家者"的外交史典型范例。

关于"好会"

值得我们特别注意的,是战国时期的"会"中,有特别称为"好会"者。这应当是体现双方友好,会见主题、会谈环境、会话言辞都比较亲切和缓的"会"。

《史记》中几次说到"好会"。

《史记》卷三二《齐太公世家》记载:"(齐景公)四十八年,与鲁定公好会夹谷。"关于这次"好会",由于与孔子事迹直接相关,《史记》卷四七《孔子世家》也有所记录。太史公写道:"定公十年春,及齐平。夏,齐大夫黎鉏言于景公曰:'鲁用孔丘,其势危齐。'乃使使告鲁为好会,会于夹谷。鲁定公且以乘车好往。孔子摄相事,曰:'臣闻有文事者必有武备,有武事者必有文备。古者诸侯出疆,必具官以从。请具左右司马。'定公曰:'诺。'具左右司马。会齐侯夹谷,为坛位,土阶三等,以会遇之礼相见,揖让而登。""会"的正式进程中，出现了争执。

"献酬之礼毕，齐有司趋而进曰：'请奏四方之乐。'景公曰：'诺。'于是旍旄羽袚矛戟剑拨鼓噪而至。孔子趋而进，历阶而登，不尽一等，举袂而言曰：'吾两君为好会，夷狄之乐何为于此！请命有司！'有司却之，不去，则左右视晏子与景公。景公心怍，麾而去之。有顷，齐有司趋而进曰：'请奏宫中之乐。'景公曰：'诺。'优倡侏儒为戏而前。孔子趋而进，历阶而登，不尽一等，曰：'匹夫而营惑诸侯者罪当诛！请命有司！'有司加法焉，手足异处。""好会"进行时，竟然发生了流血事件。

"景公惧而动，知义不若，归而大恐，告其群臣曰：'鲁以君子之道辅其君，而子独以夷狄之道教寡人，使得罪于鲁君，为之奈何？'有司进对曰：'君子有过则谢以质，小人有过则谢以文。君若悼之，则谢以质。'于是齐侯乃归所侵鲁之郓、汶阳、龟阴之田以谢过。"这是一次著名的外交会见。由于孔子有突出的表现，被看作具有标志性意义的外交之"会"。孔子以看来颇为偏执矫情的言辞宣传"君子之道"，强调这一原则在礼仪形式方面的约束作用。他在"会遇之礼""献酬之礼"之外，就"乐""戏"表演的风格和形式提出强烈抵制的意见，改变了"会"的气氛环境，致使齐景公"惧而动，知义不若，归而大恐"。齐景公自以为"有过"，甚至退还了侵占鲁国的领土以"谢过"。

《汉语大词典》（第4卷）解释"好会"："指诸侯间友好的会盟"（罗竹风主编，汉语大词典出版社，1989年，第291页），《大辞海》解释为"诸侯间友好的会盟"（夏征农、陈至立主编，上海辞书出版社，2015年，第1275页），又《中文大辞典》谓"和好之会也"（中文大辞典编纂委员会编纂，中国文化研究所，1968年，3542页）书证都是《史记》卷四七《孔子世家》以及晚于《史记》的《说苑·奉使》。

从"以会遇之礼相见,揖让而登"以及"谢酬之礼"等仪程以及"奏四方之乐""奏宫中之乐"等安排看,"好会"通常应当营造亲和的气氛。"鲁定公且以乘车好往",大约在孔子建议"请具左右司马"之前,准备以更随意的方式赴会。由于孔子对"君子之道"的坚持,竟然令"好会"的发起者齐景公"惧""恐"不安。"好会"的效应看来并没有实现。史家记述此事,肯定孔子坚守自己的文化原则。但是我们对于"好会"本来的情境,只能通过片段的记录推想。孔子斥责"旍旄羽袚矛戟剑拨鼓噪而至"的"四方之乐":"吾两君为好会,夷狄之乐何为于此!"对于"奏宫中之乐","优倡侏儒为戏而前",孔子更激愤而言:"匹夫而营惑诸侯者罪当诛!"于是在"会"的现场执法,致"手足异处"。

《史记》记载的齐景公与鲁定公"好会夹谷"史事,《春秋·定公十年》只说"会"。《左传·定公十年》也没有出现"好会"一语。孔子言辞所谓"好会",《左传·定公十年》孔子只有"两君合好"语。《论语·八佾》也仅见"邦君为两君之好"的说法。连《孔子家语》也没有此说。孔子言"吾两君为好会",仅见于《史记》卷四七《孔子世家》,是值得注意的。《论语·八佾》"邦君为两君之好",朱熹集注:"好,谓好会。"宗福邦、陈世铙、萧海波主编《故训汇纂》用此说。所列注项:"好,谓好会。"引证书例即《论语·八佾》朱熹集注(商务印书馆,2003年,第508页)。而朱熹理解《论语·八佾》"邦君为两君之好"之"好"即"好会",应当是参考了《史记·齐太公世家》和《史记》卷四七《孔子世家》相关"好会"文字。

《史记》卷四〇《楚世家》还记录了两次楚王与秦王的"好会":"十四年,楚顷襄王与秦昭王好会于宛,结和亲。"两年之后,"(楚顷襄王)十六年,与秦昭王好会于鄢"。

《说苑·奉使》:"晋楚之君相与为好会于宛丘之上。"此事不见于

《史记》。这是《史记》之后的历史文献使用"好会"一语的典型例证。所谓晋楚"好会于宛丘"事未见于可靠史籍记载,清人陈厚耀《春秋战国异辞》卷二六"杂录"条引录《说苑·奉使》这一故事,与多例"宋人善辩"等"宋之愚人"传说并列(文渊阁《四库全书》本,第405—407页),或可视作寓言。王利器辑"历代笑话",在《历代笑话集续编》中列入《宋人愚事录》。在《〈历代笑话集续编〉前言》中,王利器指出"笑话这种文艺形式"之"滥觞",即"战国以来诸子中有关宋人的讽刺小品",亦有见于"典籍记载"者。清人王棠《燕在阁知新录》卷二七"打碟"条说:"《宛丘》曰'坎其击缶',秦赵会渑池,秦王击缶击瓯,盖'击缶'之遗事也。"(清康熙刻本,第549页)《诗·陈风·宛丘》:"坎其击缶,宛丘之道。"孔颖达疏已经与"《史记》蔺相如使秦王鼓缶"相联系(《十三经注疏》,第376页)。这一联想,也支持我们《说苑·奉使》晋楚"好会于宛丘"事只是寓言的推定。

大致可以说,"好会"语词很可能是《史记》创制,也为太史公习用。所谓"好会",透露出太史公的和平意识。作为对战国时期复杂的军事外交形势非常熟悉的史学家,"好会"一语的使用,也体现出他对成熟的外交理念、深度的外交智慧和灵活的外交技巧的肯定。

渑池"好会"

《史记》中记录的另一次著名的"好会",是秦王与赵王间的渑池之会。以此为背景,发生了蔺相如机智维护国家声誉的故事。

在蔺相如"完璧归赵"的生动故事发生之后,"秦伐赵,拔石城。明年,复攻赵,杀二万人"。随后,秦王主动提出与赵王"好会"。《史记》卷八一《廉颇蔺相如列传》记载:"秦王使使者告赵王,欲与王为好会于西河外渑池。"赵王心怀畏惧,不愿意赴会。而朝中文武重臣廉颇、蔺相如商议道:"王不行,示赵弱且怯也。"赵王于是启程,蔺相如随行。廉颇送至边境,与赵王诀别。廉颇说:"王行,度道里会遇之礼毕,还,不过三十日。三十日不还,则请立太子为王。以绝秦望。"商定接应回程的时间,并提出万一"不还"则立太子为王的预案,得到赵王赞同。

"遂与秦王会渑池。秦王饮酒酣,曰:'寡人窃闻赵王好音,请奏瑟。'赵王鼓瑟。秦御史前书曰'某年月日,秦王与赵王会饮,令赵王鼓瑟'。蔺相如前曰:'赵王窃闻秦王善为秦声,请奏盆缻秦王,以相娱乐。'"秦王恼怒,不许。"于是相如前进缻,因跪请秦王。秦王不肯击缻。相如曰:'五步之内,相如请得以颈血溅大王矣!'左右欲刃相如,相如张目叱之,左右皆靡。于是秦王不怿,为一击缻。"蔺相如随即要求赵国御史作为史实予以记录,"相如顾召赵御史书曰'某年月日,秦王为赵王击缻'"。蔺相如的机智和强硬,还表现在后来的辩争中。"秦之群臣曰:'请以赵十五城为秦王寿。'蔺相如亦曰:'请以秦之咸阳为赵王寿。'"一直到会面结束,"秦王竟酒,终不能加胜于赵"。而同时廉颇的高戒备防卫,也起到保障君臣安全和国家的作用。"赵亦盛设兵以待秦,秦不敢动。"

会见的约定,"秦王使使者告赵王,欲与王为好会于西河外渑。"而渑池之会的细节,告知我们"好会"的通常程式,有"会饮""饮酒酣"情节。而"鼓瑟""击缻"的音乐演奏,可能也是惯常节目。渑池"好会"或许可以看作一件外交史的标本。大概所谓"怒",所谓"欲刃",所谓"张目叱之"等情感动作表现,只是"好会"进行的异常情态。

所有的外交之"会",可能双方都一心追求"加胜于"对方。面对秦国的军事强势,蔺相如智勇兼备,捍卫了国家尊严,也维护了国家利益。

当然，秦王发起"好会"，"欲与王为好会于西河外渑池"，然而"秦御史前书曰'某年月日，秦王与赵王会饮，令赵王鼓瑟'"，显现欺凌行为，然而为蔺相如机智应对，"竟酒，终不能加胜于赵"，这些脸谱化的历史形象的生成，或许与秦短祚因而后世批评秦的历史声响分贝值甚高有关。

史学用语中"好会"的淡出

"好会"一语的使用，在后来的正史记录中罕见其例。

在《史记》之后浩瀚如海的正史文献中，仅《晋书》一见，《明史》一见。

《晋书》卷九二《文苑传·应贞》："顺时供职，入觐天人。备言锡命，羽盖朱轮。贻宴好会，不常厥数。""发彼互的，有酒斯饫。"这是在晋武帝"于华林园宴射"时所赋诗句，与作为外交方式的"会"全然无关。此"好会"，《汉语人词典》（第4卷）解释为"泛指盛会"（罗竹风主编，汉语大词典出版社，1989年，第291页）。而《明史》卷三二〇《外国列传一·朝鲜》："将士分道进兵，刘绖进逼行长营，约行长为好会。""好会"一语的使用看来大致与《史记》相同。《明史》文例，可以看作对《史记》行文习惯的继承。

但是，在海量的主流史学记叙中，"好会"语汇长期的冷遇似乎已经表明被排斥出史学通行语的事实。"好会"，或许可以看作太史公带有鲜明独特的意识倾向的风格新异的专门用语，可以看作太史公史学个性的一个标志。

《说苑·奉使》："晋楚之君相与为好会于宛丘之上。"或读作："晋、楚之君，相与为好，会于宛丘之上。"（赵善诒疏证《说苑疏证》，华东师范大学出版社，1985年，第335页）"好会"已经被释读者拆解。我们还看到，"好会"，一些常用工具书，如上海辞书出版社

《辞海》（2009年）、商务印书馆《辞源》（2015年）、三民书局《大辞典》（2000年）等均不列此辞条。可知已基本退出社会应用，人们对这一语汇逐渐生疏。这样说来，关注《史记》中使用"好会"一语的宝贵文献史料，对于从外交史的视角考察和理解司马迁的思想和《史记》的内涵，应当是有特别的积极意义的。

司马迁的行旅

太史公的史学名著《太史公书》,按照陈直《太史公书名考》的说法,"据东汉的碑刻及其他可靠文献材料,互参考证",论定"于东汉桓帝之时""已改称《史记》,与今名符合"(陈直:《文史考古论丛》,天津古籍出版社,1988年,第185页,第183页)。鲁迅《汉文学史纲要》以"史家之绝唱,无韵之《离骚》"肯定了《史记》在史学界与文学界受到共同尊崇的文化地位。《史记》成功实现了司马迁"欲以究天人之际,通古今之变,成一家之言"(《汉书》卷六二《司马迁传》)的志向。《史记》的伟大成就,有当时的时代精神以为条件,而司马迁的文化理想、学术资质、历史理念与人生意志,也都有重要的作用。他的行旅实践,以行迹之遥远,旅程之漫长,特别是与史学考察的合理结合,在史学史记录中显现出特别的光辉。与历代史家比较,司马迁作为特别重视行走的历史学者,对于历史现场有亲近真切的体验,其历史感觉逸致超绝,历史记录具体直质,历史理解也最为准确高明。司马迁的行旅生活与他的学术努力及文化贡献的特殊关系,能够为我们的读书思考与学术进取提供积极的启示。

司马迁"二十"出游

司马迁自述生平,回顾了自己最初的文化之旅:"迁生龙门,耕牧河山之阳。年十岁则诵古文。二十而南游江、淮,上会稽,探禹穴，窥九疑，浮于沅、湘；北涉汶、泗，讲业齐、鲁之都，观孔子之遗风，乡射邹、峄；厄困鄱、薛、彭城，过梁、楚以归。"这次长途行走，司马迁从秦地出发，向东方与东南方向游历考察。中华文明早期形成的重心地带均一一行历。依循水系而言，"脉其枝流之吐纳，诊其沿路之所躔"（《水经注原序》），司马迁"南游江、淮"，"浮于沅、湘"，又"北涉汶、泗"。对于各地文化名城，历史胜迹，则"齐、鲁之都"，以及"邹、峄"，"鄱、薛、彭城"，"梁、楚"地方，均千里寻访。

《太平御览》卷六〇四引录了《西京杂记》这样一段记述："汉承周史官，至武帝置太史公。太公司马谈，世为太史。子迁年十三，使乘传行天下，求诸侯史记，续孔氏古文，序世事，作传百三十卷，五十万字。"此说"年十三""行天下"，与《史记》不同。如果所谓"子迁年十三，使乘传行天下……"符合历史真实，那么谁是"使"的主体呢？也就是说，是谁策划并安排了司马迁"乘传行天下，求诸侯史记"呢？从前句"子迁"理解，应当是司马谈。分析司马迁获得史学成就的因素，不能忽略司马谈用心引导的作用。如果不取《西京杂记》之说，而《史记》卷一三〇《太史公自序》中说到的司马迁"二十而南游江、淮，上会稽，探禹穴，窥九疑，浮于沅、湘；北涉汶、泗，讲业齐、鲁之都，观孔子之遗风，乡射邹、峄；厄困鄱、薛、彭城，过梁、楚以归"的史学考察实践，当然也是由司马谈设计，也是得到司马谈的支持的。

司马迁自己说到此行曾经"厄困鄱、薛、彭城"，可知长途行旅，途中曾经遇到严重的困难。所谓"鄱"，按照梁玉绳《史记志疑》卷三六的说法，就是《汉书》卷二八下《地理志下》记载的"鲁国"的"蕃"县。当然，司马迁行旅中途经历了怎样的"厄困"，具体情形现在已经难以考索。

"奉使"西南之行

　　司马迁在《史记》卷一三〇《太史公自序》回顾"二十而南游江、淮",长途辗转,最终"彭城,过梁、楚以归"之后,又写道:"于是迁仕为郎中,奉使西征巴、蜀以南,南略邛、笮、昆明,还报命。"司马迁的这次行程体验,使得他对于巴蜀以及西南方向更遥远地方,有了切身的了解。秦兼并巴蜀,建设了关中与蜀中两处"天府",取得了向东扩张的坚实有力的经济后援。特别是与楚国的对抗,因此占有优胜地位。巴蜀在战国后期以及秦代和楚汉相争年代的经济作用显著。而汉初又发育了富有的工商经济。汉武帝时代从这里起始,开始探寻丝绸之路的"西夷西"方向(王子今:《汉武帝"西夷西"道路与向家坝汉文化遗存》,《四川文物》2014年5期)。这些历史现象在《史记》中都有明确具体的记述,体现出司马迁对巴蜀及"西南夷"历史文化的熟悉。这应当与他"奉使"西南的交通实践有关。

　　对于司马迁"奉使西征巴、蜀以南,南略邛、笮、昆明",裴骃《集解》引徐广曰:"元鼎六年,平西南夷,以为五郡。其明年,元封元年是也。"而司马迁"还报命",与司马谈相见于"周南",有一次影响中国史学史和中国文化史的重要交谈。据《史记》卷一三〇《太史公自序》记述:"是岁天子始建汉家之封,而太史公留滞周南,不得与从事,故发愤且卒。而子迁适使反,见父于河洛之间。"相见场景气氛悲切。"太史公执迁手而泣曰:'余先周室之太史也。自上世尝显功名于虞夏,典天官事。后世中衰,绝于予乎?汝复为太史,则续吾祖矣。'"司马谈以先祖的光荣鼓励司马迁。他又感叹道:"今天子接千岁之统,封泰山,而余不得从行,是命也夫,命也夫!"又嘱托司马迁:"余死,汝必为太史;为太史,无忘吾所欲论著矣。"他说:

"且夫孝始于事亲，中于事君，终于立身。扬名于后世，以显父母，此孝之大者。"在回顾周文化的成就之后，言及孔子的文化贡献："幽厉之后，王道缺，礼乐衰，孔子修旧起废，论《诗》《书》，作《春秋》，则学者至今则之。"然而其事业有所中断，"自获麟以来四百有余岁，而诸侯相兼，史记放绝。今汉兴，海内一统，明主贤君忠臣死义之士，余为太史而弗论载，废天下之史文，余甚惧焉，汝其念哉！"司马谈陈说了史家的责任。司马迁则诚恳地接受了父亲的嘱命。"迁俯首流涕曰：'小子不敏，请悉论先人所次旧闻，弗敢阙。'"所谓"太史公执迁手而泣曰"，而"迁俯首流涕曰"，记述父子泪洒"周南"，两代历史学者之间的文化使命，完成了庄严的接递。

司马迁"奉使"西南之行后，"河洛之间"的父子相见，司马谈的嘱咐和司马迁的承诺，是后来《太史公书》撰述完成的精神基点。

司马迁是在"元鼎六年，平西南夷，以为五郡"之后，即"奉使西征巴、蜀以南，南略邛、笮、昆明"的。而"还报命"，"见父于河洛之间"的时刻，完成了他人生的重要转折。

王国维："史公足迹殆遍宇内"

对于司马迁在《太史公自序》中所说到的"二十"之游，王国维《太史公行年考》有所分析。他写道："史公此行，据卫宏说，以为奉使乘传行天下，求古诸侯之史记也。然史公此时尚未服官，下文云于是迁始'仕为郎中'，明此时尚未仕，则此行殆为宦学而非奉使矣。"王国维还总体评价了司马迁的出行："是史公足迹殆遍宇内，所未至者，朝鲜、河西、岭南诸初郡耳。"（《观堂集林》卷一一）

王国维注意到，"史公足迹殆遍宇内"，汉帝国所有疆土，他大致都已经踏行。还没有来得及实地考察，即所谓"所未至者"，只是"朝鲜、河西、岭南诸初郡"，也就是汉武帝新扩张版图中刚刚开始初步经营的"初郡"。

"初郡",是司马迁在《史记》中曾经使用的语汇,用以作为新占领区的行政地理符号。《史记》卷一一六《西南夷列传》记述了张骞策划的丝绸之路一条重要线路的开发:"及元狩元年,博望侯张骞使大夏来,言居大夏时见蜀布、邛竹、杖,使问所从来,曰'从东南身毒国,可数千里,得蜀贾人市'。或闻邛西可二千里有身毒国。骞因盛言大夏在汉西南,慕中国,患匈奴隔其道,诚通蜀,身毒国道便近,有利无害。于是天子乃令王然于、柏始昌、吕越人等,使间出西夷西,指求身毒国。"《史记》卷一二三《大宛列传》写道:"是时汉既灭越,而蜀、西南夷皆震,请吏入朝。于是置益州、越嶲、牂柯、沈黎、汶山郡,欲地接以前通大夏。乃遣使柏始昌、吕越人等岁十余辈,出此初郡抵大夏,皆复闭昆。"所谓"初郡",司马贞《索隐》:"谓越嶲、汶山等郡。谓之'初'者,后背叛而并废之也。"这样的意见可能是不正确的。"初郡",应是指仅仅获得早期开发条件及初步经营政策的地方,包括汉武帝新"置益州、越嶲、牂柯、沈黎、汶山郡"。

历史的实地访问

司马迁走了那么多的地方,他在万里行途中,却并不是一般的旅行游览。他的每一步行程,都是学术生命的一部分。司马迁游踪万里的实践,实际上可以说是与现代文化人类学的田野工作有某些相似之处的。

除了《史记》卷一三〇《太史公自序》有关"二十"出游的回顾而外,司马迁曾经在《史记》的很多篇章以"太史公曰"的形式说到通过行旅实践艰苦的史学考察历程。

例如,在《史记》的第一篇,卷一《五帝本纪》最后,司马迁写道:"余尝西至空桐,北过涿鹿,东渐于海,南浮江淮矣,至长老皆各往往称黄帝、尧、舜之处,风教固殊焉,总之不离古文者近事。"他在传说中"皆各往往称黄帝、尧、舜之处",对当地"长老"进行以口述史学为形式的访古调查。

关于对数术文化的考察,司马迁在《史记》卷一二八《龟策列传》最后也以"太史公曰"的口吻说道:"余至江南,观其行事,问其长老,云龟千岁乃游莲叶之上,蓍百茎共一根。又其所生,兽无虎狼,草无毒螫。江傍家人常畜龟饮食之,以为能导引致气,有益于助衰养老,岂不信哉!"所谓"观其行事,问其长老",通过对"江南""长老"言行的采访,增益了文化识见。

《史记》卷七五《孟尝君列传》说"薛"地民风自有区域文化个性,于是"问其故"。此外,《史记》卷四四《魏世家》说"秦之破梁","墟中人""说者"有自己的理解。这些都是实地访问得到的信息。"问其故"以及对"说者"言辞的记录与分析,是司马迁史学行旅的重要任务。《史记》卷九五《樊郦滕灌列传》所谓"吾适丰沛,问其遗老",《史记·淮阴侯列传》所谓"吾如淮阴,淮阴人为余言",也是这样的访问。

历史的现场考察

上文说到司马迁曾经进行"南游江、淮","浮于沅、湘",又"北涉汶、泗"的水系考察。这是对重视水资源条件,积极开发水利的农耕文明的历史研究的基础。在《史记》卷二九《河渠书》最后,他写道:"太史公曰:余南登庐山,观禹疏九江,遂至于会稽太湟,上姑苏,望五湖;东窥洛汭、大邳,迎河,行淮、泗、济、漯洛渠;西瞻蜀之岷山及离碓;北自龙门至于朔方。曰:甚哉,水之为利害也!余从负薪塞宣房,悲《瓠子》之诗而作《河渠书》。"《史记》卷二九《河渠书》作为最早的水利史文献，是在现场考察的基础上撰述完成的。"余从负薪塞宣房"，是亲身参加抗洪抢险工程的实践。

除了《史记》卷一二八《龟策列传》"太史公曰"说到的"余至江南，观其行事"的数术文化考察之外，对于执政集团神往的"方术"之学、"鬼神"信仰、"祠祀"礼俗、"封禅"理想，司马迁也有通过亲身体验获得的史学认识。《史记》卷二八《封禅书》最后写道："太史公曰：余从巡祭天地诸神名山川而封禅焉。入寿宫侍祠神语，究观方士祠官之意，于是退而论次自古以来用事于鬼神者，具见其表里。后有君子，得以览焉。"所谓"余从巡祭天地诸神名山川而封禅焉"，是行旅实践的回顾。

古来英雄名士遗迹，包括古都城、古战场，司马迁的实地考察体会融入了他的历史理解，完善了他的历史记述，提升了他的历史说明。如《史记》卷六一《伯夷列传》："太史公曰：余登箕山，其上盖有许由冢云。孔子序列古之仁圣贤人，如吴太伯、伯夷之伦详矣。余以所闻由、光义至高，其文辞不少概见，何哉？"登箕山吊荒陵，得到了特殊的文化感知。《史记》卷三二《齐太公世家》："吾适齐，自泰山属之琅邪，北被于海，膏壤二千里，其民阔达多匿知，其天性也。以太公之圣，建国本，桓公之盛，修善政，以为诸侯会盟，称伯，不亦宜乎？洋洋哉，固大国之风也！"这里进行了对"齐"地的区域文化分析。对于孔子这样的文化巨人，司马迁除了前引"北涉汶、泗，讲业齐、鲁之都，观孔子之遗风，乡射邹、峄"，考察其事迹，体会其精神之外，《史记》卷四七《孔子世家》还写道："太史公曰：《诗》有之：'高山仰止，景行行止。'虽不能至，然心乡往之。余读孔氏书，想见其为人。适鲁，观仲尼庙堂车服礼器，诸生以时习礼其家，余祗回留之不能去云。天下君王至于贤人众矣，当时则荣，没则已焉。孔子布衣，传十余世，学者宗之。自天子王侯，中国言六艺者折中于夫子，可谓至圣矣！"作为历史学者对孔学的深刻理解和崇高景仰，应当因现场考察有所增益。所谓"至圣"的赞美，后世得以继承。

战国争雄的历史，在司马迁笔下特别真切生动。这些记述，各有历史场景的亲身感觉以为条件。《史记》卷七七《魏公子列传》写道："太史公曰：吾过大梁之墟，求问其所谓夷门。夷门者，城之东门也。天下诸公子亦有喜士者矣，然信陵君之接岩穴隐者，不耻下交，有以也。名冠诸侯，不虚耳。高祖每过之而令民奉祠不绝也。"在"大梁"故城，考察之具体，至于"求问其所谓夷门"。《史记》卷七八《春申君列传》写道："太史公曰：吾适楚，观春申君故城，宫室盛矣哉！初，春申君之说秦昭王，及出身遣楚太子归，何其智之明也！后制于李园，旄矣。语曰：'当断不断，反受其乱。'春申君失朱英之谓邪？"相关历史评议，或许是"适楚，观春申君故城"时现场获得的体会。《史记》卷七五《孟尝君列传》写道："太史公曰：吾尝过薛，其俗闾里率多暴桀子弟，与邹、鲁殊。问其故，曰：'孟尝君招致天下任侠，奸人薛中盖六万余家矣。'世之传孟尝君好客自喜，名不虚矣。"《史记》对孟尝君有较多的关注，如鸡鸣狗盗故事，新鲜生动如小说家言。太史公落笔处所体现对这位人物的重视，也许与"吾尝过薛"的行旅经历有关。

对于历史文化信息之"世之传"者，司马迁有所采纳，但是也进行认真的考量和思索。如《史记》卷四四《魏世家》写道："太史公曰：吾适故大梁之墟，墟中人曰：'秦之破梁，引河沟而灌大梁，三月城坏，王请降，遂灭魏。'说者皆曰魏以不用信陵君故，国削弱至于亡，余以为不然。天方令秦平海内，其业未成，魏虽得阿衡之佐，曷益乎？"可知司马迁的实地调查，在倾听当地民间声音之外，自己是有深刻思考的。

有关战国文化名人如屈原者,《史记》的记述远远超过了其他历史文献。《史记》卷八四《屈原贾生列传》写道:"太史公曰:余读《离骚》《天问》《招魂》《哀郢》,悲其志。适长沙,观屈原所自沈渊,未尝不垂涕,想见其为人。"《史记》的情感表露,透露出有关太史公心理倾向与文化立场的重要信息。《史记》卷八四《屈原贾生列传》还写道:"自屈原沈汨罗后百有余年,汉有贾生,为长沙王太傅,过湘水,投书以吊屈原。"有关贾谊"吊屈原"的深切情思,司马迁是引为同调的。《史记》卷一三〇《太史公自序》写道:"作辞以讽谏,连类以争义,《离骚》有之。作《屈原贾生列传》第二十四。"贾生与太史公情感的"连类",可以通过"适长沙,观屈原所自沈渊,未尝不垂涕,想见其为人"得以认识。

司马迁行旅感念涉及秦王朝史迹的,有《史记》卷八八《蒙恬列传》所说:"太史公曰:吾适北边,自直道归,行观蒙恬所为秦筑长城亭障,堑山堙谷,通直道,固轻百姓力矣。"司马迁还写道:"夫秦之初灭诸侯,天下之心未定,痍伤者未瘳,而恬为名将,不以此时强谏,振百姓之急,养老存孤,务修众庶之和,而阿意兴功,此其兄弟遇诛,不亦宜乎!何乃罪地脉哉?"对蒙恬等人的严肃的历史批评,是在考察秦始皇长城和秦始皇直道之后形成的真知。这里所发布的重要史论,有长久的影响。胡亥明确取得地位继承权后,蒙恬被迫吞药自杀,临终有关于主持修筑长城与直道"绝地脉",可能"罪于天"的感叹。对于所谓"绝地脉",司马迁发表的否定性意见,体现出清醒的历史认识(王子今:《蒙恬悲剧与大一统初期的"地脉"意识》,《首都师范大学学报》2016年第4期)。

汉初英雄,即刘邦建国的战友们的早期活动,行旅中的司马迁亦多有关心。《史记》卷九五《樊郦滕灌列传》最后可以看到这样的话语:"太史公曰:吾适丰沛,问其遗老,观故萧、曹、樊哙、滕公之家,及其素,异哉所闻!方其鼓刀屠狗卖缯之时,岂自知附骥之尾,垂名汉廷,德流子孙哉?余与他广通,为言高祖功臣之兴时若此云。"在《史记》卷九二《淮阴侯列传》文末也写道:"太史公曰:吾如淮阴,淮阴人为余言,韩信虽为布衣时,其志与众异。其母死,贫无以葬,然乃行营高敞地,令其旁可置万家。余视其母冢,良然。"刘邦的功臣集团多"鼓刀屠狗卖缯"者,清代历史学者赵翼总结西汉初期政治结构,曾经称此为"汉初布衣将相之局"。他同时指出,这种打破贵族政治传统定式的"前此所未有"的新的政治格局的形成,具有重要的历史意义,由此可以说明,"盖秦汉间为天地一大变局"。历史表象告知人们,新王朝之格局大变,似乎"天意已另换新局",新的政治体制得以开创,"天之变局,至是始定"(《廿二史札记》卷二)。历史的变化,司马迁在书写这些文字时,可能已经有所体悟:"吾适丰沛,问其遗老,观故萧、曹、樊哙、滕公之家,及其素,异哉所闻!方其鼓刀屠狗卖缯之时,岂自知附骥之尾,垂名汉廷,德流子孙哉?"

山川行历与"文气"养成

司马迁远程行旅的意义,文论家和史论家多以为有益于其精神与文气的涵养。《史记》非凡文化品质的形成,可能确实与作者的行旅体验有关。

苏辙曾经写道:"文者,气之所形,然文不可以学而能,气可以养而致。""太史公行天下,周览四海名山大川,与燕赵间豪俊交游,故其文疏荡,颇有奇气。"(《上枢密韩太尉书》)凌稚隆《史记评林》卷首引马存语,又是这样评价司马迁出游的:"子长平生喜游,方少年自负之时,足迹不肯一日休。"他说,司马迁的出行,并不是简单的为出行而出行,而有更高的文化追求:"非直为景物役也,将以尽天下大观以助吾气，然后吐而为书。"他竟然从司马迁的文字中读出了他的行旅体验："观之，则其平生所尝游者皆在焉。南浮长淮、溯大江，见狂澜惊波，阴风怒逆，号走而横击，故其文奔放而浩漫。望云梦、洞庭之陂彭蠡之潴，含混太虚，呼吸万壑，而不见介量，故其文停蓄而渊深。见九疑之芊绵，巫山之嵯峨，阳台朝云，苍梧暮烟，态度无定，靡蔓绰约，春妆如浓，秋饰如薄，故其文妍媚而蔚纡。泛沅渡湘，吊大夫之魂，悼妃子之恨，竹上犹有斑斑，而不知鱼腹之骨尚无恙者乎？故其文感愤而伤激。北过大梁之墟，观楚汉之战场，想见项羽之喑哑，高帝之嫚骂，龙跳虎跃，千万兵马，大弓长戟，俱游而齐呼，故其文雄勇戟健，使人心悸而胆栗。世家龙门，念神禹之大功，西使巴蜀，跨剑阁之鸟道，上有摩云之崖，不见斧凿之痕，故其文斩绝峻拔，而不可攀跻。讲业齐鲁之都，睹夫子之遗风，乡射邹峄，彷徨乎汶阳洙泗之上，故其文典重温雅，有似乎正人君子之容貌。"

根据这样的总结，司马迁的行迹均有助于他的"文章"："凡天地之间，万物之变，可惊可愕，可以娱心，使人忧，使人悲者，子长尽取而为文章，是以变化出没如万象供四时而无穷，今于其书而观之，岂不信矣！"

司马迁远游，百千路径，万里山川，四方传统，九州民风，当然有益于《史记》这部巨著文采神韵的焕发，但是这位伟大史学家的辛苦行旅，其文化意义是复杂的，其文化作用也是多方面的。

交通史体验·交通史记忆·交通史解说

行旅，首先是交通行为。行旅实践最直接的文化收益，就是对交通地理的感觉，对交通条件的体验，对交通文化的理解。

秦汉时期是交通建设取得重要进步的时期。秦统一的第二年，秦王朝"治驰道",《史记》卷六《秦始皇本纪》和卷一五《六国年表》就此都有记载。《史记》卷八七《李斯列传》还通过李斯"上书"告知读者,"治驰道"是秦王朝最高执政集团主持的事业。《史记》中有关"驰道"的记录凡12见。司马迁的行旅,应当多循行秦"驰道"。在中国早期交通建设的历史记录中,由九原通往关中"云阳"的秦"直道"的建设,是首屈一指的重要工程。特别是在陆路交通建设中,其规划、选线、设计和施工,显示出空前的技术水准和组织效率。秦直道的开通和应用,在中国古代交通史上具有非常重要的地位。对于军事交通的发展历程而言,秦直道也表现出里程碑式的意义。秦直道,可以看作秦政的纪念。

秦直道工程,仅见于太史公的记载。关于秦始皇直道修筑的起始时间,《史记》卷六《秦始皇本纪》写道:"三十五年,除道,道九原抵云阳,堑山堙谷,直通之。"《史记》卷一五《六国年表》也记载:"(秦始皇)三十五年,为直道,道九原,通甘泉。"司马迁又写道:"三十七年十月,帝之会稽、琅邪,还至沙丘崩。子胡亥立,为二世皇帝。杀蒙恬。道九原入。"关于所谓"道九原入",《史记》卷六《秦始皇本纪》的记述与帝位继承的政治史事件相联系:"行从直道至咸阳,发丧。太子胡亥袭位,为二世皇帝。"如果没有《史记》的相关记载,我们对于秦直道的知识很可能缺失。

司马迁在《史记》卷八八《蒙恬列传》中以"太史公曰"的形式说到自己有关直道交通的亲身行走体验:"吾适北边,自直道归,行观蒙恬所为秦筑长城亭障,堑山堙谷,通直道,固轻百姓力矣。"所谓"固轻百姓力矣",是体现民生关心的深心感叹。其中透露的民本意识以及对政治强权的否定和批判,特别值得敬重。

扬雄《法言·渊骞》写道:"或问:'蒙恬忠而被诛,忠奚可为也?'曰:'堑山堙谷,起临洮,击辽水,力不足而死有余,忠不足相也。'"对于"力不足而死有余",有人说:"力者,功也。《周官·司勋》'治功曰力',是也。言蒙恬为秦筑长城,无救于秦亡,以论功则不足,以致死则有余矣。故曰'力不足而死有余'。"如此则扬雄的态度与司马迁"此其兄弟遇诛,不亦宜乎"之说显然不同。但是也有人这样理解:"力不足而死有余,谓用民之力而不惜民之死,民力匮而死者多耳。"太史公曰"固轻百姓力矣……此其兄弟遇诛,不亦宜乎","即此文之义。"(汪荣宝撰,陈仲夫点校《法言义疏》,中华书局,1987年,第431页)如此,则扬雄实际上在申发司马迁的观点。曾国藩的评议,尤为重视司马迁所谓"固轻百姓力矣"之语义:"《始皇纪》曰:二十七年治驰道。《六国表》曰:三十五年为直道,道九原,通甘泉。是直道与驰道不同也。蒙恬未治驰道,止治直道、筑长城二事,子长责其轻民力,可谓定论。"(《求阙斋读书录》卷三《史上》,清光绪二年传忠书局刻本,第39—40页)而《史记》的读者都会注意到,司马迁这样的感叹,是"适北边,自直道归",亲自经行秦直道,目睹这一非凡交通工程的宏大规模和坚实质量之后发表的。

楚风与海气：汉史考察视野中的楚文化

楚国是汉帝国成立初期即存在的东方封国。在汉史的若干关键节点，楚国的政治建置与文化面貌都曾经有过醒目的表现。在梳理汉帝国历史脉络的基础上认识楚国史，自有学术意义。在体会汉帝国文化风格的基础上理解楚地文化，也可以获得有价值的发现。回顾汉代历史文化进程，关注海洋环境与外来文化元素对于楚文化的影响，或许可以提出有积极意义的学术认识。

楚国作为诸侯封国，两汉时期疆域与地位发生多次变化。我们对于楚国史与楚国文化的讨论，以楚地重心区域的宏观考察为任务，不就其版图与人口的历史变化进行具体的论说。对于楚国并不存在的年代，我们的分析只是期望就楚地的区域文化面貌有所说明。

刘邦的建国史与楚风之盛起

在秦统一的进程中，楚人的抵抗最为强劲。"楚虽三户，亡秦必楚"（《史记》卷七《项羽本纪》）的说法，也被理解为得到历史验证的政治预言。从陈胜起义到刘邦在垓下决战时击灭"西楚霸王"项羽的军队，虽然只有七年时间，但是在这一时期，历史却有极其生动的变化。诸多英雄智士有声有色的历史表演，使秦汉之际战火之中的社会文化风貌，依然显得活泼而丰实。当时政治舞台的主角，以楚人居多。司马迁称这一时期为"秦楚之际"（《史记》卷一六《秦楚之际月表》）。这是因为反秦暴动由楚人发起，陈胜建立的政权号为"张楚"，灭亡秦帝国的主力，是楚复国后集结的强有力的武装力量，其名义上的领袖是楚怀王。西汉帝国的建立，标志以刘邦、项羽两位楚人为领袖的军事强权集团之间的激烈军事竞争的结束。虽然史称"汉承秦制"（《后汉书》卷四〇上《班彪传》载班彪对隗嚣语，又《续汉书·舆服志上》，《续汉书·舆服志下》），但是由于刘邦出身楚地以及其功臣集团构成大多楚人的作用，楚文化对汉文化的影响是深刻的。

李学勤《东周与秦代文明》在总结东周时期的区域文化时，曾经将黄河流域和长江流域划分为七个文化圈。关于楚文化的发展空间与历史影响，李学勤指出："长江中游的楚国是另一庞大文化圈的中心，这就是历史、考古学界所艳称的楚文化。随着楚人势力的强大和扩张，楚文化的影响殊为深远。在楚国之北的好多周朝封国，楚国之南的各方国部族，都渐被囊括于此文化圈内。"他又指出："楚文化的扩展，是东周时代的一件大事。春秋时期，楚人北上问鼎中原，楚文化也向北延伸。到了战国之世，楚文化先是向南大大发展，随后由于楚国政治中心的东移，又向东扩张，进入长江下游以至今山东省境。说楚文化影响所及达到半个中国，并非夸张之词。""楚文化的扩展"和"向北延伸"，"又向东扩张"的突出表现，是都城逐步向东北方向的迁徙。李学勤强调的另一个历史事实也是许多学者所公认的："楚文化对汉代文化的酝酿形成有过重大的影响"（李学勤：《东周与秦代文明》，文物出版社，1984年，第11—12页）。

汉初宫廷歌诗体现出当时社会上层对"楚风"的喜好。宋人王灼《碧鸡漫志》写道："刘项皆善作歌。西汉诸帝如武、宣类能之。赵王幽死，诸王负死罪，临绝之音，曲折深迫。广川王通经好文辞，为诸姬作歌，尤奇古。而高祖之戚夫人、燕王旦之容华夫人所歌，又不在诸王下。盖汉初古俗犹在也。"(文渊阁《四库全书》本)项王垓下"夜闻汉军四面皆楚歌",于是"乃悲歌慷慨,自为诗","歌数阕,美人和之"(《史记》卷七《项羽本纪》),其"歌""诗",应当也是"楚歌"。题宋朱子集注《楚词后语》卷一录此歌诗,题《垓下帐中之歌》,又写道:"《垓下帐中之歌》,西楚霸王项羽之所作也。""羽固楚人,而其词忼慨激烈,有千载不平之余愤,是以著之。"(文渊阁《四库全书》本)明梅鼎祚编《古乐苑》卷三〇《琴曲歌辞》录虞美人"汉兵已略地,四面楚歌声。大王意气尽,贱妾何聊生",即题《答项王楚歌》。(文渊阁《四库全书》本)而刘邦为戚夫人歌,《史记》明确说是"楚歌"。《史记》卷五五《留侯世家》:"戚夫人泣,上曰:'为我楚舞,吾为若楚歌。'"

鲁迅《汉文学史纲要》第六章题"汉宫之楚声",言"楚汉之际","民间多乐楚声",刘邦《大风》之歌"亦楚声也"。"高帝姬唐山夫人作乐词,以从帝所好,亦楚声。""楚声之在汉宫",甚为"见重"(《鲁迅全集》第9卷,人民文学出版社,2005年,第398—401页)。《汉书》卷二二《礼乐志》记载了"汉兴"之后"乐家"制度的变化。其中这样写道:"高祖时,叔孙通因秦乐人制宗庙乐。"继承了"古降神之乐""古《采荠》《肆夏》"以及"古《清庙》之歌""《永安》之乐"等,可知多方面沿承了古来传统,其中有渊源不同的文化因素。还说:"又有《房中祠乐》,高祖唐山夫人所作也。周有《房中乐》,至秦名曰《寿人》。凡乐,乐其所生,礼不忘本。"又特别强调:"高祖乐楚声,故《房中乐》楚声也。孝惠二年,使乐府令夏侯宽备其箫管,更名曰《安世乐》。"大概"楚声"确是西汉早期宫廷音乐的主流风格。

汉并天下后,刘邦以齐王韩信"习楚风俗",于是"徙为楚王"(《史记》卷八《高祖本纪》)。王灼《碧鸡漫志》所谓"汉初古俗犹在"之"古俗",应当就是说"楚风俗"。

"因楚之罪而夺之东海":削藩强劲动作

汉初曾经被迫实行分封。因具体的历史条件,如何兹全所说,"刘邦没有像秦始皇那样彻底地废除分封制度,而是在统一帝国之下,部分的恢复了封国制度。"(何兹全:《秦汉史略》,上海人民出版社,1955年,第33页)

起初,中央政权实际控制的地域在刘邦时代仅二十四郡。沿海地域除济北、临淄、胶东、琅邪外,尽为异姓诸侯所有。汉高帝末年,高帝自领地不过十五汉郡,汉王朝中央机构连一寸海岸线也没有控制。汉文帝后期,中央直接管理的沿海郡也只有琅邪郡和勃海郡(参看周振鹤:《西汉政区地理》,人民出版社,1987年,第7—13页)。

《史记》卷五〇《楚元王世家》:"王戊立二十年,冬,坐为薄太后服私奸,削东海郡。"《史记》卷一〇六《吴王濞列传》:"罚削东海郡。"《汉书》卷三五《吴王刘濞传》:"削东海郡。"《汉书》卷三六《楚元王传》:"王戊稍淫暴,二十年,为薄太后服私奸,削东海、薛郡。"汉景帝二年(前155)将楚国的东海郡收归中央,是特别值得重视的一项政治举措。秦始皇"立石东海上朐界中,以为秦东门"(《史记》卷六《秦始皇本纪》)的地方,曾置东海郡,治郯。楚汉之际曾经称郯郡。汉初则属楚国,高帝五年(前202)又曾归于中央,后来仍属楚国。汉景帝二年"以过削"。《汉书》卷二八上《地理志上》"东海郡"条:"高帝置。"颜师古注引应劭曰:"秦郯郡。"汉帝国以此为据点,楔入吴楚之间,与亲中央的梁国东西彼此对应,实现了北方诸侯和南方诸侯的隔离。同时使得汉帝国重新据有了"东门",开启了直通东海的口岸(参看周振鹤:《西汉政区地理》,人民出版社,1987年,第14页,《景帝三年初吴楚七国叛乱前形势图》)。

《盐铁论·晁错》载文学的政论，说到汉景帝因晁错的建议施行削藩的强有力的动作："晁生言诸侯之地大，富则骄奢，急即合从。故因吴之过而削之会稽，因楚之罪而夺之东海，所以均轻重，分其权，而为万世虑也。"削藩战略的重要主题之一，或者说削藩战略的首要步骤，就是夺取诸侯王国的沿海地方。而楚国的东海郡首当其冲。

有学者指出了吴楚七国之乱前后削藩的对象齐、楚、赵等国行政控制区域的损失，首先说到汉景帝削夺楚国的"东海郡"："吴楚七国之乱前，景帝削楚之东海郡……"（董平均：《西汉分封制度研究——西汉诸侯王的隆替兴衰考略》，甘肃人民出版社，2003年，第128—129页）而这一动作直接激怒楚王刘戊，导致楚国参与七国之乱。《汉书》卷一〇〇下《叙传下》颜师古注："楚王戊为薄太后服奸，削东海郡，遂与吴共反而诛。"在吴楚七国之乱平定之后对于沿海区域的控制，创造了对于高度集中的中央集权空前有利的形势。按照《史记》卷一七《汉兴以来诸侯王年表》的说法，当时实现了"强本干，弱枝叶之势"，一时"名山陂海咸纳于汉"。强干弱枝固然是巩固中央集权政治格局的行政主题，而"海""咸纳于汉"，即海岸和近海的控制权完全归于中央，意义尤为重要。

汉武帝巡狩"会大海气"

《汉书》卷六《武帝纪》记载元封五年（前）汉武帝出巡事，涉及行历楚地的旅程："五年冬，行南巡狩，至于盛唐，望祀虞舜于九嶷。登灊天柱山，自寻阳浮江，亲射蛟江中，获之。舳舻千里，薄枞阳而出，作《盛唐枞阳之歌》。遂北至琅邪，并海，所过礼祠其名山大川。春三月，还至泰山，增封。甲子，祠高祖于明堂，以配上帝，因朝诸侯王列侯，受郡国计。"汉武帝出巡，"自寻阳浮江，亲射蛟江中,获之",其事迹颇类同秦始皇海中"见巨鱼,射杀一鱼"(《史记》卷六《秦始皇本纪》)。汉武帝"夏四月"诏对此"巡狩"行程有所回顾:"夏四月,诏曰:'朕巡荆扬,辑江淮物,会大海气,以合泰山。上天见象,增修封禅。其赦天下。所幸县毋出今年租赋,赐鳏寡孤独帛,贫穷者粟。'"随后,"还幸甘泉,郊泰畤"。对于"辑江淮物",颜师古注:"如淳曰:'辑,合也。物犹神也,《郊祀志》所祭祀事也。'师古曰:'辑与集同。'"对于"会大海气",颜师古注:"郑氏曰:'会合海神之气,并祭之。'"就"以合泰山",颜师古注提供的解释也涉及"辑江淮物,会大海气":"集江淮之神,会大海之气,合致于太山,然后修封,总祭缩也。"颜师古引郑氏语,以为"会大海气"就是"会合海神之气,并祭之",理解为"海神"之"祭"。对于"海气",也有"海气蔽日"(《文选》卷一一孙绰《游天台山赋》刘良注),"海气将寒"(〔南北朝〕徐陵:《天台山徐则法师碑》,《徐孝穆集笺注》),"海气昏昏水拍天"(〔唐〕韩愈:《题临泷寺》,〔宋〕李昉等编《文苑英华》卷二三七),"海气侵肌凉"(〔唐〕李白:《上清宝鼎诗》,《唐宋诗醇》卷八《陇西李白诗八》),"海气之鸿濛"(〔元〕王礼:《欧阳海旭字说》,《麟原后集》卷一一),"大海气氤氲"(〔清〕汤右曾:《登角山寺》,《怀清堂集》卷一二),"海气散为三伏雨,天风吹落九华云"(〔明〕佘翔:《题郑氏秀远楼》,《薜荔园诗集》卷四)等气象学的理解,推想汉武帝所谓"会大海气"随后说"以合泰山",确实有所不同。

"大海"这一语汇的使用,秦汉时期似乎尚不普遍。《史记》只出现一次,即卷六《秦始皇本纪》关于秦始皇陵地宫设计的介绍中所谓"以水银为百川江河大海,机相灌输"。应是司马迁的记述。《汉书》所见"大海",除汉武帝诏文"会大海气"外,又有《武帝纪》关于太始三年(前94)的出巡记录:"二月,令天下大酺五日。行幸东海,获赤雁，作《朱雁之歌》。幸琅邪，礼日成山。登之罘，浮大海。山称万岁。冬，赐行所过户五千钱，鳏寡孤独帛人一匹。"又："（征和）四年春正月，行幸东莱，临大海。"此外，又见于《汉书》卷二二《礼乐志》载《安世房中歌》十七章之六："大海荡荡水所归，高贤愉愉民所怀。大山崔，百卉殖。民何贵？贵有德。"对于"大海荡荡水所归，高贤愉愉民所怀"，颜师古注："李奇曰：'愉愉，怿也。'师古曰：'荡荡，广大貌也。愉愉，和乐貌也。怀，思也。言海以广大之故，众水归之；王者有和乐之德，则人皆思附也。'"

又《郊祀歌》十九章之"《天门》十一"："天门开，詄荡荡，穆并骋，以临飨。……月穆穆以金波，日华耀以宣明。假清风轧忽，激长至重觞。神裴回若留放，殣冀亲以肆章。函蒙祉福常若期，寂漻上天知厥时。泛泛滇滇从高斿，殷勤此路胪所求。佻正嘉吉弘以昌，休嘉砰隐溢四方。专精厉意逝九阂，纷云六幕浮大海。"最后一句"纷云六幕浮大海"，颜师古解释道："纷云，兴作之貌。六幕，犹言六合也。"

《史记》卷二八《封禅书》："后五年，复至泰山修封。"《汉书》卷二五下《郊祀志下》还记载："后五年，复至泰山修封。东幸琅邪，礼日成山，登之罘，浮大海，用事八神延年。""后五年，上复修封于泰山。东游东莱，临大海。"汉元帝时，贾捐之就珠崖政策回答皇帝的诘问，也说到"大海"。《汉书》卷六四下《贾捐之传》："今天下独有关东，关东大者独有齐楚，民众久困，连年流离，离其城郭，相枕席于道路。人情莫亲父母，莫乐夫妇，至嫁妻卖子，法不能禁，义不能止，此社稷之忧也。今陛下不忍悁悁之忿，欲驱士众挤之大海之中，快心幽冥之地，非所以救助饥馑，保全元元也。"王莽建议置西海郡的奏言中，也出现"大海"字样："太后秉统数年，恩泽洋溢，和气四塞，绝域殊俗，靡不慕义。越裳氏重译献白雉，黄支自三万里

— 247 —

贡生犀，东夷王度大海奉国珍，匈奴单于顺制作，去二名，今西域良愿等复举地为臣妾，昔唐尧横被四表，亦亡以加之。今谨案已有东海、南海、北海郡，未有西海郡，请受良愿等所献地为西海郡。"（《汉书》卷九九上《王莽传上》）所谓"东夷王度大海奉国珍"，言及海外交往。

"大海"语汇的使用，在西汉文献可以发现明确的例证。《管子·地数》："夫善用本者，若以身济于大海，观风之所起。天下高则高，天下下则下。天高我下，则财利税于天下矣。"马非百引戴望云："'身'疑'舟'字之误。"而此篇著作年代，据马非百说，"它是西汉末年王莽时代的人所作"（《管子轻重篇新诠》，中华书局，1979年，第424—425页，第4页）。现在看来，在《史记》卷六《秦始皇本纪》写成年代尚不明确的情况下，很可能汉武帝元封五年（前106）诏以及《安世房中歌》《郊祀歌》说到"大海"的辞句是"大海"这一语汇较早集中出现的例证。而汉武帝元封五年诏"朕巡荆扬，辑江淮物，会大海气，以合泰山"语，赋予"大海"崇高的神性，特别值得注意。而这位对大海深怀敬意的帝王，是在巡视楚地之后发表这些言辞的。他对"大海"的感受，无疑也与行经楚国地方的体验有关。

楚地的"海贼"

西汉时期海洋航运发展已经有突出的进步。当时也出现了海上反政府武装。《史记》卷一一四《东越列传》记载，闽粤王弟余善面对汉王朝军事压力，曾与宗族相谋："今杀王以谢天子。天子听，罢兵，固一国完；不听，乃力战；不胜，即亡入海。"据《史记》卷一〇六《吴王濞列传》，吴楚七国之乱发起时，刘濞集团中也有骨干分子谋划："击之不胜，乃逃入海，未晚也。"汉武帝破南越，"吕嘉、建德已夜与其属数百人亡入海，以船西去"（《史记》卷一一三《南越列传》)。汉军以南越降人引导入海追捕,方得吕嘉等:"伏波又因问所得降者贵人,以知吕嘉所之,遣人追之。以其故校尉司马苏弘得建德,封为海常侯;越郎都稽得嘉,封为临蔡侯。"又如西汉末年琅邪吕母起义即以"海上"作为活动基地(《汉书》卷九九下《王莽传下》)。东汉则出现了"海贼"名号。这是汉史记录体现社会危局新动向的重要信息。

史籍有"海贼""寇略缘海九郡"(《后汉书》卷五《安帝纪》),"寇滨海九郡"(《后汉书》卷三八《法雄传》)的记载。"缘海九郡"或"滨海九郡",自辽东起,有辽西、右北平、渔阳、勃海、乐安、北海、东莱、琅邪。而右北平、渔阳海岸线甚短,如果不计入"缘海""滨海"郡中,则"九郡"可以包括属于"徐方"即楚地的东海郡。《汉书》卷一七《景武昭宣元成功臣表》:"昔《书》称'蛮夷帅服',《诗》云'徐方既来',《春秋》列潞子之爵,许其慕诸夏也。"颜师古注:"《大雅·常武》之诗曰:'王猷允塞,徐方既倈。'言周之王道信能充实,则徐方、淮夷并来朝也。倈,古来字。"东汉历史文献又可见"渤海贼"(〔清〕姚之骃:《后汉书补逸》卷二一《司马彪续后汉书》"渤海贼"条)、"南海贼"(《后汉书》卷七《桓帝纪》)称谓。而居延汉简"☐书七月己酉下∨一事丞相所奏临淮海贼∨乐浪辽东""☐得渠率一人购钱卅万诏书八月己亥下∨一事大"(33.8),反映"临淮海贼"的活动区域幅面之广阔,竟然可以至于"乐浪辽东",冲击辽东半岛和朝鲜半岛的社会生活。通缉文书传递至于河西边地,购赏金额也远远高于一般额度。显然,以楚地为基地,可以称作"东海贼"的"临淮海贼",可能因机动性之强,造成对汉王朝的严重威胁。这自然是由楚地航海条件的优越所决定的,也与楚地面向东部海岸中心位置的空间条件有关。

可能视"东海"为最熟悉海域的楚地"海贼"的活跃,体现自秦始皇"立石东海上朐界中,以为秦东门"(《史记》卷六《秦始皇本纪》)之后,这里可能已经实现了海洋航运的进步,形成了中原人海洋探索的一个重要的起点。

从历代正史资料看,"海贼"称谓见于《后汉书》《三国志》《晋书》《魏书》《隋书》《北史》《旧唐书》《新唐书》《旧五代史》《新五代史》《宋史》《金史》《元史》,直到《明史》《清史稿》依然在使用。有关"海贼"活动记载密度之集中,年代之长久,体现史家对于这种海上武装群体的表现有持续至于近两千年的高度关注。而历代使用的通行称谓"海贼",最初见于文献与汉简共同出现的活跃于楚地海面的史迹,是值得区域文化研究者及海洋史学者注意的。

浮屠登陆与"楚王英始信其术"

汉代思想文化史演进的一个重要的迹象,是佛教的传入。佛教在公元初年传来东土,有经行西北草原通道的路径。但是,也不能排除由东方海洋通路传入的可能。孔望山佛教摩崖造像的发现,提示佛教文化影响自海上东来的方向。

据《后汉书》卷四二《光武十王传·楚王英》记载,楚王刘英晚年"学为浮屠斋戒祭祀"。永平八年(65),诏令天下死罪皆入缣赎。刘英遣郎中令奉黄缣白纨三十匹,自称"托在蕃辅,过恶累积",表示愿"奉送缣帛,以赎愆罪"。汉明帝诏报曰:"楚王诵黄老之微言,尚浮屠之仁祠,洁斋三月,与神为誓,何嫌何疑,当有悔吝?其还赎,以助伊蒲塞桑门之盛馔。"可知刘英"尚浮屠"的信仰与言行,为社会熟知,也得到积极引进佛学的最高执政者的认可。《后汉书》卷八八《西域传》记载佛教传入中土的历史:"世传明帝梦见金人,长大,顶有光明,以问群臣。或曰:'西方有神,名曰佛,其形长丈六尺而黄金色。'帝于是遣使天竺问佛道法,遂于中国图画形像焉。

楚王英始信其术，中国因此颇有奉其道者。后桓帝好神，数祀浮图、老子，百姓稍有奉者，后遂转盛。"由所谓"楚王英始信其术"以及"后桓帝好神，数祀浮图"记述的"始"与"后"的时序关系，可知楚国有可能是最早接受佛教的地方，在佛教传布"中国"的文化进程初期曾经居于先导地位。

据《三国志》卷四九《吴书·笮融传》："谦使督广陵、彭城运漕，遂放纵擅杀，坐断三郡委输以自入。乃大起浮图祠，以铜为人，黄金涂身，衣以锦采，垂铜盘九重，下为重楼阁道，可容三千余人，悉课读佛经，令界内及旁郡人有好佛者听受道，复其他役以招致之，由此远近前后至者五千余人户。每浴佛，多设酒饭，布席于路，经数十里，民人来观及就食且万人，费以巨亿计。"当时这里"浮图"崇拜的狂热，留下了深刻的历史记忆。我们回顾中国古代社会文化史，不能忽略这一情景。

发表"海洋和草原是传播语言的工具"的论点。他认为，草原和海洋都可以"为旅行和运输提供更大的方便"。在"波利尼西亚人、爱斯基摩人和游牧民族"一节，汤因比也曾写道："到处是野草和碎石的草原与可以耕种的大陆相比，倒不如说它和'未经耕犁的海洋'（荷马常常使用的称呼）更为相近。草原的表面和海洋的表面有这样一个共同点，就是对人类的关系来说，人类到这里来或是为了朝拜圣迹，或是只能暂时的留住。除了岛屿和绿洲而外，它们的广阔面积完全不能为人类提供定居生活的资料。它们对于旅行和交通运输来说都比人类社会所习惯定居的大地表面提供方便得多的条件……"汤因比写道："海洋和草原的这种相似之处可以从它们作为传播语言的工具的职能来说明。大家都知道航海的人们很容易把他们的语言传播到他们所居住的海洋周围的四岸上去。古代的希腊航海家们曾经一度把希腊语变成地中海全部沿岸地区的流行语言。马来亚的勇敢的航海家们把他们的马来语传播到西至马达加斯加东至菲律宾的广大地方在太平洋上,从斐济群岛到复活节岛、从新西兰到夏威夷,几乎到处都使用一样的波利尼西亚语言,虽然自从波利尼西亚人的独木舟在隔离这些岛屿的广大洋面上定期航行的时候到现在已经过去了许多世代了。此外,由于'英国人统治了海洋',在近年来英语也就变成世界流行的语言了。"汤因比指出:"在草原的周围,也有散布着同样语言的现象。""由于草原上游牧民族的传布,在今天还有四种这样的语言:柏伯尔语、阿拉伯语、土耳其语和印欧语。"这几种语言的分布,都与"草原上游牧民族的传布"有密切关系。汤因比指出:"柏伯尔语是今天撒哈拉沙漠上的游牧民族所使用的语言,也是撒哈拉沙漠北部和南部边缘一带的定居人民所使用的语言。""阿拉伯语在今天不但通行在阿拉伯草原的北面一带……而且还通行在南面一带。""土耳其语也传播在欧亚草原的许多边缘地区。""印欧语系在今天(像它的名字所指的那样)很奇特地分散在两块彼此隔绝的地区里,一块在欧洲,一块在伊朗和印度。""所以呈现这种现象,大概是因为在土耳其语的传播者还没有在这里定居下来之前,欧亚草原上的印欧语的传播者曾在这一带传播过这种语言。欧洲和伊朗都靠近欧亚草原,而这一大片无水的海洋便成了彼此之间交通的天然媒介。这一种语言分布现状和上述三种语言的不同之处只在于它失去了它从前传播过的中间那一大片草原地方。"(〔英〕汤因比著,〔英〕索麦维尔节录,曹未风等译《历史研究》,上海人民出版社,1966年,第234—235页,第208页)后一段文字另一种译本译文如下:"确实,欧亚草原比任何其他干旱地区更接近另一种非常难以相处的自然成分——海洋。草原的表面与海洋的表面有一个共同点,就是人类只能以朝圣者或暂居者的身份才能接近它们。除了海岛和绿洲,它们那广袤的空间未能赋予人类任何可供其歇息、落脚和定居的场所。二者都为旅行和运输明显提供了更多的便利条件，这是地球上那些有利于人类社会永久居住的地区所不及的。"（〔英〕阿诺德·汤因比著，刘北成、郭小凌译《历史研究》（修订插图本），上海人民出版社，2000年，第113页）

佛教的传入，一由草原丝路，一由海洋丝路。楚地，正是佛教自海上登陆最先传布的地方。

楚王山丘与徐州汉画

周振鹤《西汉政区地理》论"高帝十五国地区沿革"，首先考察"楚国沿革"，说到"韩信之楚国""刘交之楚国"，以及"景帝三年以后楚国沿革"（周振鹤：《西汉政区地理》， 出版社，1987，第25—28页）。李晓杰《东汉政区地理》也在第四章《徐州刺史部所辖郡国沿革》中，讨论了"楚郡（楚国、彭城国）沿革"（李晓杰：《东汉政区地理》，山东教育出版社，1999年，第74—75页）。在以现今徐州为中心的地方，曾经有许多代楚王进行了数百年的经营。他们在这里控制行政，领导经济，体验文化生活，享受奢华消费，最终也安葬在这里。

楚王的陵墓，埋藏着楚文化物质层面和精神层面共同的财富。

关于汉代考古的总结性论著中写道："（20世纪）80年代发掘了江苏徐州的多座楚王墓。"所列资料包括徐州狮子山汉墓，徐州驮篮山1号、2号墓，徐州北洞山汉墓，徐州龟山2号墓，徐州石桥1号墓，江苏徐州石桥2号墓等。西汉诸侯王陵墓中的崖洞墓共23座，其中梁国和楚国最多，均为8座。研究者指出："诸侯王较早使用崖洞墓埋葬形式的是梁国和楚国。"徐州楚王山汉墓可能是已知最早的西汉诸侯王崖墓（中国社会科学院考古研究所编著《中国考古学·秦汉卷》，中国社会科学出版社，2010年，第339页，第344页，第352—353页）。

徐州楚王陵墓群形成了比较集中的汉代诸侯王陵区。其形制也有特别的意义。发掘获得的数量丰富的精彩的文物，体现了楚国经济实力的雄厚以及区域文化的优越。

汉画像石是反映汉代社会风貌、生活方式、审美情趣和艺术手法的重要的文化遗存。通常认为，汉画像石"发现数量较多而又比较集中的有山东省、江苏徐州地区、河南汉画像石是反映汉代社会风貌、生活方式、审美情趣和艺术手法的重要的文化遗存"。通常认为，汉画像石"发现数量较多而又比较集中的有山东省、江苏徐州地区、河南南阳地区、四川中部以及陕西北部"。"整个徐州地区（相当于汉代彭城国的全部以及沛国、东海郡的一部分）都发现过汉画像石"（吴曾德：《汉代画像石》，文物出版社，1984年，第4页）。对"苏北的徐州地区"出土的汉画像石，汉代考古学者予以共同的重视（赵化成、高崇文：《秦汉考古》，文物出版社，2002年，第133页）。也有在分析汉画像石的分布时，将"山东、苏北地区"一并叙说的（李发林：《战国秦汉考古》，山东大学出版社，1991年，第431—432页）。有学者说："山东、南阳、川渝、陕北、徐州这五个重点地区的画像石，除它们共有的一些特点外，还各自有本地区的独特之处。""徐州画像石已具有别的地区所没有的重要形式。"论者指出，徐州汉画像石"画面生动有致，热闹非凡"，"达到结构与直观、科学与艺术、分解与组合、陈列与描述的统一"，"形式多样，手法独特，形成独特的建筑系列"（顾森：《秦汉绘画史》，人民美术出版社，2000年，第174页，第169—170页）。这些分析未必切实反映了徐州汉画像石真正的文化价值和艺术特征。但是指出徐州汉画像石与山东、南阳、重庆、陕北的汉画像石比较，自有独特的个性，无疑是正确的。研究和说明徐州汉画像石的艺术风格和文化内涵，思考与楚风的继承关系以及海洋文化的影响，也许是有益的。

有学者指出："汉赋源于楚骚，汉画亦莫不源于楚风也。何谓楚风？即别于三代之严格图案式，而为气韵生动之作风也。"（邓以蛰：《辛巳病余录》，《邓以蛰美术文集》，人民美术出版社，1993年）也有学者以为："楚国绘画的形式、题材与表现方法，都给予了汉代绘画以直接影响。"这样的论点也许需要实证性说明。而对于楚地艺术风格具体的继承关系的介绍大概更有说服力。比如以下的分析即值得我们特别注意："江苏连云港海州西汉墓出土漆奁用黑漆勾绘人物形象，线条流畅，采用平涂法，填以红、黄、绿等色彩漆。色彩鲜艳调和，与出土楚车马、人物漆奁风格相似。"（王勇：《楚文化与秦汉社会》，湖南大学出版社，2009年，第324页，第330页）

海昏侯墓发掘的意义

江西南昌墎墩汉墓的发掘，引起了学界的关注，也形成了社会影响。有评价以为其价值已经超过了马王堆汉墓。这可能是从出土文物数量和部分文物品质得出的判断。其实，发现文物数量从来不是考古工作判定古代遗存价值的主要标准；而出土文物的形制、性质以及文化内涵，就现有发现看，墎墩汉墓与马王堆一号汉墓以及二、三号汉墓比较，恐怕尚难断言全面"超过"。不过，发掘工作尚在进行，特别是已经出土的数以千计的简牍，经清理、保护后进入释读研究程序，我们期待会有惊人的发现。如果简牍资料内容充实，保存良好，或许可以获得信息量超过以往各处秦汉墓葬出土随葬文书的新的丰收。现在已经基本确定，墎墩汉墓墓主身份与海昏侯家族有关，很可能是第一代海昏侯刘贺。因刘贺曾经卷入上层政争，有短暂践帝位的经历，相关发现或可为我们考察当时历史开启一扇新的视窗。海昏侯封国南昌，考古收获也有益于深化区域文化研究。墎墩汉墓的保护与发掘实践，也可以为文物保护与考古学的进步提供可贵的经验和多方面的积极的启示。

刘贺际遇：霍光时代政治史的写真

汉武帝晚年曾有被班固称作"仁圣之所悔"的政策转变，即所谓"末年遂弃轮台之地，而下哀痛之诏"，"深陈既往之悔"。史称《轮台诏》者，明确表态"当今务在禁苛暴，止擅赋，力本农"，诏文内容显然并非仅仅限于对西域局部地方军事规划的调整，而具有全面转换政策导向的意义。《汉书》卷九六下《西域传下》载录此诏文之后，言"由是不复出军"，随即写道："封丞相车千秋为富民侯，以明休息，思富养民也。"所谓"以明休息"的"明"，告知我们"富民"二字是指义明朗的政治信号。《新序·善谋下》曾写道："孝武皇帝后悔之"，下诏拒绝桑弘羊轮台军屯建议，以为"非所以慰民也，朕不忍闻"，宣布"当今之务，务在禁苛暴，止擅赋"，于是"封丞相号曰'富民侯'，遂不复言兵事，国家以宁"。可见，《轮台诏》所宣示的政策转变，很早就为史家和政论家所认识。司马光说，汉武帝具有的政治才质和政治表现，包括"晚而改过，顾托得人"，使得汉王朝"有亡秦之失而免亡秦之祸"（《资治通鉴》卷二二"汉武帝后元二年"）。此"顾托得人"，主要肯定霍光的作用。汉武帝晚年"禁苛暴，止擅赋，力本农"的政策原则，在霍光执政时代得到了切实推行。

霍光在汉武帝身边服务二十余年，"小心谨慎，未尝有过，甚见亲信"。武帝临终，"受遗诏辅少主"。汉昭帝即位时年仅8岁，政事全由霍光主宰。霍光虽"政自己出"，但"资性端正"，沉静稳重，据说言行"不失尺寸"。他多次支持汉昭帝下诏削减国家的财政支出，减免田租和赋税，对于贫民开放禁苑以救济，并赈贷种籽和口粮。昭帝时代政局的稳定和经济的进步，霍光起到了积极的作用。汉昭帝执政13年去世，由于没有后嗣，执政集团面临确定帝位继承人的问题。霍光否定群臣所议广陵王刘胥，借"承皇太后诏"的名义，迎昌邑王刘贺入长安。刘贺"既至，即位，行淫乱"，霍光召集群臣相议未央宫："昌邑王行昏乱，恐危社稷，如何？"朝会中使用"昌邑王"称谓，实际已经不承认刘贺"帝"的身份。霍光的决定得到了"所亲故吏大司农田延年"的强力支持，议者都表示"唯大将军令"。霍光安排拘捕刘贺从昌邑国带来的"故群臣从官"，在武士执兵器陈列殿下的情况下，宣布刘贺罪责，以其"荒淫迷惑，失帝王礼谊，乱汉制度"，确定"当废"。"皇太后诏曰：'可。'"刘贺就车，被霍光"送之昌邑邸"。严格说来，霍光是以政变的方式变更了最高执政者的人选的。事后"昌邑群臣"被诛杀200余人。丞相张敞等向皇太后的报告中说："陛下未见命高庙，不可以承天序，奉祖宗庙，子万姓，当废。"仍称刘贺为"陛下"。而皇太后斥责之辞，言"为人臣子当悖乱如是邪"，已经明指为"人臣子"。刘贺被指控的罪行主要在于消费生活和娱乐生活方面，如"鼓吹歌舞"，"弄彘斗虎"，"湛沔于酒"，"敖戏""淫乱"等（《汉书》卷六八《霍光传》），并不涉及执政倾向。《汉书》卷一〇《诸侯王表》、卷六三《武五子传·昌邑王刘髆》以及卷八九《循吏传·龚遂》也都说他因"淫乱"废。《汉书》卷二六《天文志》则说他被废的缘由是"行淫辟"。有人说，刘贺在当皇帝的27天里据说做了1127件荒唐失礼的事情。此说应当依据《汉书》卷六八《霍光传》"受玺以来二十七日，使者旁午，持节诏诸官署征发，凡千一百二十七事"的记载。这句话原本意思是，刘贺在位27天，频繁派遣使者以皇帝名义向朝廷各部门调发物资或要求服务，共计1127起。《三国志》卷六《魏书·董卓传》裴松之注引《献帝纪》载卢植的说法，也可见"昌邑王立二十七日，罪过千余"。其实刘贺的"罪过"，具体说来，应当不仅仅是"千一百二十七事"。而主要的问题，是"行淫乱""行淫辟"。

随后霍光等选定即位的是汉武帝的曾孙，戾太子刘据的孙子，曾经因巫蛊之祸在襁褓中即系身狱中的刘询，这就是汉宣帝。汉宣帝有儒学修养，"亦喜游侠"，由于曾经有平民生活经历，"具知闾里奸邪，吏治得失"（《汉书》卷八《宣帝纪》），熟悉了一般贵族难以知晓的下层社会生活，多少了解了一些民间疾苦。因此使得他具有一般"生于深宫之中，长于妇人之手，未尝知忧，未尝知惧"（《汉书·景十三王传》赞引《荀子》）的皇族子弟皆不可及的政治素质。汉宣帝的名言"汉家自有制度，本以霸王道杂之"（《汉书》卷九《元帝纪》），就体现出相当高明的执政理念。汉宣帝在位25年，对西汉后期的历史进步贡献很大。《汉书》卷一〇〇下《叙传下》赞扬他"丕显祖烈，尚于有成"。或许可以说，刘贺遭遇了人生悲剧，但是历史因此发生的走向变化，提供了成就昭宣中兴的重要条件。

冷静有为的汉宣帝与权势空前的霍光之间有或明或暗的博弈。秉政前后20年，可以"立帝废王，权定社稷"（《汉书》卷一〇〇下《叙传下》）的霍光死后不过4年，其家族因罪被处置，与霍氏相连坐诛灭者数千家。时在汉宣帝元康二年（前64）。五年之后，即汉宣帝神爵三年（前59），刘贺去世。也就是说，刘贺看到了霍光的去世，也看到了霍氏家族的败亡。不过，这时他已经被安置在距离政治中心非常遥远的地方。

海昏侯墓出土文献的整理和研究，很可能会发现记录刘贺政治经历和政治体验的文字，或许有助于深化对这一阶段情节复杂的政治史的认识。

海昏侯墓发现反映的昭宣时代社会经济文化

正如国家文物局专家组所指出的，海昏侯墓园是中国迄今发现的保存最好，结构最完整，功能布局最清晰，拥有最完备祭祀体系的西汉列侯墓园。海昏侯墓是江西迄今发现的出土文物数量最多，种类最丰富，工艺水平最高的墓葬。

海昏侯墓现已发现的重要文物的历史文化价值有很多值得关注的闪光点。如精致的组合乐器与伎乐俑，反映了当时贵族生活的艺术情调。漆器文字或许有益于说明漆器制作工艺流程与原料配方。偶乐车和实用安车、轺车，可以反映当时的出行方式和车舆制度。虫草等物品的发现，可以增进我们对当时医药史和养生史的认识。形制特异的被称作"蒸馏器"的青铜器，其真实用途值得考察。有人称作"火锅"的炊具，也是可以深化饮食史研究的重要发现。青铜器铭文中"昌邑食官""籍田""南昌"字样，可以帮助我们理解相关制度史和地方史。精致的包金、鎏金银、错金银器具和华美的漆器，均体现出设计者的审美情趣和制作者的高超工艺。江西省文物考古研究所所长徐长青研究院对有的出土器物"算得上是最顶级的工艺"的评价，是符合实际的。《汉书》卷八《宣帝纪》这样赞美汉宣帝时代的成就："孝宣之治，信赏必罚，综核名实，政事文学法理之士咸精其能，至于技巧工匠器械，自元、成间鲜能及之，亦足以知吏称其职，民安其业也。"所谓"吏称其职，民安其业"，体现了一定程度的和谐。以"技巧工匠器械"即产业工艺全面的质量水准作为说明社会的"治"的重要条件之一，这样的意见，我们是同意的。而海昏侯墓出土文物，或许可以为"孝宣之治"提供相当充备的具体的实证。

海昏侯墓出土五铢钱数量甚多，据估计达200万枚。麟趾金、马蹄金、金饼的发现，也体现直接随葬大量金钱的厚葬形式。西汉其他高等级墓葬也有类似发现。相关现象反映当时社会追逐富贵、讲究富贵、炫耀富贵的意识有广泛的影响。而海昏侯墓的这种埋葬方式，也是以当时社会经济比较富足为背景的。

出土屏风与孔子故事有关的图像和文字，应当受到儒学史学者的重视。同类性质的孔子画面，这是最早的发现。图像史学、美术考古研究者也可以从中发现重要的信息。从社会思想史、社会意识史的视角考察，这一资料可以看作自汉武帝"罢黜百家，表章《六经》"（《汉书》卷六《武帝纪》）、"推明孔氏，抑黜百家"（《汉书》卷五六《董仲舒传》）以来儒学逐渐上升至意识形态正统地位历史进程中的非常重要的文物标志。相信正在清理保护的简牍中，应当存在与此可以相互印证、相互说明的资料。

海昏侯墓虽然发掘工作尚未完成，已经出土的珍贵文物品级之高已经令人们震惊。不过，一些媒体报道的内容与严肃的考古学知识并不完全符合。侈言"第一"，无视以往同类发现的做法，似不足取。有的器物的定名及性质判断，可能还需要仔细斟酌。有的器物与酿酒史特别是蒸馏酒出现的关系，大概需要经过慎重认真的研究工作方能提出确定的结论。

刘贺归宿：海昏侯国的区域文化分析

据《汉书》卷六八《霍光传》记载，在未央宫承明殿议定废刘贺时，"群臣奏言：'古者废放之人屏于远方，不及以政，请徙王贺汉中房陵县。'"秦始皇时代，曾经将嫪毐、吕不韦的附从者徙房陵。灭赵，俘获赵王后，也迁房陵。汉武帝时代，因罪被废迁房陵的，有济川王刘明、常山王刘勃等。汉宣帝执政后，废迁房陵的还有清河王刘年、广川王刘海阳。然而太后否定了群臣徙刘贺至罪人流放地房陵的建议，让他回到昌邑，享受拥有民户两千的"汤沐邑"。不过，刘贺在回到昌邑，居住11年之后，汉宣帝元康三年（前63），又被封为海昏侯。《汉书》卷一五下《王子侯表下》在这一记载下明确说到这一侯国的所在地是"豫章"。刘贺终于还是被"屏于远方"，作为最高执政集团并不十分放心的"废放之人"，被迫迁徙到确实"不及以政"的地方。

在司马迁生活的时代，"江南"地方穷僻落后，开发程度很低。如《史记》卷一二九《货殖列传》所说："楚越之地，地广人希，饭稻羹鱼，或火耕而水耨，果隋蠃蛤，不待贾而足，地势饶食，无饥馑之患，以故呰窳偷生，无积聚而多贫。是故江淮以南，无冻饿之人，亦无千金之家。"司马迁还有"江南卑湿，丈夫早夭"的说法，是在同篇"衡山、九江、江南、豫章、长沙，是南楚也"语后。中华书局标点本是这样断句的。裴骃《集解》引徐广曰，以为"江南"即"丹阳"。而张守节《正义》则以为丹阳"明是东楚之地"："此言大江之南豫章、长沙二郡，南楚之地耳。徐、裴以为江南丹阳郡属南楚，误之甚矣。"按照张守节的说法，标点应作："衡山、九江，江南豫章、长沙，是南楚也"。这样的意见也许是正确的。司马迁"江南"的区域界定并不十分明确，但是豫章确实应当属于"江南"。

　　江南侯国封置数量有限。我们知道汉文帝时贾谊任职长沙国时心情抑郁，主要原因是"闻长沙卑湿，自以为寿不得长"（《史记》卷八四《屈原贾生列传》）。而舂陵侯刘仁封地在零道之舂陵乡，以"舂陵地势下湿，山林毒气，上书求减邑内徙"，汉元帝时，徙封南阳之白水乡（《后汉书》卷一四《宗室四王三侯列传·城阳恭王祉》）。东汉初年也有类似故事，据《后汉书》卷二四《马防传》，马援的儿子颍阳侯马防因涉窦宪案徙封丹阳，为翟乡侯。马防"以江南下湿，上书乞归本郡"，得到汉和帝批准。海昏侯国的环境劣势，也不免"地势下湿，山林毒气"。不过，我们比较《汉书》卷二八《地理志》提供的汉平帝元始二年（2）和《续汉书·郡国志》提供的汉顺帝永和五年（140）两次户口统计数字，138年之间，豫章郡户数增长了502.56%，口数增长了374.17%。在江南九郡国中，增长幅度仅次于零陵郡。两汉之际，公元2年至公元140年之间，全国户口数字则呈负增长的趋势。户数和口数分别为-20.7%和-17.5%。当时，位于今湖南的零陵郡和位于今江西的豫章郡都接纳了大量的南迁人口。这两个地区现今有京广铁路和京九铁路通过，而当时也位于中原向江南大规模移民通道的要冲。正是由于自两汉之际开始的由中原往江南的移民热潮,经历六朝繁华,江南地区逐渐成为全国经济的重心。可以推想,海昏侯刘贺家族也许对豫章地区自西汉晚期至东汉初年的环境开发和经济繁荣有所贡献。我们不能排除海昏侯墓出土文献中存在反映这一历史变化的信息的可能。

据《汉书》卷六三《武五子传·昌邑王刘髆》的记载,刘贺"就国豫章"时,"食邑四千户",户数较昌邑汤沐邑两千户成倍增益。"海昏"地名,王莽时改称"宜生"。或许这里是豫章郡生存环境较好的地方。刘贺被看作"天之所弃"的"嚚顽放废之人",受到地方官员严密监视。"扬州刺史柯"和"豫章太守廖"或举报其言行,或关心其继嗣。刘贺曾因言语之失,"有司案验,请逮捕",汉宣帝裁定"削户三千"。除墓葬发掘外,对现今被称作"紫金城"的遗存进行考古工作,或许可以揭示海昏侯国特殊聚落史的演进历程,而汉代南昌地方的生态环境条件与经济开发程度,也可以得以说明。

海昏侯墓的保护与发掘

海昏侯墓位于江西南昌新建区大塘坪乡观西村东南的墎墩山,距离老裘村民小组1000米左右。据报道,2011年3月23日,当地群众发现盗墓者对海昏侯墓施行盗掘。得到及时的报告之后,江西省文物考古研究所的专业人员迅即赶到现场,由长约1.2米、宽约0.6米、深13.5米左右的盗洞进入棺椁被局部破坏的位置,判定了墓葬形制,及时进行了保护,启动了考古工作。

回顾中国盗墓史,可知现今是盗墓犯罪最严重的时段。盗墓者与海内外文物走私网相勾连,对地下文物遗存造成了严重的破坏。盗墓行为盛起的原因是复杂的。传统礼制对墓葬的保护作用已经消失,对盗墓的舆论否定声音微弱,盗墓将遭遇恶报的意识成为"迷信",对死者应当予以尊重、对文物应当予以爱护的传统意识亦被破除,盗墓不能得到法律的有力制裁。以追逐暴利的超强动力为根本原因，以上这些因素的合力，导致了盗墓现象的空前猖獗。可以设想，如果没有具备文物保护意识的大塘坪乡观西村村民的举报，没有富有事业心和责任意识的考古工作者的努力，海昏侯墓的珍贵文物很可能会被破坏，失去诸多历史文化信息，仅仅作为财富符号流散于市场。而海昏侯墓园相关现象的考古学研究也会因重要资料的缺失受到限制。我们庆幸海昏侯墓在盗墓破坏的严重威胁面前得到了及时的保护，也为此深心感谢大塘坪乡观西村的村民为文物保护做出的重大贡献。

海昏侯墓的考古调查和考古发掘，除了新技术的应用以外，还启用了新的工作方式。除江西省文物考古研究所会同南昌市、新建区文博单位联合抢救性发掘而外，由国家文物局安排，长期经历考古一线工作实践，学养、经验和学术眼光均为一流的考古学者信立祥、焦南峰、张仲立等组成专家组参与工作，提高了质量水准，保障了尽可能完整的考古信息的获得。这或许是一种可行的协同创新形式。据报道，参与本次发掘工作的，还有来自全国各地的专家及科研机构。江西省文物考古研究所与全国十余家科研单位就此形成了合作关系。这种工作方式对于其他考古工作甚至其他学科方向的学术课题的进行，也应当有参考价值和借鉴意义。

丝绸贸易史视角的汉匈关系考察

考察丝绸之路史，可以发现中原出产的丝绸，曾经以多种方式实现输出。草原民族在丝绸贸易活动中取积极的态度。在中土丝绸向西运输的过程中，匈奴也发挥过重要的作用。考察汉与匈奴的关系，不仅可以看到血火刀兵，也能通过丝绸绚丽的色泽和轻柔的质感，感受经济交流史与文化融合史平缓亲和的一面。

匈奴"好汉缯絮"与关市交易

西汉中期，朝廷关于商业政策与外交政策导向存在争论。《盐铁论·力耕》记录了"大夫"与"文学"的辩议。大夫的发言涉及"中国"与"外国""敌国"的贸易交往："汝、汉之金，纤微之贡，所以诱外国而钓胡、羌之宝也。夫中国一端之缦，得匈奴累金之物，而损敌国之用。是以骡驴馲驼，衔尾入塞，驒騱騵马，尽为我畜，鼲貂狐貉，采旄文罽，充于内府，而璧玉珊瑚琉璃，咸为国之宝。"说"中国"依靠矿产和织品，可以通过贸易获取绝大的利益。而《太平御览》卷九〇一引《盐铁论》曰："齐陶之缣，南汉之布，中国以一端之缦，得匈奴累金之物。是以骡驴馲驼衔尾入塞。"则说"中国"在贸易中表现的经济实力的优越，完全体现于纺织品，即所谓"齐陶之缣，南汉之布"。

中行说评说匈奴民间消费倾向，指出"匈奴好汉缯絮"，而逐渐舍弃原先服用的"旃裘"(《史记》卷一一〇《匈奴列传》),警告对汉地产品的依赖将危害匈奴国力。可见"汉缯絮"确实影响了匈奴经济生活。匈奴得到汉地织品的重要途径是关市。据《汉书》卷下《匈奴传下》,汉文帝时对匈奴的政策就包括"与通关市"。"孝景帝复与匈奴和亲,通关市"。汉武帝即位后,"明和亲约束,厚遇,通关市,饶给之。匈奴自单于以下皆亲汉,往来长城下"。甚至在双方正式进入战争状态之后,匈奴仍贪求汉地物产,希图由此得到经济物资的补充,"尚乐关市,嗜汉财物,汉亦尚关市不绝以中之"(《史记》卷一一〇《匈奴列传》)。汉王朝也有意通过"关市"对匈奴社会施加经济影响。

"齐陶之缣,南汉之布",可能有相当数量通过"关市"贸易流入匈奴。所谓"夫中国一端之缦,得匈奴累金之物"的交换行为,成为丝绸之路贸易的重要形式之一。

西域丝绸市场与匈奴"赋税诸国"

在汉王朝占有河西地方之前,匈奴曾经长期控制西域。《汉书》卷九六上《西域传上》记载,"匈奴西边日逐王置僮仆都尉,使领西域","赋税诸国,取富给焉"。所谓"赋税",应体现以强劲军力维护的掠夺式制度化经济关系。"赋税诸国"的征收内容,除畜产、农产外,亦包括矿产、手工业制品和其他物产。匈奴向"乌桓民"征收"皮布税"的情形(《汉书》卷九四下《匈奴传下》),可以在讨论匈奴于西域"赋税诸国"时参考。《后汉书》卷八八《西域传》说到两汉之际西域再次"役属匈奴",而匈奴"敛税重刻"竟然导致西域诸国不堪承受,于是外交方向因此而变换的情形:"哀平间,自相分割为五十五国。王莽篡位,贬易侯王,由是西域怨叛,与中国遂绝,并复役属匈奴。匈奴敛税重刻,诸国不堪命,建武中,皆遣使求内属,愿请都护。"

匈奴雄劲的军事强势，使得利用西域交通地理条件发展贸易成为可能。匈奴史学者林幹曾经指出："匈奴族十分重视与汉族互通关市。除汉族外，匈奴与羌族经常发生商业交换；对乌桓族和西域各族也发生过交换。"此说匈奴"和西域各族也发生过交换"，在另一处则说，"匈奴还可能和西域各族发生交换"。一说"发生过交换"，一说"可能""发生交换"，似乎表述不同。前说应当是确定的意见。林幹还指出："（匈奴）并通过西域，间接和希腊人及其他西方各族人民发生交换。"（林幹：《匈奴通史》，人民出版社，1986年，第3页，第146—147页）考察丝绸之路贸易行为中匈奴的作用，应当重视这样的认识。

西域许多部族具备从事贸易的经济传统，善于商业经营。如"自宛以西至安息，其人……善贾市，争分铢"，安息"有市，民商贾用车及船，行旁国或数千里"，大夏"善贾市"，都城"有市贩贾诸物"（《史记》卷一二三《大宛列传》）等，都是引人注目的历史记录。《汉书》卷九六上《西域传上》说到罽宾国、乌弋国的"市列"。又说疏勒国"有市列"。指出西域诸国商品经济的活跃和市场建置的成熟。对于这一时期匈奴以军事力量扼制丝路商贸通路的情形，有的学者曾经有如下分析："匈奴人……企图控制西域商道，独占贸易权益。""越来越强的贪欲，使他们亟欲控制商道，垄断东西贸易，以取得暴利。"（殷晴：《丝绸之路与西域经济——十二世纪前新疆开发史稿》，中华书局，2007年，第111页）如果不使用"贪欲""暴利"之类贬斥语意过强的说法，客观说明匈奴对于"西域商道""贸易权益"的"控制"，显然是有意义的。《后汉书》卷八九《南匈奴传》记载："（建武）二十八年，北匈奴复遣使诣阙，贡马及裘，更乞和亲，并请音乐，又求率西域诸国胡客与俱献见。""西域诸国胡客"和匈奴使团同行"与俱献见"，体现匈奴对于西域胡商贸易活动的鼓励和支持。

这很可能是以经济利益为出发点的。或许匈奴对西域之"敛税重刻"，包括商业税征收。

有学者以为，匈奴也直接参与丝绸买卖："匈奴贵族""做着丝绸贸易"，"匈奴人""进行丝绸贸易"，或说"丝绢贸易"。亦有关于"当时匈奴贵族向西方贩运的丝绸的道路"的分析（苏北海：《汉、唐时期我国北方的草原丝路》，张志尧主编《草原丝绸之路与中亚文明》，新疆美术摄影出版社，1994年，第28页）。然而现在看来，这样的意见似乎需要确切的史料的支持。在考古发掘收获中寻求文物实证，尤其必要。"匈奴人"在西域及邻近地方"进行丝绸贸易""丝绢贸易"的经济行为可能性极大，如果得到证实，当然可以推进匈奴史和西域史的认识。

亦有学者说，匈奴面对西域繁盛的商业，有"抢劫商旅"的行为（齐涛：《丝绸之路探源》，齐鲁书社，1992年，第52页）。这样的情形，当然是很可能发生的。"抢劫"所得，有可能直接"进行丝绸贸易"。

汉王朝厚赂匈奴织品的去向

"汉使者持黄金锦绣行赐诸国"（《汉书》卷七〇《傅介子传》），是汉王朝维护与"诸国"关系的通常形式。这一策略也应用于匈奴。《史记》卷一一〇《匈奴列传》言汉王朝维护"和亲"的同时"给遗匈奴"，这是"汉物"流入匈奴的重要形式。《汉书》卷九四下《匈奴传下》回顾与匈奴的交往，言刘邦时代"约结和亲，赂遗单于"。"逮至孝文"，更"增厚其赂，岁以千金"。汉武帝时代苏武出使，也有"厚币赂遗单于"的记录。汉武帝元光二年（前133）"春，诏问公卿曰：'朕饰子女以配单于，金币文绣赂之甚厚，单于待命加嫚，侵盗亡已。边境被害，朕甚闵之。今欲举兵攻之，何如？'"（《汉书》卷六《武帝纪》）《说文·巾部》："币，帛也。"所谓"金币文绣赂之甚厚",体现出汉对于匈奴"赂"这种物资输出形式中丝绸的意义。

汉王朝以"赐"的形式对于匈奴的物资输送,多有丝绸织品、"絮"以及较高等级的成衣等。以具有计量统计意义的记载为例,汉宣帝甘露三年(前51),"(呼韩邪)单于正月朝天子于甘泉宫","赐以冠带衣裳……衣被七十七袭,锦绣绮縠杂帛八千匹,絮六千斤。"汉宣帝黄龙元年(前50),"呼韩邪单于复入朝,礼赐如初,加衣百一十袭,锦帛九千匹,絮八千斤。""竟宁元年,单于复入朝,礼赐如初,加衣服锦帛絮,皆倍于黄龙时。"汉成帝河平四年(前25),"(单于)入朝,加赐锦绣缯帛二万匹,絮二万斤,它如竟宁时。""(汉哀帝)元寿二年,单于来朝……加赐衣三百七十袭,锦绣缯帛三万匹,絮三万斤,它如河平时。"(《汉书》卷九四下《匈奴传下》)自汉宣帝甘露三年(前51)至汉哀帝元寿二年(前1)50年间,多次赐匈奴"锦帛"及"絮",数量逐次增加。仅简单累计,至于"锦绣缯帛"8万匹,"絮"8万斤。比较汉文帝时所谓"遗单于甚厚",仅不过"服绣袷绮衣、绣袷长襦、锦袷袍各一……绣十匹,锦三十匹,赤绨、绿缯各四十匹"(《史记》卷一一〇《匈奴列传》),数量颇为悬殊。如此惊人的数额,应已超过满足匈奴服用需求的数额。当时在汉地经济生活中,出现了"以实物计价发给官吏替代俸钱"的现象(何德章:《两汉俸禄制度》,黄惠贤、陈锋主编《中国俸禄制度史》,武汉大学出版社,1996年,第47—48页)。大量高等级的纺织品"礼赐"单于,或许也可以理解为在汉地推行"禄帛""禄布""禄絮"制度的背景下,有经济作用更值得注意的"赂"的意义。也就是说,丝绸作为一般等价物,在汉与匈奴的经济关系中实现了特殊的价值。可以推想,匈奴得到超出实际消费需要数额的"锦绣缯帛"和"絮",是可以通过转输交易的方式获取更大利益的。前引有学者分析"匈奴贵族""做着丝绸贸易","匈奴人""进行丝绸贸易"

"丝绢贸易","当时匈奴贵族向西方贩运""丝绸"的现象,货源有可能包括汉王朝"礼赐"的高级纺织品。

汉匈军事前线的丝绸发现

考古学者在河西汉代边塞的发掘,获得了数量颇多的丝绸残片。据贝格曼在额济纳河流域考察汉代烽燧遗址的收获,包括织品遗存的发现。如烽燧A6与汉代封泥、木简同出有"敞开的、织造精美的覆盖有黑色胶质的丝织品残片;丝质纤维填料;细股的红麻线"等文物。通称"破城子"的城障A8与诸多汉代文物同出"天然丝,丝绸纤维填料","植物纤维织物","不同颜色的丝织物、丝绸填料、植物纤维材料残片"。烽燧A9发现"红丝绸"。障亭A10发现包括"褐色、红色、绿色和蓝色"的"不同颜色的丝绸残片"。台地地区地点1标号为P.398的遗存,发现"(天然)褐色、黄色、深红色、深蓝色、浅蓝色、深绿色、浅绿色"的"丝绸残片"。地点7标号为P.443的遗存也发现丝织物,"色泽有褐色(天然)、黄褐色、浅绿色、深绿色、蓝绿色、和深蓝色"。金关遗址A32地点A发现"有朱红色阴影的鲜红丝绸残片",地点B发现"玫瑰红、天然褐色丝绸和丝绸填料残片",地点C发现"天然褐色、褐色和酒红色丝绸残片",地点E发现"丝质服装、丝绸填料和纤维织物残片","丝绸为天然褐色、绿色、蓝绿色、蓝色和红色"。地湾遗址A33地点4发现的丝绸残片,色彩包括"褐色、浅红色、深红色、绿黄棕色、黄绿色和黄色"。又据记述,"色度为:接近白色、褐色、红色、绿色、普鲁士蓝"。大湾遗址A35地点1、地点2、地点5、地点12发现"丝绸残片",地点4、地点6、地点7、地点8、地点9、地点10发现"纺织物残片"。地点1标号为P.66的遗存,发现"各种颜色(浅黄色、灰色、褐色、绿色和玫瑰红色)的丝绸残片"。(〔瑞典〕弗克·贝格曼考察,〔瑞典〕博·索马斯特勒姆整理，黄晓宏等翻译，张德芳审校《内蒙古额济纳河流域考古报告：斯文·赫定博士率领的中瑞联合科学考查团中国西部诸省科学考察报告考古类第8和第9》，学苑出版社，2014年，第34—35页，第60页，第86页，第94页，第284页，第288页，第333页，第334页，第339页，第350页，第376—377页）

有的丝绸残片是在鼠洞里发现的。额济纳河流域汉代遗址的丝绸遗存普遍经过鼠害破坏，因此每多残碎。但是台地地区"地点7"标号为P.402的发现，据记录："黄色（天然）丝绸残片，其中一块的整体宽51.5—51.7厘米。"地湾遗址A33"地点6"发现的丝绸残片中，"第2件和第19件保留了完整的宽度，其宽分别为45厘米和40厘米。"（《内蒙古额济纳河流域考古报告：斯文·赫定博士率领的中瑞联合科学考查团中国西部诸省科学考察报告考古类第8和第9》，第275页，第288页，第359页）《汉书》卷二四下《食货志下》说"布帛广二尺二寸为幅"的统一规格，以西汉尺度通常23.1厘米计，应为50.82厘米，"整体宽51.5—51.7厘米"的形制与此接近。而以东汉尺单位量值23.5厘米计（丘光明编著《中国历代度量衡考》，科学出版社，1992年，第55页），"广二尺二寸为幅"恰好为51.7厘米。也就是说，这些织品遗存，当时有相当数量并非成衣，而是以全幅形式出现，很可能是以"匹"为单位的丝绸。

汉代礼俗制度，色彩的使用依身份尊卑高下有所不同。如《续汉书·舆服志下》："公主、贵人、妃以上，嫁娶得服锦绮罗縠缯，采十二色，重缘袍。特进、列侯以上锦缯，采十二色。六百石以上重练，采九色，禁丹紫绀。三百石以上五色采，青绛黄红绿。二百石以上四采，青黄红绿。贾人，缃缥而已。"自"采十二色""采九色""五色采""四采"至所谓"缃缥"，形成了等级差别。"缃缥"，是极普通的单一之色。除了为下层人士服用的这种"天然褐色"织品之外，河西边塞遗址发现的色彩纷杂绚丽的织品，不大可能制作普通军人亲身衣物。有经济史研究者注意到"至今仍不时在沿丝路沙漠中发现成捆的汉代丝织品"。当时丝路交通形势十分复杂，"所谓通西域的丝路，实际上是在亭障遍地、烽墩林立和烟火相接的严密保护下才畅通无阻的"（傅筑夫：《中国封建社会经济史》第2卷，人民出版社，1982年，第440页，第439页）。而河西烽燧遗址发现的大量的"汉代丝织品"，也成为丝绸之路贸易史的生动见证。不过，"汉代的丝织品"流通与"亭障""烽墩"的关系，未必可以简单以"严密保护"说明。河西边塞戍卒有"贳卖衣财物"的经济行为。他们从家乡带来的织品通过出身当地的军人进入河西市场复杂的流通程序。这种流通不排除匈奴人参与的可能。

居延汉简可见边塞军人逃亡事件的记录。典型的一例，即所谓"持禁物兰越塞"的五人中，有常安亭长王闳父子、攻房亭长赵常以及"客民赵闳范禽"。他们"兰越甲渠当曲燧塞，从河水中天田出"，"于边关徼逐捕未得"，可以说是叛逃成功。所谓"常及客民赵闳范禽一等五人俱亡皆共盗官兵"，"五人俱亡皆共盗官兵臧千钱以上带大刀剑及铍各一"，是一起严重的"亡人越塞"案（E.P.T68:54—76）。现役军人以"亡"的形式向匈奴方向的叛逃，即史称"亡入匈奴"者，文献不乏记录。典型的例子有《汉书》卷九九中《王莽传中》："戊己校尉史陈良、终带共贼杀校尉刁护，劫略吏士，自称废汉大将军，亡入匈奴。"这是具有敌对政治情绪者"亡入匈奴"的情形。其他比较普遍的"亡出塞"现象，如"习边事"之"郎侯应"所指出的，第一种为以往从军出征者未能回乡，"子孙贫困，一旦亡出，从其亲戚"，第二种为以为"匈奴中乐"，不必承担沉重的劳役责任，"边人奴婢愁苦，欲亡者多"，第三种为"犯法""盗贼""如其窘急，亡走北出"（《汉书》卷九四下《匈奴传下》）。丝绸作为价位较高的物资，与多种"禁物"同样为"亡人"所"持"而"兰越塞","北出"匈奴地方,是很自然的事情。这或许可以看作汉与匈奴之间以丝绸交易体现的经济联系的特殊方式。

战国秦汉政论的"美善"

遵循学理原则,讲究科学学风的严肃的学术论文,是否可以显现文采?对于学术论文的文采,是否应当鼓励和提倡呢?考虑这一问题,可以关注古来成功的、有影响的政论的行文风格,以为有意义的参考。

"美善不空,才高知深之验也"

被称为法家思想集大成者的《韩非子》一书,纯粹是严肃的政论性质。典型的法家代表人物或世称"刻薄"(《史记》卷六八《商君列传》)。法家理论具有同样的风格,是众所周知的。然而《韩非子》论说的新鲜和文辞的生动,却打动了人称"少恩而虎狼心"(《史记》卷六《秦始皇本纪》)的冷酷的君主秦王嬴政,也就是后来的秦始皇。《史记》卷六三《老子韩非列传》写道:"人或传其书至秦。秦王见《孤愤》《五蠹》之书,曰:'嗟乎,寡人得见此人与之游,死不恨矣!'李斯曰:'此韩非之所著书也。'秦因急攻韩。韩王始不用非,及急,乃遣非使秦。秦王悦之。"

司马迁笔下还可以看到另一则大体类同的记载,这就是汉武帝发现司马相如的故事。《史记》卷一一七《司马相如列传》说:"蜀人杨得意为狗监,侍上。上读《子虚赋》而善之,曰:'朕独不得与此人同时哉!'得意曰:'臣邑人司马相如自言为此赋。'上惊,乃召问相如。"秦王政言韩非,"寡人得见此人与之游,死不恨矣",汉武帝言司马相如,"朕独不得与此人同时哉"!宋代学者刘昌诗《芦浦笔记》卷七《比事》说到宋人吴曾撰《能改斋漫录》卷一四有《记文类对》,以为经典文献中此类内容还有许多,于是举出《史记》中八例:"《漫录》取'类对'为一门,然经传中可类者多矣,姑以《史记》有八事相比,因记之。"所记第三组"比事",就是"《韩非传》:秦王见《孤愤》《五蠹》之书"和"《司马相如传》:上读《子虚赋》而善之"。宋代学者孔平仲《珩璜新论》也将这两个故事放在一起讨论,就此评价秦皇汉武的政治文化资质。他写道:"二君者,虽用人不能终,然亦可谓知文好士之主也。"言"好士"惜其"用人不能终",言"知文",则是中肯的评价。

"秦皇汉武"是政治成就显著的帝王。然而有人以为文化方面不免欠缺,因而毛泽东有"略输文采"的批评(《沁园春·雪》)。这两位政治强势人物,却分别通过读书,被作者的语言文字魅力打动,因此发现了人才。值得我们注意的是,司马相如赋作具有文学感染力是理所当然的。然而《韩非子》却在冰冷的法家政论中,以其文辞的力量实现了对帝王的神奇的心理征服,其语言效能令人感慨。

《论衡·佚文》也说到这两件文章史上的突出事例:"韩非之书,传在秦庭,始皇叹曰:'独不得与此人同时!'""孝武善《子虚》之赋,征司马长卿。"此外,王充又讲了其他的故事,比如:"孝武之时,诏百官对策,董仲舒策文最善。王莽时,使郎吏上奏,刘子骏章尤美。"他就论说文字的"善"和"美",发表了这样的意见:"美善不空,才高知深之验也。"文辞的"美善",可以表现"才"之"高"与"智"之"深"。也就是说,"文""章"是否"美善",是全面的文化资质的体现。

"博喻之富"与"奇"的追求

对于战国时期百家政论的精彩文辞,《文心雕龙·诸子》说:"诸子者,入道见志之书。太上立德,其次立言。百姓之群居,苦纷杂而莫显。君子之处世,疾名德之不章。唯英才特达,则炳曜垂文,腾其姓氏,悬诸日月焉。"在综合评述"诸子"思想和文字的成就时,刘勰特别表扬了"韩非著博喻之富"。

汉明帝永平年间出现"神雀群集"的祥瑞,皇帝诏令官员们就此作《爵颂》呈上,"百官颂上文皆比瓦石,唯班固、贾逵、傅毅、杨终、侯讽五颂金玉"。汉明帝阅读了这些作品,据王充记述:"夫以百官之众,郎吏非一,唯五人文善,非奇而何?"这里又说到"文善"。

《文心雕龙·颂赞》:"四始之至,颂居其极。颂者,容也,所以美盛德而述形容也。""至于秦政刻文,爰颂其德。汉之惠景,亦有述容。沿世并作,相继于时矣。若夫子云之表充国,孟坚之序戴侯,仲武之美显宗,史岑之述熹后,或拟《清庙》,或范《駉》《那》,虽深浅不同,详略各异,其褒德显容,典章一也。""颂"常用以"美盛德而述形容","褒德显容",服务于政治宣传的性质是明显的。而班固等五人却以"颂"的文采赢得了"金玉"的赞誉。

"文辞美恶,足以观才"

怎样的文章才可以称作"美善"?"美善"的体现,是否仅仅在于文句的"炳曜"光彩和论辩的"博喻"多奇呢?

王充又写道:"《易》曰:圣人之情见于辞。文辞美恶,足以观才。"通过"文辞"的"美"和"恶",也就是"金玉""瓦石"之别,可以看出"才"的高下,这是很明白的事情。而《易·系辞下》所谓"圣人之情见乎辞",也许更值得我们注意。此说或许可以有多种理解。而高水准的"辞"应当有"情"作为成功表达的基本条件,这样的解说或许也是可以成立的。作者的真切情感寄托其中,才可能使得文字具有感染力。如果作者对所论内容并没有真诚的"情",甚至并不坚信自己所论说观点的合理性,要感动和征服读者自然是不可能的。

文章应当追求"美",而"美"其实是附于"情"的。《文心雕龙·情采》说:"老子疾伪,故称'美言不信';而五千精妙则非弃美矣。庄周云,'辩雕万物',谓藻饰也。韩非云,'艳采辩说',谓绮丽也。绮丽以艳说,藻饰以辩雕,文辞之变,于斯极矣。研味李老,则知文质附乎性情。"思想的宣传"非弃美",或说"藻饰""艳说"自有意义。但是论说重在"文质",而"文质附乎性情"。这一意见,也可能接近《论衡·对作》中提倡的"旨直"和"情实"。

刘勰理解和赞同"老子疾美",以及所谓"美言不信"。也就是说,对"美"的片面追求使人担心会损害其真实品质。前引文字随后的一句话,即"详览庄韩,则见华实过乎淫侈",即强调了"文善"的另一基本条件,就是"华实"。"华实",可以理解为"华"和"实"的兼美,而基点立足于"实",也就是《论衡》所谓"美善不空"的"不空"。

"圣人不空作,皆有依据"

"不空"的含义,一则如许慎《说文解字叙》中所说"圣人不空作,皆有依据"。《论衡·死伪》的"实有不空",应当也是大致同样的意思。又《论衡》所谓"不空言"(《说日》),"语不空生"(《祭意》)等,也宣传了同样的理念。论辩一定要有"依据",当然是说理有力的基本条件。

"不空",其实还有另外的更深层次的含义。《论衡·对作》又说了这样一番话，也许可以看作关于这一含义的说明。王充写道："或问曰：贤圣不空生，必有以用其心。上自孔、墨之党，下至荀、孟之徒，教训必作垂文，何也？对曰：圣人作经，贤者传记，匡济薄俗，驱民使之归实诚也。"圣贤著文，自有宣传其理论主张，"匡济薄俗"，引导世心归于"实诚"的主题。如果没有这种正当的意义，则论说难免失之于"空"，流为俗等，距离"美善"境界远而又远。"故夫贤圣之兴文也，起事不空为，因因不妄作，作有益于化，化有补于正。"行文论事，自有意义，绝对"不空为"，"不妄作"。王充又说："贤人之在世也，进则尽忠宣化，以明朝廷，退则称论贬说，以觉失俗。俗也不知还，则立道轻为非；论者不追救，则迷乱不觉悟。"他表白自己的著作就是坚持这样的原则的，"是故《论衡》之造也，起众书并失实虚妄之言，胜真美也。故虚妄之语不黜，则华文不见息，华文放流，则实事不见用。故《论衡》者所以铨轻重之言，立真伪之平，非苟调文饰辞为奇伟之观也。其本皆起人间有非，故尽思极心以讥世俗。"《论衡》的撰写，志在"实事"之"用"，绝不是轻浮地炫耀文采，"苟调文饰辞为奇伟之观"。

不过，王充以为应当"黜""息"的所谓"虚妄之言""虚妄之语"即"华文"的泛滥，正迎合着世俗。"世俗之性，好奇怪之语，说虚妄之文。"这是为什么呢？原因在于在通常的情况下，"实事不能快意，而华虚惊耳动心也"。正因为如此，"才能之士，好谈论者，增益实事，为美盛之语；用笔墨者，造生空文，为虚妄之传"。于是，文化的危害形成了，"听者以为真然，说而不舍；览者以为实事，传而不绝。不绝，则文载竹帛之上；不舍，则误入贤者之耳"。这种倾向的社会影响相当深重，"至或南面称师，赋奸伪之说；典城佩紫，读虚妄之书"，"明辨然否，疾心伤之，安能不论"？王充对此痛心疾首。他著书立说，推出《论衡》的目的之一，就是扭转文风："冀悟迷惑之心使知虚实之分。实虚之分定，而华伪之文灭；华伪之文灭，则纯诚之化日以挚矣。"

学术论著的根本原则和终极追求是推崇"纯诚之化"的。人们在努力完善学术论著的文采的同时，也应当记得王充的警告，抵制"虚妄"，力戒"华伪"。

称谓研究与秦汉社会文化的新认识

社会称谓,是社会生活中自然形成的人物或人群的指代名号。"宗族婚姻,称谓不同"(《尔雅》郑樵注),"各有等差,不相假借"(梁章炬《称谓录·序》)。社会称谓是社会身份的符号,是标志着社会等级,体现着社会关系,维护着社会结构的基本秩序的一种文化存在。《后汉书·郎𫖮传》:"改易名号,随事称谓。"《史通·称谓》也说:"古往今来,名目各异。区分壤隔,称谓不同。"社会称谓因区域文化存在差异,随时代发展有所变化。人们日常使用的社会称谓,其实既有传统的影响,也有历史的印记,有些还暗含某种文化象征意义。讨论历史上社会称谓的变化,是社会史和文化史研究的重要任务。

称谓研究的学术基础和时代条件

19世纪以前,有关古代称谓的文献,除《尔雅·释亲》和《礼记·曲礼》提供资料较多,《小尔雅》《方言》《释名》《广雅》等又有所充实而外,诸多有关历代称谓的信息,往往散见于各种古籍以及金石简帛资料之中。清代以前可以称作专门的称谓研究论著的,可能只有《隋书·经籍志》著录的后周卢辨的《称谓》五卷。然而此书早已亡佚。清代学者梁章炬著《称谓录》,林则徐为作序,称誉"此举洵为盛事",对于这部书的社会影响,也有"家置一帙,人手一编,不待言也"的估价。梁恭辰在该书跋语中也说,《称谓录》未及成书,"而索观者接踵而至"。可见称谓研究的工作自有学术意义,也适应了社会的需求。然而《称谓录》一书正如作者在自序中所说:"闻见短浅,客邸无书,略为部分,难免漏略",因多种条件的局限,存在讹误和遗漏的情形。作者在该书《凡例》中说:"所征引难免漏略,以后得者,当入续录,以作补遗。"可见梁章炬对于此书的局限性有比较充分的估计。作者本人"续录""补遗"的设想没有实现,但是我们可以将"以后得者"云云,读作对于后来研究者的殷切期盼。在梁氏《称谓录》之后,又有郑珍撰《亲属记》问世,这部书的内容仅限于亲族称谓,阐释比较集中,引证比较详细,但是总体分量要比《称谓录》薄弱。

20世纪以来的中国社会史研究,有的学者是从社会称谓切入,得到了阶级结构的认识。如对"君子""小人"以及"民"和"国人"的分析,都促成了阶级关系史的新知的获得。就秦汉社会称谓而言,对"黔首""闾左""奴婢""隶臣妾"等问题,也多有学者进行过讨论。然而,20世纪历史学界虽对社会称谓研究多有关注,却少有学者集中精力完成的专门之作。事实上,近数十年来,考古工作的进步,使得大量的新资料呈示在学界面前,社会称谓研究是有条件迈出新的步伐的。

秦汉称谓研究的意义

秦汉时期作为中国古代历史中的一个特殊阶段,当时的社会结构、社会组织和社会风貌都出现了历史性的变化,对于后来社会历史的进程也有重要的影响。研究秦汉称谓,对于深入认识当时的社会状况进而全面理解当时的历史文化,有不宜忽视的意义,对于探索社会称谓此后千百年来演进的历史过程,也有不宜忽视的意义。

研究秦汉称谓，并进而分析不同社会身份构成的社会关系以及相应的社会结构，国内外学术界尚未有较全面的综合性的成果推出。这一研究因而在一定意义上具有填补学术空白的价值。近期结项，鉴定等级为优秀的2007年度国家社科基金项目"秦汉社会称谓研究"（项目批准号：07BZS007；项目主持人：王子今）对于这一研究有所推进。

称谓与秦汉等级秩序

秦汉时期有一些新使用的称谓，体现了鲜明的时代特征。由于秦汉时期是中国古代政治管理范式形成的重要历史阶段，若干称谓不仅当时的出现标志着政治新局的成立，这些称谓长期使用，又体现了秦汉政治体制的久远的历史影响。例如"皇帝"称谓。"皇帝"是标志秦制权力顶点的政治符号，自秦始皇使用后，一直沿用到20世纪初。对于"秦制与'皇帝'称谓发明"的讨论，有益于对中国传统政治体制的理解。与"皇帝""名号"同样醒目，另有指代居于权力结构最底层者之身份的称谓，这就是秦统一前已经开始使用，被秦王朝确定为民众法定身份符号的"黔首"。"黔首"称谓使用不久就为"民""百姓"等所替代。然而，"黔首"在汉世依然看到作为社会称谓使用的片段的文化遗存。"黔首"在长久的政治史和社会史中保留深刻记忆，也体现了秦政和秦文化的历史影响。

"太上皇"称谓的最初发生，与"皇帝"同时。历史上"太上皇"和"皇帝"之间的帝位传递和帝权继承，有十分复杂的情节表现。汉代曾经兴起于社会下层的武装暴动集团以反政府为旗帜，却并不否定皇权。"妖贼"称"太上皇帝"的史例，也值得关注。

对于汉代官吏"粪土臣"自称以及汉代社会普遍的"贱子"自称，研究收获也充实了我们有关秦汉社会等级的知识。通过这样的称谓形式，可以了解帝制奠基时代政治生活等级规范形成并初步确定的情景，认识奴性心理生成的历史背景和文化条件。使用范围相对狭小的"主公"称谓，也体现了特定区域、特定集团的社会人际关系。

里耶秦户籍简可见所谓"小上造""小女子"。两汉社会的"小男""小女"同样与未成年人承担的社会责任相关。又如"小儿""竖""小""细小"等称谓的理解，都有助于我们认识当时未成年人的生活。

称谓与秦汉职业身份

有的文献记录中说到秦"小子军"。这一称谓反映了军事史上值得重视的现象。

秦汉社会称谓中见于简牍资料的"津卒""津吏""车父""就人""将车人""邮卒""驿兵"等，都与交通制度和运输经营有关。

秦汉"小儿医"称谓，则体现中国古代医学史进程中引人注目的标志之一。考察有关信息，可以丰富对秦汉社会生活具体情状的认识，医学史的研究，也可以由此得到新的认识。

战国秦汉所谓"酒人"，是酒业生产经营的标志性遗存。

汉代"童子郎"身份反映了"少为郎"现象。汉代宫廷的"小儿官"以及东汉所谓"小侯"，都以特殊称谓说明了特殊职任的出现。

称谓与秦汉家庭结构

社会称谓诸多品类之中，亲属称谓往往能够较为真切、较为细致、较为生动地体现社会生活的具体情状。历代亲属称谓多随社会演进而屡有变化。研究不同历史时期亲属称谓形式与内涵的衍变，可以帮助我们理解当时的宗族结构和社会关系。张家山汉简的有关内容可以为汉代亲族研究提供新的资料。例如有关"偏妻""下妻"称谓的简文，就值得我们重视。简文所见"叚大母"称谓，也反映了当时家庭结构的复杂。

秦汉与"婴儿""婴女"称谓有关的历史信息，是考察未成年人在家庭中生活境况的标本。反映汉代以来"寡嫂"和"孤兄子"身份及其在家族中特殊地位的资料，在文献记录中多有遗存。所谓"养寡嫂孤兄子"这种特殊的社会救助形式，对于社会保障史研究有值得重视的意义。

汉代军队中"卒妻"身份的认识，既属于军事史研究的主题，也可以增进对于战争生活中特殊家庭关系的理解。

称谓与秦汉民族关系

西汉时期，出身北方少数民族的"胡巫"曾经高踞接近王朝统治中枢的地位，进行过活跃的文化表演。他们的活动，反映了当时各民族文化交汇的时代趋势。他们的宗教实践，曾经对国家的政治走向和民间的社会生活都发生过值得重视的影响。与"胡巫"同样，"越巫"也曾经为汉王朝最高统治者看重，在汉代文化生活中表现出特殊的作用。

两汉军队构成中可见"胡骑"即出身北方草原游牧族的骑兵。朝廷卫戍部队有"胡骑"建置，"胡骑"甚至充任帝王近卫。边地防卫力量中也有"胡骑"。"胡骑"参与汉王朝军队的远征，有与本族军队血战立功的史例。汉朝军制中的"越骑"部队也值得重视。

汉代有"商胡贩客"活跃于边境地方，内地亦"商贾胡貊，天下四会"，其中明确有"西域贾胡"。出身"胡"的外族人士参与汉代商业经营者对于社会经济的繁荣有所贡献。文献记载所见"贾胡""商胡"称谓反映了这一现象。当时外国使团中也有被称作"行贾贱人"的商业经营者。乐府诗中"酒家胡"称谓，则体现少数民族出身者从事都市饮食服务业经营的情形。

汉代画象资料中所见"胡奴",说明社会生产和社会生活中活跃着族属为"胡"的底层劳动者。

称谓与秦汉社会控制

"亡人"称谓频繁见于秦汉律令、政论、行政文书和历史记载。"亡人"和"流民",是挣脱政府控制的人口。他们的活动,考验着执政者的行政能力。在社会文化史进程中,"亡人"和"流民"也是促成社会交流和文化融汇的活跃因子。居延简及敦煌简所见"客",反映了汉代西北边地的人口流动,相关记录也是重要的行政史料。

东汉以来,海上反政府武装被称为"海贼"。"海贼"以较强的机动性,形成了对"缘海"郡县行政秩序的破坏。居延汉简"海贼"通缉文书,早于正史的记载。汉代所谓"山贼""江贼"等,也指代不同形式的暴动民众。

居延汉简所见"明府"可以与文献记载相互印证,体现了当时对于一定等级官僚的通行称谓。"魁""渠率"等具有时代特征的身份,也与社会控制形式有关。

称谓与秦汉世俗风习

秦汉时期所谓"少年",往往成为城市中背离正统、与政府持不合作态度的社会力量。他们的活动,对社会治安表现出显著的影响。"少年"的社会成分其实比较复杂,然而活跃而激烈的性格特征和行为风格体现出秦汉社会放达侠勇的时代精神。而"恶少年"称谓,则指代危害公共秩序的社会成分。

秦汉酒业经营繁荣。史籍多见"好酒"风习的记录。社会称谓"酒徒"的出现,也是体现相关历史文化风貌的迹象。从现有文献遗存看,"酒徒"称谓可能最初出现于战国阶段,而秦汉时期以"酒徒"自称者曾经有突出的历史表现。秦汉时期的"歌人"称谓,则表现了社会生活其他层面的特殊情状。

"处士"称谓在先秦已经出现,在汉代甚为通行。"处士"一般指在野的民间知识人。考察从"处士"到"议士"的参政路径,可以看作认识秦汉社会文化风貌的一个特殊视角。

秦汉时期的生态环境

从公元前221年秦始皇实现统一至公元220年曹丕代汉的秦汉时期，中国文明的构成形式和创造内容都有重要的变化。总结秦汉历史进步的条件，不能忽视生态环境的作用。秦汉时期的总体生态环境状况与现今有所不同，秦汉时期各个地域间的生态环境状况有所差异，秦汉时期前后400余年间的生态环境状况也有所变化。

秦汉气候形势

气候条件对于以农业为主体经济形式的社会，显然是经济进程中至关重要的因素。许多资料可以表明，秦汉时期的气候条件与现今不同，在两汉之际，又发生了由暖而寒的历史转变。

作为根据气候条件决定农时的农事规范，二十四节气的次序在秦汉时期曾经发生过变化。现今二十四节气中"雨水—惊蛰"的次序，在汉代起初是"惊蛰—雨水"。这说明在当时的气候条件下，初春气温回升至于冬季蛰伏的动物开始活动的时日，要较后世为早。据《汉书·律历志下》，可以知道现今二十四节气中"清明—谷雨"的次序，在汉代起初是"谷雨—清明"。（参看王鹏飞：《节气顺序和我国古代气候变化》，《南京气象学院学报》1980年第1期）这也应当与当时的气候条件有关。

多年科学考察所获取的资料，许多也可以作为秦汉气候史研究的实证。主要根据我国东部平原及海区构造沉降量的估算所绘制的中国东部的海面升降曲线表示，距今两千年前后，海面较现今高2米左右。海面升降是气候变迁的直接结果。根据植被、物候等资料试拟的华北平原古气温曲线，表明当时气温大约高于现今1℃左右。根据同类资料试拟的上海、浙北古气温曲线，表明当时气温大约高于现今2℃左右。根据海生生物群试拟的东海与黄海古水温曲线，表明当时东海和黄海水温大约高于现今3℃左右。（王靖泰等：《中国东部晚更新世以来海面升降与气候变化的关系》，《地理学报》1980年第4期）根据孢粉资料分析北京地区植物群的发展，可知在距今约五千年至三千年的历史阶段，北京曾经进入气候温暖期，而至于距今二千年至一千年，则进入一次气候干温时期，湖沼有所消退，出现了以松为代表的森林草原。（孔昭宸等：《北京地区距今30000—10000年的植物群的发展和气候变迁》，《植物学报》1980年第4期）

自汉武帝时代起，史籍已经多见关于气候严寒的记录。自西汉末年到东汉初年，有关严寒的历史记载更为集中。东汉初期，史书多有"盛夏多寒""当暑而寒"等气候极端异常的记载。东汉中晚期，更多见大暑季节而"寒气错时"，以及"当温而寒"，"当暖反寒，春常凄风，夏降霜雹"等异常气候记录。

秦汉植被和野生动物分布

西汉时期，关中地区有繁茂的竹林，与现今自然植被景观形成强烈的对照。司马迁《史记》卷一二九《货殖列传》说，拥有"渭川千亩竹"者，经济地位可以相当于"千户侯"，而以"竹竿万个"为经营之本者，也可以和所谓"千乘之家"并列。《汉书·东方朔传》说，当时人曾以关中有"竹箭之饶"，而称之为"天下'陆海'之地"。司马相如秦赋描述关中风景，有"览竹林之榛榛"的辞句。班固《西都赋》赞美关中地区的自然条件，也写道："源泉灌注，陂池交属，竹林果园，芳草甘木，郊野之富，号为近蜀。"不仅关中竹林之丰饶负有盛名，当时的黄河中下游地区大体都属于同样的植被类型。司马迁在《史记》卷一二九《货殖列传》中分析各地出产，"竹"居于山西物产前列，却不列于江南物产之中，说明当时黄河流域竹的分布，对于社会经济的意义甚至超过江南。《后汉书》卷三一《郭伋传》说到东汉初年西河美稷"有童儿数百，各骑竹马"的情形。美稷，地在今内蒙古准格尔旗西北。当时竹类生长区的北界，已几近北河今天沙漠地区的边缘。

秦汉时期森林草原的覆盖率远远高于现代。即使在人文创造相当丰富，文明积累相当长久的关中地区，如张衡《西京赋》所记述，草木繁茂，"浟湙无疆"，"林麓之饶，于何不有"。

秦汉时期中原地区尚有金丝猴生存。长江流域和珠江流域广大地区有犀牛和象分布。孔雀等动物生存的地域也远较现今辽阔。秦汉民间礼俗有保护野生动物的内容。《月令》等文献记录了孟春之月不得毁坏鸟巢，不得杀害怀孕的动物，不得杀害幼小的动物，不得取禽类的卵，季春之月禁止用弓箭、网罗、毒药猎杀禽兽，孟夏之月不许进行大规模的围猎等规定。甘肃敦煌悬泉置汉代遗址发掘出土的泥墙墨书《使者和中所督察诏书四时月令五十条》有关于野生动物保护的内容。许多资料表明，这样的"时禁"是得到切实施行的。

秦汉时期的水资源条件

根据历史水文资料，秦及西汉时期长江水位显著上升。当时长江以南的洞庭湖、鄱阳湖、太湖等，水面都在不断扩大（中国科学院地理研究所等：《长江中下游河道特性及其演变》，科学出版社，1985年，第64页）。当时黄河流域的湖泊，数量和水面也都曾经达到历史的高峰。

据《三辅黄图》卷四《池沼》记载，仅长安附近，就有23处湖泊。位于长安西南的昆明池曾经有"周回四十里"的规模。《周礼·夏官·职方氏》关于雍州地形，说到有名为"弦蒲"的泽薮。昆明池和规模相当大的弦蒲泽，以及关中当时众多的湖泽，后来都已堙涸不存。事实上，当时黄河流域的许多大泽，今世都已经难寻旧迹。《吕氏春秋·有始》说"秦之'阳华'"是"九薮"之一。后来《淮南子·地形》及《尔雅·释地》也都沿承了这一说法。但是"阳华"地望，却不能明确。东汉博闻学者许慎、郑玄、应劭、高诱，以及西晋大学问家杜预、郭璞等，都已经弄不清楚《吕氏春秋》成书前后这一作为秦地湖泊之首的泽薮的方位了。很可能在东汉中期前后，这个湖泊已经完全堙灭了。

秦汉生态环境变化的人为因素

秦汉时期农耕经济的发展，刺激了垦荒事业的兴起。土地占有状况的不合理，使得没有土地和只有少量土地的农民到处开垦。《九章算术·方田》中，有关于测定不规则农田，如所谓"圭田""邪田""箕田""圆田""宛田""弧田""环田"等面积的算题，反映了当时耕田开辟的破碎无序。滥垦的土地产量不会很高，于是又导致了进一步扩大的滥垦。这种人为因素的影响，造成了生态平衡的失调。森林、草原及其他植被的破坏，使得水土流失越来越严重。史念海曾经指出，黄河原来并不以"黄"相称，到西汉初年才有了"黄河"的名称，"这应该和当时森林遭受破坏和大量开垦土地有关"（史念海：《论历史时期黄土高原生态平衡的失调及其影响》，《河山集》（三集），人民出版社，1988年，第151页）。

以木材作为燃料，厚葬风习致使棺椁用材耗费巨大，以及为营造富丽宏大的宫廷建筑而大量砍伐林木，也是使森林受到破坏的主要原因。秦及西汉的都城建设，曾经就近于终南山上取材。据《后汉书》卷五四《杨彪传》，东汉末年，董卓逼迫汉献帝迁都于长安时，曾说过可以利用陇右材木建筑宫殿，这显示出经过西汉的砍伐，历时200多年，终南山上的森林尚未能恢复起来（史念海：《森林地区的变迁及其影响》，《河山集》（五集），山西人民出版社，1991年，第64页）。

秦汉时期在北边地区的大规模屯垦，也导致了当地生态条件的变化。据《汉书》卷九四下《匈奴传下》记载，长城以北地方草木茂盛，禽兽繁衍，匈奴以此为主要生存基地。秦汉经营北边，动员军屯与民屯，移民规模有时一次就数以十万计。于是北边出现了"人民炽盛，牛马布野"的景象。东汉以后，北边城郭又大多废毁。侯仁之、俞伟超等经过对朔方郡垦区遗址的实地考察后指出，"随着社会秩序的破坏，汉族人口终于全部退却，广大地区之内，田野荒芜，这就造成了非常严重的后果，因为这时地表已无任何作物的覆盖，从而大大助长了强烈的风蚀作用，终于使大面积表土破坏，覆沙飞扬，逐渐导致了这一地区沙漠的形成。""现在这一带地方，已经完全是一片荒漠景象"，"绝大部分地区都已为流动的以及固定或半固定沙丘所覆盖。"个别地方，"沙山之高竟达50米左右。"（侯仁之、俞伟超、李宝田：《乌兰布和沙漠北部的汉代垦区》，《治沙研究》第7号，科学出版社，1965年，第31—33页）史念海曾经分析说，西汉一代在鄂尔多斯高原所设的县多达20多个，这个数字尚不包括一些未知确地的县。当时的县址，有一处今天已经在沙漠之中，有7处已经接近沙漠。"应当有理由说，在西汉初在这里设县时，还没有库布齐沙漠。至于毛乌素沙漠，暂置其南部不论，其北部若乌审旗和伊金霍旗在当时也应该是没有沙漠的。"（史念海：《两千三百年来鄂尔多斯高原和河套平原农林牧地区的分布及其变迁》，《河山集》（三集），人民出版社，1988年，第99—103页）过度开垦和随后废弃所导致的生态环境恶化，成为深刻的历史教训。

秦汉史研究理论认识散谈

秦汉史研究有悠久的渊源和长期的积累，近数十年取得的进步亦有目共睹。然而，学术视野的扩展和研究方法的创新仍然有待于学者的进一步努力。应当说，秦汉史研究有继续拓进的宽广空间。有人认为，秦汉史研究的园地早经反复锄耘，千百年来久已精耕细作，题目已经基本做完。这样的意见，我们是不同意的。不要说新材料层出不穷，有待于整理和研究的出土文献数量浩繁，内容丰富，其中新鲜信息无穷无尽，就是人们熟读了的"前四史"等秦汉基本文献，未知的或者说至今尚未真正准确理解的内涵还有很多。而从新的视角分析和理解秦汉史，还有无数新尝试的可能。此外，理论认识的深化，也被不少学者看作当前秦汉史研究科学水准提升的必要条件之一。

有关秦汉史研究的理论认识，有不同的层次，包括对于秦汉时期理论成就的认识问题，对于秦汉时期执政思想的理论基础问题，以及研究秦汉史的理论方向和理论方法问题等等。推进相关认识的深化，或许应当关注以下主题，即：第一，对秦政理论基础的判断；第二，对汉代学者整合先秦理论创造的理解；第三，对秦汉思想意识的理论说明；第四，秦汉史微观和中观考察的理论指导；第五，秦汉史宏观研究的理论总结；第六，有关秦汉史在整个中国历史和世界历史中的地位的理论思考。

对秦政理论基础的判断

秦王朝的行政理念是否以法家思想作为理论基础，对于相关理论的性质和影响，学界有不同的认识。有学者认为对秦政影响至为深刻的法家学派"倡导的极权主义颇近于法西斯"（李约瑟：《中国科学技术史》第2卷《科学思想史》，王玲协助，何兆武等译，科学出版社、上海古籍出版社，1990年，第1页）。有的学者则认为应当"全面评价商鞅变法及商鞅与其后学所共同构成的商鞅之学体系的全部内容"，肯定"秦的法治精神与法治传统"，以为具有"进步的、足以为后世法又为前世所无、后世所不道不为的"历史积极意义。强调"秦于'严刑峻法'之中贯彻着一种'平等'的精神"，"一种公平原则"。"秦之末，便可以说是政府不顾常法原则而纯任政令，即为所欲为。"（张金光：《秦制研究》，上海古籍出版社，2004年，第30—31页）有学者提出否定秦王朝行政有理论指导或者理论支持的意见，以为秦代是一个"没有理论的时代"（邵勤：《秦王朝：一个没有理论的时代——对法家思想与秦代实践关系的反思》，《华东师范大学学报》1985年第6期）。有的学者则从另一视角进行考察，以为影响秦政更重要的思想文化因素在于"秦人的价值观"（林剑鸣：《从秦人价值观看秦文化的特点》，《历史研究》1987年第3期；《秦人的价值观与中国的统一》，《人文杂志》1988年第2期）。

相关讨论还有继续深入的必要。对秦王朝执政之理论基础或理论指导的判断得以明朗，有助于全面理解秦汉政治史，也有助于说明此后二千年帝制基本格局的政治文化基点。

对汉代学者整合先秦理论创造的理解

汉代对先秦原创文化的积累进行了追忆、收辑、整理。在这样的工作中，又实现了新的理论创造。现今我们所看到的先秦文献中，已经有汉代学者加工充实的内容。吕思勉曾经指出，《荀子》书就有这样的情形。"其书同《韩诗外传》二戴《（礼）记》《说苑》《新序》处最多"，且有同《春秋繁露》等书处，不免汉代学者将自己时代的思想理论加入其中。他指出，"伪古文《尚书》一案，固眯学者之目千余年矣。然此特今人之学，仅能拣替魏晋人之伪品耳。若以史家之眼光，视古书为史料，则由此等而上之，别东汉人之所为于西汉人之外，别西汉人之所为于春秋战国时人以外，别春秋战国时人所为于西周以前人以外，其劳正未有艾。"（吕思勉：《辨梁任公阴阳五行说之来历》，《东方杂志》第2卷第20号）也许对《荀子》等具体文献的判断还可以商榷，但是注意应当别汉代人之所为于先秦人之外的主张，是科学的认识。有论者肯定吕思勉"考辨两周至两汉的史料的新设想"，"'拣剔''伪品'的新设想，是在他多年精研先秦两汉文献的基础上提出来的。我国先秦古籍，大多口耳相传，至汉代始著竹帛。其间辗转流传，自不免有后人特别是两汉学者之说羼入"，"自不免有汉人著述混入。"（邹兆琦：《吕思勉先生与古代史料辨伪》，俞振基：《蒿庐问学记：吕思勉生平与学术》，三联书店，1996年，第55页）我们也许并不赞同"我国先秦古籍，大多口耳相传，至汉代始著竹帛"的说法，也不赞同辨别汉代人与先秦人著述这一工作的意义只是"'拣剔''伪品'"。也许更值得秦汉史研究者关注的，是对于"羼入""混入"先秦理论的所谓"两汉学者之说"，所谓"汉人著述"的理解和说明。

熊铁基曾经论说"汉代对先秦典籍的全面改造"，指出"今之所谓'传世文献'，主要是在汉代定型的，特别是'群经'和几个大学派的'诸子'"（熊铁基：《汉代对先秦典籍的全面改造》，《光明日报》2005年7月19日；《再谈汉人改造先秦典籍——方法论问题》，《光明日报》2009年8月4日）。李振宏提出"先秦学术体系的汉代生成说"。他提示我们，应当看到"汉代对先秦诸子真实面貌的扭曲"，另一方面，也应当理解"汉代奠定了阐释先秦学术的思想方向"。"汉代是中国学术史上先秦诸子学体系的定型时期，后世人们对先秦诸子的认识，基本上是被框架在汉人的思想藩篱之内。"（李振宏：《论"先秦学术体系"的汉代生成》，《河南大学学报》2008年第2期）李振宏认为："汉代人对先秦诸子学的解释和改造，已经先在地给予我们一个理解先秦诸子的思想文化平台，使我们只能在他们给定的思想框架之内来理解诸子思想。可以说，我们现在对先秦诸子的诸多看法，实际上是汉人所设定的。"论者指出："我们所能见到的先秦诸子，大都是由汉人整理或由他们重新写定而流传下来的。在先秦战乱及秦火之后，汉代大规模地搜求、整理文化典籍，是值得称道的文化盛事，但其中也隐含着一个不容忽视的问题，这个重新整理与写定先秦典籍的过程，实际上也是按照汉代观念重新改造先秦学术思想的过程。而后人，则把汉人改造过的先秦诸子当成了先秦诸子本身，忽略了它们被改造的事实。所以，在今天提出重新认识先秦诸子学，通过剔除汉人在先秦诸子学说上附加的思想文化要素，也是汉代文化研究中一个不容忽视的大课题。"我们以为也许更应当强调的，是发现和总结汉代学者"在先秦诸子学说上附加的思想文化要素"的理论价值。李振宏还指出："随着越来越多的战国简牍材料的发现，这种恢复先秦诸子真实面目的理想追求，也将逐步成为现实。"（李振宏：《汉代文化研究需要引起新的重视》，《光明日报》2007年12月7日）实际上也提醒了我们，发掘和理解汉代学者"改造"先秦诸子的工作中的理论创造，因出土文献资料的面世具备了新的条件。

秦汉社会思想意识的理论说明

就比较著名的秦汉时期的有理论价值的论著（如《吕氏春秋》

《淮南子》《春秋繁露》《盐铁论》《论衡》《潜夫论》等），一些有影响的提出过新的思想理论的人物（如张良、贾谊、刘彻、司马迁、桑弘羊、刘秀、曹操、诸葛亮等），研究论著的数量已经相当多。但是在进行新的思考时，除了若干重复性的论说应当剔除之外，简单化、公式化的以贴上"唯物主义""唯心主义"或者其他什么主义等标签的方式有必要摈弃。我们还看到，以上论著以及这些重要的思想者所提出的理论，尽管以往研究者的工作似乎已经有相当规模，然而仍然有不少问题需要探究，有不少疑点需要澄清。例如对汉代"罢黜百家，表章'六经'"这一形成重大历史影响的文化政策，期求就此进行理论说明的学者至今仍有激烈的争论。

秦汉时期因特殊的历史条件生成、发展并形成重要历史文化影响的社会意识，如"大一统"政治背景下的国家意识、多民族交融过程中的民族意识、面对大规模战争的和平意识、人口迅速增殖条件下生命意识，以及多种文化因素融汇后更为丰富的数术思想，在汉文化扩张的形势下形成的新的天下观、四海观，随着经济进步民间形成的新的富贵观、奢俭观等，都有必要进行理论分析和理论说明。而从理论角度关注以"忠"与"义"为主题的社会意识在当时的影响，也是有意义的研究课题。

秦汉史微观和中观考察的理论指导

历史研究的宏观、中观、微观说，其实不能做出明确的区分。用这种说法分析不同的研究视野和研究方法也许并不准确。这里只是借用通常的理解，试图讨论秦汉史研究中的一些问题。

这里所说的微观和中观考察，是指较具体的实证研究。包括生产工具和生活器物层面，生活方式和社会习俗层面，社会问题和行政操作层面，以及地理条件和生态背景等方面的研究。这样的考察，不管研究者自己是否承认，也必然有一定的理论作为认识基点，以一定的理论指示考察路径。

秦汉史领域的所谓微观和中观研究，近年成果非常突出。社会风习、地理条件、行政制度等方面的工作，都有显著的收获。现在应当强调的，是以科学的理论为指导的重要性。

对影响中国史学数十年的理论指导，尚有扭转简单化、公式化的偏向的任务。对新近传入的西方史学理论或其他社会科学人文科学理论，其实也有避免简单化、公式化的偏向的问题。反对"食西不化"，力戒"生吞活剥"，也许是我们应当注意的。

秦汉史宏观研究的理论总结

学界对于秦汉史重大问题的宏观研究，近年似乎有所忽视。

秦汉时期的社会结构、阶级关系、土地制度、赋役政策、法律体系、政治理念以及社会危机和农民战争研究等，近年关注者有限。即使就此有所探讨，视点往往也只是集中在具体问题的考据学探索，宏观考察和综合分析的功夫并不到家。就秦汉农民战争研究而言，可以从社会史视角、技术史视角、宗教史视角深化对相关历史现象的考察。回顾"农民战争史"研究的历史，最值得我们记取的教训，是应当努力洗刷意识形态的色彩，洗刷政治宣传的色彩，坚持追寻历史真实的学术原则。一些新的理论思考或许应当引起研究重视。比如，战争怎样推促了社会生活节奏的变化，农民成为军人，会怎样因社会角色的变换释放出完全不同的社会能量，都值得研究。意识史的考察也是必要的。司马迁在《史记》卷四八《陈涉世家》中实际上已经开创了这样的考察思路。从理论层次探索历史上农民意识和农民观念的政治影响，其实也是有重要意义的。

何兹全曾经告诫我们，社会史研究并不仅仅是社会生活史研究，更不仅仅是社会物质生活史研究。社会史研究首先应当关注的是社会重大问题，比如社会构成、社会阶级关系、社会形态等。就许多学者比较集中的学术视点来看，这方面的工作现在还是比较薄弱的。

李学勤指出："睡虎地竹简秦律的发现和研究，展示了相当典型的奴隶制关系的景象"，"必须重新描绘晚周到秦社会阶级结构的图景"。他说："有的著作认为秦的社会制度比六国先进，笔者不能同意这一看法，从秦人相当普遍地保留野蛮的奴隶制关系来看，事实毋宁说是相反。"（李学勤：《东周与秦代文明》，上海人民出版社，2007年，第290—291页）作为上古史微观和中观研究方面成就卓越的学者，他在以科学考据方法取得实证史学诸多成功的同时，亦重视"阶级结构""社会制度"问题，值得我们学习。只是在这一方面有实力的中青年学者未能及时跟进。

李学勤曾经分析先秦至秦汉的社会变革。他说："东周到秦代是一个伟大的变革时期"，"我们要深刻地了解这个大时代，必须用变革的观点去观察其间的历史脉络"。"把考古学和历史学的成果结合起来"，可以这样认识"当时的急剧变革"：一，在考古学上，由青铜时代向铁器时代的过渡；二，在经济史上，井田制的崩溃和奴隶制关系的衰落；三，在政治史上，从以宗法为基础的分封制到中央集权的专制主义国家；四，在文化艺术史上，百家争鸣的繁荣和结束（李学勤：《东周与秦代文明》，第285页）。这样的总结也许还可以充实或者更新，但是秦汉史研究必须进行宏观研究基点上的理论思考，我们已经看到了有示范意义的提示。

吕思勉《秦汉史》第一章《总论》开头就写道："自来治史学者，莫不以周、秦之间为史事之一大界，此特就政治言之耳，若就社会组织言，实当以新、汉之间为一大界。"又说："以社会组织论，实当以新、汉之间为大界也。"（吕思勉：《秦汉史》，上海古籍出版社，

1983，第1—2页）这其实是十分重要的发现。两汉之际发生的历史变化，除社会结构外，政治形式和文化风格也都十分明显。不过，对于这一历史"大界"的说明，吕思勉《秦汉史》并没有揭示得十分透彻。就此课题进行接续性的工作，显然是必要的。可惜至今尚少有学者就此进行认真的探讨。这样的考察自然也需要站在科学理论基础上的探索和说明。

有关秦汉史在整个中国历史和世界历史中的地位的理论思考

秦汉时期是中国历史的重要阶段。而秦汉时的中国在世界历史中有着重要的地位。李学勤在《东周与秦代文明》中还指出，秦的统一，"是中国文化史上的重要转折点"，继此之后，汉代创造了辉煌的文明，其影响，"范围绝不限于亚洲东部，我们只有从世界史的高度才能估价它的意义和价值"（李学勤：《东周与秦代文明》，第294页）。中国历史为什么在这时走到了这一步？这一历史变化对于世界文化进程形成了怎样的影响？这些问题的解答，都需要深刻的理论思考。秦汉时期的政治形式，如皇帝制度，官僚制度，郡县制度，察举制度，赋役制度，户籍制度……都对后来的中国和世界产生了影响。就此进行理论分析，也是有意义的工作。

这样的工作，也许需要经历过比较充备的世界史学术训练的秦汉史研究者的精心努力，或许也应当鼓励秦汉史研究者和世界古代史研究者的学术合作。

以上讨论，只是提出了几点粗浅的认识。其实，上述各方面，笔者都是非常迟钝的后进者。这里仅仅提出问题，只是希望和朋友们，特别是中青年朋友们交换意见，期望能够有一个共同进步的新起点。

说唐诗"苏武"咏唱

《汉书》卷七《昭帝纪》记载，始元六年（前81）春"栘中监苏武前使匈奴，留单于庭十九岁乃还，奉使全节，以武为典属国，赐钱百万"。《汉书》卷八《宣帝纪》：本始元年（前73），"赐右扶风德、典属国武、廷尉光、宗正德、大鸿胪贤、詹事畸、光禄大夫吉、京辅都尉广汉爵皆关内侯。德、武食邑"。周德、苏武、李光、刘德、韦贤、宋畸、丙吉、赵广汉都得到关内侯爵位。而苏武"食邑"。颜师古注："张晏曰：'旧关内侯无邑也，以苏武守节外国，刘德宗室俊彦，故特令食邑。'"苏武因"奉使全节""守节外国"得到封赐，晋身为贵族。"甘露三年，单于始入朝。上思股肱之美，乃图画其人于麒麟阁，法其形貌，署其官爵姓名。唯霍光不名，曰大司马大将军博陆侯姓霍氏，次曰卫将军富平侯张安世，次曰车骑将军龙额侯韩增，次曰后将军营平侯赵充国，次曰丞相高平侯魏相，次曰丞相博阳侯丙吉，次曰御史大夫建平侯杜延年，次曰宗正阳城侯刘德，次曰少府梁丘贺，次曰太子太傅萧望之，次曰典属国苏武。皆有功德，知名当世，是以表而扬之，明著中兴辅佐，列于方叔、召虎、仲山甫焉。凡十一人，皆有传。"苏武得到最高等级的"表""扬"，这位历史人物的社会文化定位也自此尊贵，又以"守节""全节"，成为政治道德的象征性符号。

对于苏武的评价，《汉书》卷五四《苏武传》确定了基调。苏武的文化品级因班固定义，后来得到长久普遍的认同。而了解唐人具有时代特色的苏武观，可以由唐诗作为分析的标本。

"苏武在匈奴，十年持汉节"

班固记述，苏武使团发生外交事故，苏武首先依"屈节"自责："（苏）武谓（常）惠等：'屈节辱命，虽生，何面目以归汉！'引佩刀自刺。"因禁匈奴中，"杖汉节牧羊，卧起操持，节旄尽落"。苏武以"奉使全节"，"守节外国"成就为道德标范。我们不知道汉宣帝当时"图画其人于麒麟阁，法其形貌"时，苏武的画像是否持节，但是他在中国传统政治文化长久记忆中的形象，都是"杖汉节"的。《后汉书》卷五九《张衡传》所谓"苏武以秃节效贞"，《晋书》卷一〇〇《王机传》所谓"苏武不失其节"，都说明苏武在历史舞台上具有纪念意义的亮相，"节"是最重要的道具。

距苏武生活的时代不远，人们已经以所谓"苏武节"作为正面象征国家形象和外交原则的符号了。《晋书》卷六六《陶侃传》："王导入石头城，令取故节。侃笑曰：'苏武节似不如是。'导有惭色，使人屏之。"《晋书》卷八五《何无忌传》："……俄而西风暴急，无忌所乘小舰被飘东岸。贼乘风以大舰逼之。众遂奔败。无忌尚厉声曰：'取我苏武节来！'节至，乃躬执以督战。贼众云集，登舰者数十人。无忌辞色无挠，遂握节死之。"

唐诗中的苏武，也以"持汉节"为形象标志。

如李白的《苏武》诗："苏武在匈奴，十年持汉节。白雁上林飞，空传一书札。牧羊边地苦，落日归心绝。渴饮月窟冰，饥餐天上雪。东还沙塞远，北怆河梁别。泣把李陵衣，相看泪成血。"（《李太白文集》卷一九）《汉书》卷五四《苏武传》："……言苏武使匈奴二十年不降……"颜师古注："实十九年，而言二十者，欲久其事以见冤屈，故多言也。"李白诗句所谓"十年持汉节",不说十九年,不说二十年,却可能符合历史真实。《汉书》卷五四《苏武传》的记载是:"武既至海上,廪食不至,掘野鼠去中实而食之。杖汉节牧羊,卧起操持,节旄尽落。积五六年,单于弟於靬王弋射海上。武能网纺缴,檠弓弩,於靬王爱之,给其衣食。三岁余,王病,赐武马畜服匿穹庐。"所谓"积五六年",再加上"三岁余",正是大约"十年"左右。张仲素《塞下曲五首》之五:"阴碛茫茫塞草腓,桔槔烽上暮烟飞。交河北望天连海,苏武曾将汉节归。"(《乐府诗集》卷九三《新乐府辞·乐府杂题》)也以"汉节"作为苏武艰苦的人生奋斗和忠直坚守的标志。

陈羽《读〈苏属国传〉》写道:"天山西北居延海,沙塞重重不见春。肠断帝乡遥望日,节旄零落汉家臣。"(《全唐诗》卷三四八)《汉书》卷五四《苏武传》"节旄尽落",此言"节旄零落",文字略有不同。卢照邻《雨雪曲》:"虏骑三秋入,关云万里平。雪似胡沙暗,冰如汉月明。高阙银为阙,长城玉作城。节旄零落尽,天子不知名。"(《卢升之集》卷二)则作"节旄零落尽",更接近《汉书》本文"节旄尽落"。王之涣《惆怅诗·苏李》也写作"节旄零落":"少卿降北子卿还,朔野离觞惨别颜。却到茂陵惟一恸,节旄零落鬓毛斑。"(〔唐〕韦縠编《才调集》卷七)陈陶《水调词十首》之六:"自从清野戍辽东,舞袖香销罗幌空。几度长安发梅柳,节旄零落不成功。"(《万首唐人绝句》卷三五)也作"节旄零落"。"节旄零落"也多见于后世诗句。〔宋〕黄彻《䂬溪诗话》卷九:"少游赠坡诗云:'节旄零落毡餐雪,辨舌纵横印佩金。'〔元〕王恽《乞雁歌》:"节旄零落瘴海烟,冠盖都门闹昏晓。我欲因之附尺书,西北烟尘静如扫。"(《秋涧集》卷六)〔元〕张翥《题郝内翰书所作梦观琼花赋后》:"老奸欺国驰露布,使者坐囚吞雪毡。""节旄零落喜生还,回首江南已如梦。"

(《蜕庵集》卷一)〔明〕刘炳《承承堂为洪善初题》:"燕山六月雪花大,节旄零落肌肤伤。""子卿归来典属国,茂林树老愁云荒。"(《刘彦昺集》卷五)又如〔明〕邱浚《苏武归朝图》:"茂陵烟树碧萧疎,白首生还志不渝。面目依稀犹似昔,节旄零落已无余。归期不待羝生乳,远信真成雁寄书。颇有幽怀忘未得,梦魂时或到穹庐。"(《重编琼台稿》卷五)〔清〕郑方坤《全闽诗话》卷八《明》引《闽小记》:"谢在杭十余岁时学为诗,有人持《苏武牧羊图》者,即为题云:'沙满旄裘雪满天,节旄零落海云边。上林飞雁来何晚,空牧羝羊十九年。'"

戎昱《闻颜尚书陷贼中》诗也说到"苏武节":"闻说征南没,那堪故吏闻。能持苏武节,不受马超勋。国破无家信,天秋有雁群。同荣不同辱,今日负将军。"(《全唐诗》卷二七〇)杜甫《喜闻官军已临贼境二十韵》有宣扬"官军""兵威"的诗句:"今日看天意,游魂贷尔曹。乞降那更得,尚诈莫徒劳。元帅归龙种,司空握《豹韬》。前军苏武节,左将吕虔刀。兵气回飞鸟,威声没巨鳌。"(《九家集注杜诗》卷一九)关于其中"苏武节",清代学者何焯《义门读书记》卷五三《杜工部集》解释说:"'苏武节'有必死之心。"明确了"苏武节"作为一种文化象征的意义。

正是在"杖汉节牧羊,卧起操持,节旄尽落"事迹的基础上,《苏武传》发表了班固对这位历史人物的评价:"孔子称'志士仁人,有杀身以成仁,无求生以害仁','使于四方,不辱君命',苏武有之矣。"

李瀚《蒙求》诗应是作为儿童识字课本使用的作品:"韦贤满籯,夏侯拾芥。阮简旷达,袁耽俊迈。苏武持节,郑众不拜。郭巨将坑,董永自卖。"(《全唐诗》卷八八一)所说都是历史人物正面形象。其中"苏武持节"事,使这种童蒙读本在文化教材之外,又有着道德教材、政治教材的意义。"苏武持节"的形象，于是具有了远远超越汉宣帝时"图画其人于麒麟阁，法其形貌"的广泛的社会影响。

苏武"以勇武显闻"

班固有一段对西汉人才史的精彩评断，见于《汉书》卷五八《公孙弘卜式兒宽传》的赞语。班固说，汉武帝时代"群士慕向，异人并出"，"汉之得人，于兹为盛"。所以能够使得"兴造功业，制度遗文，后世莫及"。其中说到与匈奴战争与交往关系中有重要贡献的人物："奉使则张骞、苏武；将率则卫青、霍去病。"在这里，苏武是作为外交家的形象出现的。同时的著名的军事家即"卫青、霍去病"。

然而同样是在《汉书》中，又有把苏武列入军事将领的情形。《汉书》卷六九《赵充国辛庆忌传》最后的赞语写道："赞曰：秦汉已来，山东出相，山西出将。秦将军白起，郿人；王翦，频阳人。汉兴，郁郅王围、甘延寿，义渠公孙贺、傅介子，成纪李广、李蔡，杜陵苏建、苏武，上邽上官桀、赵充国，襄武廉褒，狄道辛武贤、庆忌，皆以勇武显闻。苏、辛父子著节，此其可称列者也，其余不可胜数。"苏武赫然名列于"皆以勇武显闻"的军事英雄之中。

唐人僧贯休《战城南二首》之二是以战争背景咏怀苏武功业的："碛中有阴兵，战马时惊蹶。轻猛李陵心，摧残苏武节。黄金锁子甲，风吹色如铁。十载不封侯，茫茫向谁说。"（《禅月集》卷一）所谓"阴兵""战马"，以及"黄金锁子甲，风吹色如铁"句，细致描绘征战场面，苏武的"勇武"，因此得到了真切生动的体现。

我们看到，多数唐代诗人似乎并未对苏武的军事实践予以较多的关注。其"勇武"精神少有体现。唐诗中苏武的形象，更多的是诗人们以悲苦幽怨的笔调描绘出来的。

苏武的"愁""恨""冤屈"

一些歌咏苏武的唐诗，是以比较低沉的情调表现对苏武以苦难为基色的人生悲剧的同情的。

杜甫《题郑十八著作文》写道："台州地阔海冥冥，云水长和岛屿青。乱后故人双别泪，春深逐客一浮萍。酒酣懒舞谁相拽，诗罢能吟不复听。第五桥东流恨水，皇陂岸北结愁亭。贾生对鹏伤王傅，苏武看羊陷贼庭。……"（《九家集注杜诗》卷一九）其中"苏武看羊"和"贾生对鹏"对说，又有"别泪""恨水""愁亭"，以悲苦情调渲染氛围，苏武竟被淹没其中。又如刘商《胡笳十八拍》的第九拍："当日苏武单于问，道是宾鸿解传信。学他刺血写得书，书上千重万重恨。髯胡少年能走马，弯弓射飞无远近。遂令边雁转怕人，绝域何由达方寸。"（〔宋〕郭茂倩辑《乐府诗集》卷五九《琴曲歌辞》）诗人以所谓"千重万重恨"总结苏武生涯中确实充满苦难的情节。

王维《陇头吟》写道："长安少年游侠客，夜上戍楼看太白。陇头明月迥临关，陇上行人夜吹笛。关西老将不胜愁，驻马听之双泪流。身经大小百余战，麾下偏裨万户侯。苏武才为典属国，节旄空尽海西头。"（《王右丞集》卷六）所谓"不胜愁""双泪流"云云，应是诗作者自己对边地百战将士心境的推想。温庭筠的《达摩支》也有说到"苏武"的诗句："捣麝成尘香不灭，拗莲作寸丝难绝。红泪文姬洛水春，白头苏武天山雪。君不见无愁高纬花漫漫，漳浦宴余清露寒。一旦臣僚共囚虏，欲吹羌管先汍澜。旧臣头鬓霜华早，可惜雄心醉中老。万古春归梦不归，邺城风雨连天草。"（《温飞卿诗集笺注》卷二）其中"红泪文姬洛水春，白头苏武天山雪"句，说西北大漠荒原远行的艰难。未可预料的苏武"一旦臣僚共囚虏"的经历，当然更增益了愁苦心绪。

顾况的《刘禅奴弹琵琶歌·感相国韩公梦》诗也以"哀""愁"笔调写述李陵、苏武故事:"乐府只传横吹好,琵琶写出关山道。羁雁出塞绕黄云,边马仰天嘶白草。明妃愁中汉使回,蔡琰愁处胡笳哀。鬼神知妙欲收响,阴风切切四面来。李陵寄书别苏武,自有生人无此苦。当时若值霍骠姚,灭尽乌孙夺公主。"(《全唐诗》卷二六五)

塞外的"风沙""雨雪","觱篥""胡歌",都动摇着征人戍客的思绪。"幽咽""凄凉"的自然和人文的旋律,都使得远行者伤心垂泪。对于这样的情感,诗人们往往习惯借以"苏武"作为最典型的代表人物来体会和描写。李端的《雨雪曲》写道:"天山一丈雪,杂雨夜霏霏。湿马胡歌乱,经烽汉火微。丁零苏武别,疏勒范羌归。若著关头过,长榆叶定稀。"(〔宋〕郭茂倩辑《乐府诗集》卷二四《横吹曲辞》)又如白居易的《赋得听边鸿》:"惊风吹起塞鸿群,半拂平沙半入云。为问昭君月下听,何如苏武雪中闻。"(《白氏长庆集》卷一五)白居易的另一名作《听芦管》写道:"幽咽新芦管,凄凉古竹枝。似临猨峡唱,疑在雁门吹。调为高多切,声缘小乍迟。粗豪嫌觱篥,细妙胜参差。云水巴南客,风沙陇上儿。屈原收泪夜,苏武断肠时。仰秣胡驹听,惊栖越鸟知。何言胡越异,闻此一同悲。"(《白香山诗集》卷三九)诗人体会的"苏武断肠"心境,似是通过自身的行旅感受获得的。

对于苏武漫长而艰苦的塞外生涯,杜牧《边上闻笳三首》之一有这样的感叹:"何处吹笳薄暮天,塞垣高鸟没狼烟。游人一听头堪白,苏武争禁十九年。"(《万首唐人绝句》卷二六)胡曾《居延》诗则写道:"漠漠平沙际碧天,问人云此是居延。停骖一顾犹魂断,苏武争禁十九年。"(《万首唐人绝句》卷五三)言戈壁黄沙,使人"头""白""魂断",意境相近,而最后一句"苏武争禁十九年"竟然完全相同。明代文学家杨慎以此为"唐诗不厌同"的实例,指出:"唐人诗句不厌雷同,绝句尤多。"杜牧、胡曾"苏武争禁十九年"句即作为例证。文学史中一种有意思的现象,是通过咏唱苏武诗句揭示的。然而杨慎所引胡曾诗云:"漠漠黄沙际碧天,问人云此是居延。停骖一顾犹魂断,苏武曾消十九年。"(〔明〕杨慎:《丹铅总录》卷一九《诗话类》)末句则略有不同。

前引李端诗"丁零苏武别"强调离别愁思。徐寅题名为《别》的诗作写道:"酒尽歌终问后期,泛萍浮梗不胜悲。东门匹马夜归处,南浦片帆飞去时。赋罢江淹吟更苦,诗成苏武思何迟。可怜范陆分襟后,空折梅花寄所思。"(〔唐〕徐寅:《徐正字诗赋》卷二)这首诗的作者,《全唐诗》卷七一〇题"徐夤"。借苏武故事表述的这种心情,诗人明确总结为"悲""苦"。他的另一首作品《鸿》诗:"行如兄弟影连空,春去秋来燕不同。紫塞别当秋露白,碧山飞入暮霞红。宣王德美周诗内,苏武书传汉苑中。况解衔芦避弓箭,一声归唳楚天风。"(《徐正字诗赋》卷二。《全唐诗》卷七一〇作者题"徐夤")通过诗句可以理解诗人对苏武心理的体会。只是从离情别绪的心理视角思考苏武的行迹和心迹,诗句所表现的,大概多是作者本人情绪的寄托。此类苏武咏唱,有可能在一定程度上矮化了苏武精神的文化品级。

骆宾王《边夜有怀》诗:"汉地行逾远,燕山去不穷。城荒犹筑怨,碣毁尚铭功。古戍烟尘满,边庭人事空。夜关明陇月,秋塞急胡风。"诗人又有"倚伏良难定,荣枯岂易通"的感慨,此"倚伏""荣枯"事与下文"旅魂劳泛梗,离恨断征蓬"比照,有更深沉的文化内涵。随后"苏武封犹薄"句,则是进入另一层次的有关苏武人生悲剧的咏叹(《骆丞集》卷二)。温庭筠的《苏武庙》诗写道:"苏武魂销汉史前,古祠高树两茫然。云边雁断胡天月,陇上羊归塞草烟。回日

楼台非甲帐,去时冠剑是丁年。茂陵不见封侯印,空向秋波哭逝川。"(《文苑英华》卷三二〇)

苏武回到长安之后,经历了上层政治斗争。《汉书》卷五四《苏武传》记载:"武来归明年,上官桀子安与桑弘羊及燕王、盖王谋反。武子男元与安有谋,坐死。初桀、安与大将军霍光争权,数疏光过失予燕王,令上书告之。又言苏武使匈奴二十年不降,还乃为典属国,大将军长史无功劳,为搜粟都尉,光颛权自恣。及燕王等反诛,穷治党与,武素与桀、弘羊有旧,数为燕王所讼,子又在谋中,廷尉奏请逮捕武。霍光寝其奏,免武官。"关于"又言苏武使匈奴二十年不降",颜师古说:"实十九年,而言二十者,欲久其事以见冤屈,故多言也。"十九年的艰苦和回归之后的"冤屈",在唐人诗作中前者受到颇多重视,后者似乎被忽略了。

有的诗作似乎把苏武等塞外生活的感受予以强化,描述为接近"恨"的心迹。如李益《塞下曲》:"黄河东流流九折,沙场埋恨何时绝。蔡琰没去造胡笳,苏武归来持汉节。"(〔宋〕计敏夫:《唐诗纪事》卷三〇)所谓"蔡琰没去造胡笳,苏武归来持汉节"对仗句的设计,是唐人诗作的惯用笔法,借此也可以发现在诗人心理世界中"苏武"的相应位置。

苏武在唐人英雄意识中的地位

通过唐诗的对仗形式,可以了解诗句中的"苏武"与怎样的人物比列,也可以因此认识"苏武"在诗人心目中的地位。

唐人对仗诗句中与"苏武"比肩的,多是正面人物,其中亦不乏声名显赫的英雄。

例如,杨炯《和刘长史答十九兄》:"……锺仪琴未奏,苏武节犹新。受禄宁辞死,扬名不顾身。精诚动天地,忠义感明神。……"

(《文苑英华》卷二四)苏武与钟仪并说。

鲍溶《陇头水》："陇头水,千古不堪闻。生归苏属国,死别李将军。细响风凋草,清哀雁落云。"(《乐府诗集》卷二一《横吹曲辞》)苏武与汉武帝时名将李广并列。他的《壮士行》:"西方太白高,壮士羞病死。心知报恩处,对酒歌易水。砂鸿嗥天末,横剑别妻子。苏武执节归,班超束书起。山河不足重,重在遇知己。"(《乐府诗集》卷六七《杂曲歌辞》)苏武与投笔从戎的班超并列。而"心知报恩处,对酒歌易水"句又暗说荆轲。所谓"山河不足重,重在遇知己",将侠义意识提升到超过国家利益的高度,也值得注意。

李白《奔亡道中五首》之一:"苏武天山上,田横海岛边。万重关塞断,何日是归年。"(《李太白文集》卷一九)苏武与田横并说。据《乐府诗集》卷六九《杂曲歌辞》,李端《千里思》写道:"凉州风月美,遥望居延路。泛泛下天云,青青缘寒树。燕山苏武上,海岛田横住。更是草生时,行人出门去。""燕山苏武上,海岛田横住",苏武同样与田横并列。《全唐诗》卷二五及卷二八四"缘寒树"作"缘塞树"。"塞"是正字。

又前引李端《雨雪曲》"丁零苏武别,疏勒范羌归"句,苏武与范羌并说。

杜甫《寄李十二白二十韵》写道:"昔年有狂客,号尔谪仙人。笔落惊风雨,诗成泣鬼神。声名从此大,汨没一朝伸。文彩承殊渥,流传必绝伦。"随后又有与历史人物的比照:"处士祢衡俊,诸生原宪贫。稻粱求未足,薏苡谤何频。""几年遭鹏鸟,独泣向麒麟。苏武先还汉,黄公岂事秦。楚筵辞醴日,梁狱上书辰。"据赵彦材注,"诸生原宪贫"句,"原宪,孔门弟子,故谓之诸生。""薏苡谤何频"句,"马援征交趾,载薏苡种还。人谤之,以为明珠大贝。""独泣向麒麟"句,"孔子见麟而泣。""黄公岂事秦"句,"黄公,四皓之一者,避秦隐居商山。""楚筵辞醴日"句,"穆生见楚王,待之不设醴,知几而辞行也。""梁狱上书辰"句,"梁孝王下邹阳于狱,而邹阳上书也。"(《九家集注杜诗》卷二〇)杜甫用以比拟李白的历史人物,祢衡、原宪、马援、贾谊、孔子、苏武、黄公、穆生、邹阳等,各有高义明智。通过杜甫的诗句,可知苏武在杜甫心目中的位置,是列于仁人智者之中的。

唐代诗人笔下的"苏李"

《汉书》卷五四《苏武传》有李陵劝苏武降匈奴遭到拒绝的记载:"初,武与李陵俱为侍中,武使匈奴明年,陵降,不敢求武。久之,单于使陵至海上,为武置酒设乐,因谓武曰:'单于闻陵与子卿素厚,故使陵来说足下,虚心欲相待。终不得归汉,空自苦亡人之地,信义安所见乎?前长君为奉车,从至雍棫阳宫,扶辇下除,触柱折辕,劾大不敬,伏剑自刎,赐钱二百万以葬。孺卿从祠河东后土,宦骑与黄门驸马争船,推堕驸马河中溺死,宦骑亡,诏使孺卿逐捕不得,惶恐饮药而死。来时,大夫人已不幸,陵送葬至阳陵。子卿妇年少,闻已更嫁矣。独有女弟二人,两女一男,今复十余年,存亡不可知。人生如朝露,何久自苦如此!陵始降时,忽忽如狂,自痛负汉,加以老母系保宫,子卿不欲降,何以过陵?且陛下春秋高,法令亡常,大臣亡罪夷灭者数十家,安危不可知,子卿尚复谁为乎?愿听陵计,勿复有云。'"苏武则回答:"武父子亡功德,皆为陛下所成就,位列将,爵通侯,兄弟亲近,常愿肝脑涂地。今得杀身自效,虽蒙斧钺汤镬,诚甘乐之。臣事君,犹子事父也,子为父死亡所恨。愿勿复再言。"李陵的劝说没有成效。"陵与武饮数日,复曰:'子卿壹听陵言。'武曰:'自分已死久矣!王必欲降武,请毕今日之欢,效死于前!'陵见其至诚,喟然叹曰:'嗟乎,义士!陵与卫律之罪上通于天。'因泣下沾衿，与武决去。"李陵对苏武予以生活资助。汉武帝的死讯，李陵也特意通告。"陵恶自赐武，使其妻赐武牛羊数十头。后陵复至北海上，语武：'区脱捕得云中生口，言太守以下吏民皆白服，曰上崩。'武闻之，南乡号哭，欧血，旦夕临。"苏李对话，使得两人的品格形象形成鲜明的对立。一为忠臣，一为叛将。后世的赞誉和批判，也分别长久地凝注于苏李两位对于汉帝和汉帝国态度极端对立的人物身上。

据说苏武、李陵是五言诗的创始者。白居易与元稹书，"因论作文之大旨"，说到"五言始于苏李"（《旧唐书》卷一六六《白居易传》）。韩愈《荐士》诗写道："五言出汉时，苏李首更号。"（〔宋〕魏庆之：《诗人玉屑》卷一二《品藻古今人物》）有说苏李诗伪作的意见，杨慎曾作辩说："苏文忠公云：苏武李陵之诗，乃六朝人拟作。宋人遂谓在长安而言'江汉盈卮酒'之句，又犯惠帝讳，疑非本作。予考之，殆不然。班固《艺文志》有《苏武集》《李陵集》之目。挚虞，晋初人也。其《文章流别志》云，李陵众作，总杂不类，殆是假托，非尽陵制。至其善篇，有足悲者。以此考之，其来古矣。即使假托，亦是东汉及魏人张衡、曹植之流始能之耳。杜子美云：'李陵苏武是吾师。子美岂无见哉？东坡跋黄子思诗云：苏李之天成，尊之亦至矣。其曰六朝拟作者，一时鄙薄，萧统之偏辞尔。"〔明〕杨慎：《丹铅总录》卷一九《诗话类》"苏李五言诗"条。又明人陆深说："《文选》所载汉苏李诗，苏东坡以为齐梁间小儿所拟，非真当时诗也。《古文苑》又载苏李诗七首。《文苑》后出，尤可致疑。杜子美云：'李陵苏武是吾师。'然世必有真苏李诗，当是何等？又曰：'五言起于苏李。'岂作始者固不传耶？"（〔明〕陆深：《俨山集》卷二五《诗话》）

对于"苏李"的文化感觉，人们如果从提供文学史贡献的角度看，大致是相近的。不过，唐代诗人作品中言及苏李者，从多视角观察描绘的政治肖像，两人似乎也没有形成绝对的对立。也就是说，人们在赞美苏武的同时，对于李陵，也没有表露态度鲜明的贬斥。储嗣宗《过王右丞书堂二首》之二有"感深苏属国，千载五言诗"句（《全唐诗》卷三九四），是肯定苏武对于五言诗的贡献的。只是没有说到李陵。这一情形，也未必可以看作否定李陵文化影响的例证。

郑愔《胡笳曲》："汉将留边朔，遥遥岁序深。谁堪牧马思，正是胡笳吟。曲断关山月，声悲雨雪阴。传书问苏武，陵也独何心。"（《文苑英华》卷二一一）诗句似乎体现出唐人意识中可以体会的苏李的亲近和相互理解。"传书问苏武"，《唐诗纪事》卷一一作"传书向苏武，陵也独何心"。

诗人有意强调苏李密切关系的作品，有白行简《李都尉重阳日得苏属国书》："降虏意何如，穷荒九月初。三秋异乡节，一纸故人书。对酒情无极，开缄思有余。感时空寂寞，怀旧几踌躇。雁尽平沙迥，烟销大漠虚。登台南望处，掩泪对双鱼。"（《文苑英华》卷一八九）胡曾《交河塞下曲》写道："交河冰薄日迟迟，汉将思家感别离。塞北草生苏武泣，陇西云起李陵悲。晓侵雉堞乌先觉，春入关山雁独知。何处疲兵心最苦，夕阳楼上笛声时。"（〔唐〕韦縠编《才调集》卷九）"苏武泣"与"李陵悲"对应，体现了苏李情感的相近。李白的诗作《千里思》："李陵没胡沙，苏武还汉家。迢迢五原关，朔雪乱边花。一去隔绝国，思归但长嗟。鸿雁向西北，因书报天涯。"（《李太白文集》卷四）其中开篇就说到的"李陵没胡沙，苏武还汉家"，颇值得吟味。而所谓"一去隔绝国，思归但长嗟"，应当也是苏李共同的心情。

孟彦深《李陵别苏武》诗写道："汉武爱边功，李陵提步卒。转战单于庭，身随汉军没。李陵不爱死，心存归汉阙。誓欲还国恩，不为匈奴屈。身辱家已无，长居虎狼窟。胡天无春风，虏地多积雪。穷阴愁杀人,况与苏武别。发声天地哀,执手肺肠绝。白日为我愁,阴云为我结。生为汉宫臣,死为胡地骨。万里长相思,终身望南月。"(《全唐诗》卷一九六)诗人似乎在为李陵的叛降行为进行辩解。这种对李陵心思的理解,已经不为后世人认同。对于苏李的精神对话,元代诗人虞集《李陵别苏武》诗写道:"老羝已乳雁书传,去住初分哭向天。明日节旄归汉地,将军应是独潸然。"(《道园遗稿》卷五《绝句七言》)又如元蒲道源《题党久诚李陵别苏武图》:"陵言臣罪上通天,握手相辞泪泫然。今日果于图上看,丹青谁过子卿贤。"(《闲居丛稿》卷八《七言绝句》)李陵洒泪,或曰"潸然",或曰"泫然",情感或许可以得到理解,然而苏李道德等次的"贤"与不"贤",已经形成了文化的成见。

杜甫《解闷十二首》之五则写道:"李陵苏武是吾师,孟子论文更不疑。一饭未曾留俗客,数篇今见古人诗。"(《九家集注杜诗》卷三〇)关于"孟子论文",有学者指出:"子美自注云:'校书郎孟云卿。'则所谓孟子也。"(〔宋〕胡仔:《渔隐丛话》前集卷一四《杜少陵九》)有人说,其说谓"师者,师其文藻"(〔清〕陈廷敬:《午亭文编》卷五〇《杜律诗话下》)。也就是说,"李陵苏武"只是在"文藻"方面享受尊重。但是这一情形至少可以说明,李陵在当时的文化人的意识中,并没有因为叛降匈奴受到全面的歧视。

苏李并见于诗句的,还有杨衡《边思》诗:"苏武节旄尽,李陵音信稀。梅当陇上发,人向陇头归。"(《文苑英华》卷二九九)《万首唐人绝句》卷九"梅"作"花"。《全唐诗》卷五一一"梅"亦作"花",作者题名"张祜"。又徐铉《闻查建州陷贼寄钟郎中》"皓首应全苏武节,故人谁得李陵书"(《骑省集》卷三,题"宋徐铉撰",然而亦收入《全唐诗》卷七五三),也可以看作同例。

唐诗苏武形象的历史文化影响

上文引录了许多唐代诗人咏唱苏武事迹的名作。此外，柳宗元《朗州窦常员外寄刘二十八诗见促行骑走笔酬赠》所谓"情知苏武归"（《柳河东集》卷四二），杜牧《杜秋娘诗并序》所谓"苏武却生返"（〔宋〕姚铉编《唐文粹》卷一四下），李商隐《送千牛李将军赴阙五十韵》所谓"幽囚苏武节"（《李义山诗集》卷下），张南史《送余赞善使还赴薛尚书幕》所谓"雁足期苏武"（〔明〕曹学佺编《石仓历代诗选》卷六三）等等，都说明诗人对苏武事迹的关注。岑参《送裴判官自贼中再归河阳幕府》诗中"误落胡尘里，能持汉节归"句（〔明〕曹学佺编《石仓历代诗选》卷四〇），也借苏武故事说当代时事。

苏武事迹在汉代已经得到一定程度的普及。但是苏武成为文学形象，可以说自唐诗正式启始，又借唐诗的广泛影响向社会各层面扩张。此后，李白《苏武》所谓"苏武在匈奴，十年持汉节"，成为具有文化经典意义的名句，也使得苏武"持汉节"形象在文化史上形成定格效用。苏武于是成为中国千百年来讲究"忠"与"节"的道德教育的榜样。

苏武后来在民俗文化中有非常高的地位。据庄一拂编著《古典戏曲存目汇考》（上海古籍出版社，1982年），历代有关苏武事迹的剧目，有《苏武牧羊记》，又称《苏武持节北海牧羊记》，又有《苏武和番》，"今昆剧所演，尚见《庆寿》《颁诏》《小逼》《大逼》《看羊》《望乡》《遣妓》《告雁》等出。"元杂剧有《持汉节苏武还乡》，又作《持汉节苏武还朝》，《苏武还朝》《苏武持节》《英雄士苏武持节》。又传奇有《白雁记》，清杂剧有《雁书记》，也记述苏武故事。以"苏武"检索《中国剧目辞典》，可以看到："《苏武节》，京剧目。"

"《苏武牧羊》,京剧目。又名《万里缘》。""汉剧、粤剧、川剧、秦腔、豫剧、河北梆子均有类此剧目。""《苏武和番》。""《苏武持节》,为元周文质《持汉节苏武还乡》杂剧之简名。""《苏武遇仙》,秦腔剧目,又名《李陵台》。""《苏武还乡》,为元周文质《持汉节苏武还乡》杂剧之简名;亦为元佚名作者《持汉节苏武还乡》杂剧之简名。""《苏武牧羊记》……金院本有《苏武和番》,题材相同。元周文质《持汉节苏武还乡》杂剧,亦演此事。又传奇有《白雁记》一本,乃书贾妄立名目,实即此戏。《缀白裘》《纳书楹曲谱》《集成曲谱》收《庆寿》《颁诏》《小逼》《大逼》《看(牧)羊》《望乡》《遣妓》《告雁》《煎粥》等出,今昆剧犹演之,然已经后人删改。""《苏子卿风雪牧羊记》,杂剧。""正名为《苏武持节北海牧羊记》。"(王森然遗稿,《中国剧目辞典》扩编委员会扩编:《中国剧目辞典》,河北教育出版社,1997年,第1044—1045页,第1047页)

其他艺术形式表现的苏武文化形象,也值得注意。例如,据《历代题画诗类》卷三五《故实类》,与苏武相关的历史画的题画诗就有数十种之多。例如:《题苏武忠节图》,〔宋〕文天祥三首;《跋苏武持节图》,〔元〕王恽三首;《苏武牧羊抱雏图》,〔元〕袁桷;《题苏武牧羊图》,〔元〕郑元佑;《题苏武牧羊图》,〔元〕杨维桢;《苏武持节图》,〔元〕刘诜;《题苏子卿牧羝图》,〔明〕刘炳;《属国冬牧图》,〔明〕程敏政;《题赵子昂苏武牧羊图》,〔明〕谢复;《牧羊图》,〔明〕李麟;《苏李会合图》,〔元〕范梈;《题李陵宴苏武图》,〔明〕刘诜二首;《题李陵见苏武图》,〔明〕刘基;《苏李泣别图》,〔宋〕刘克庄;《题苏李泣别图》,〔元〕戴表元二首;《苏李图》,〔元〕戴表元;《苏李相别图》,〔元〕程巨夫;《苏李河梁图》,〔元〕袁桷;《和谢敬德学士题苏武泣别图韵》,〔元〕许有壬二首;《苏李泣别图》,〔元〕陈樵;《苏李泣别图》,〔明〕高启;《题李陵苏武泣别图》,〔明〕镏炳;《李陵泣别图》,〔明〕袁凯;《子卿泣别图》,〔明〕康海;《题苏李泣别图》,〔明〕左国玑;《子卿归汉图》,〔金〕赵秉;《苏武归朝图》,〔明〕丘浚。《历代题画诗类》卷三五《故实类》提供的信息,包括27幅以苏武故事为主题的画作,另有34首题画诗。这些资料,可以说明宋金元明数代画家和诗人对苏武的关注。

唐以后凡此以多种形式体现的推重苏武、尊崇苏武、表彰苏武、宣传苏武的现象,追溯其早期形态,都不能忽略唐代诗歌的"苏武"咏唱。

吕思勉和吕著《秦汉史》

史学大家吕思勉（1884—1957）在中国近现代学术史上，是一位具有标志意义的重要人物。

吕思勉著作等身。他的论著包括：两部中国通史，即《白话本国史》（商务印书馆，1923年；上海古籍出版社，2005年）、《吕著中国通史》（上册，开明书店，1940年；下册，开明书店，1945年；华东师范大学出版社，2005年）；四部断代史，即《先秦史》（开明书店，1941年；上海古籍出版社，1982年）、《秦汉史》（开明书店，1947年；上海古籍出版社，1983年）、《两晋南北朝史》（开明书店，1948年；上海古籍出版社，1983年）、《隋唐五代史》（开明书店，1948年；上海古籍出版社，1984年）；五部专史，即《中国国体制度小史》《中国政体制度小史》《中国宗族制度小史》《中国婚姻制度小史》《中国阶级制度小史》，分别为上海中山书局，1929年，上海龙虎书局，1936年。后除《中国阶级制度小史》以外的四种收入《中国制度史》（上海教育出版社，1995年；上海三联书店，2009年）。此外，《理学纲要》（商务印书馆，1931年）、《宋代文学》（商务印书馆，1931年）、《先秦学术概论》（商务印书馆，1933年）、《中国民族史》（世界书局，1934年）、《中国民族演进史》（上海亚细亚书局，1935年）等，也可以看作专史。吕思勉就史学方法的探讨，也见于专著《史通评要》（商务印书馆，1934年）、《历史研究法》（永祥印书馆，1945年）等。

关于史学研究工具的研究，他又著有《中国文字变迁考》（商务印书馆，1926年）、《章句考》（商务印书馆，1926年）、《字例略说》（商务印书馆，1927年）等。

吕思勉史学论著的丰收，是以他超乎寻常的勤勉耕耘为条件的。据杨宽回忆："吕先生从二十一岁起，就决心献身于祖国的学术事业，以阅读《二十四史》为日课，写作读史札记，这样孜孜不倦地五十年如一日，先后把《二十四史》反复阅读了三遍。所作读史札记，着重综合研究，讲究融会贯通。他之所以能够不断写出有系统、有分量、有见解的历史著作，首先得力于这种踏实而深厚的基本功。"（杨宽：《吕思勉史学论著前言》，上海古籍出版社，1983年）这样的"基本功"，没有多少学者能够具备。

《秦汉史》：吕思勉代表性著作

在吕思勉诸多史学论著之中，《秦汉史》是断代史中最值得推崇的一部。《秦汉史》也是能够集中体现这位卓越的史学家的科学精神的著作。

对于吕思勉《秦汉史》的学术价值，杨宽在《吕思勉史学论著前言》中有一段精彩的概括，我们不妨引录在这里："《秦汉史》是与《先秦史》互相衔接而又独立成书的。由于作者对《史记》、两《汉书》《三国志》所下的功夫很深，对于这个时期各方面历史的叙述和分析，十分扎实而有条理。作者认为这段时期内，就社会组织来说，新莽和东汉之间是一个大界线，从此豪强大族势力不断成长，封建依附关系进一步加强，终于导致出现长期割据分裂的局面。"杨宽还总结道："此书把两汉政治历史分成十一个段落，既做了全面的有系统的叙述，又能抓住重点作比较详尽的阐释。对于社会经济部分，叙述全面而又深入。作者根据当时社会的特点，把豪强、奴客、门生、部曲、游侠作了重点的探讨。同时又重视由于社会组织的变化而产生的社会特殊风气，对于'秦汉时的君臣之义'、'士大夫风气变迁'，都列有专节说明。对于政治制度和文化学术部分，分成许多章节做了细致的论述，其中不乏创见。作者认为神仙家求不死之方，非尽虚幻，不少部分与医学关系密切，诸如服饵之法、导引之术、五禽之戏，都有延年益寿的功效。至于道教的起源，当与附会黄老的神仙家、巫术家有关，当时分成两派流传：一派与士大夫结交，如于吉之流；一派流传民间，如张角的太平道和张修的五斗米道，两派宗旨不同而信奉之神没有差别，道教正是由于这两派的交错发展而形成。"（吕思勉：《秦汉史》，上海古籍出版社，1983年，第5—6页）

所谓"把两汉政治历史分成十一个段落"，应是指《秦汉史》全书在"总论"之后就政治史的脉络按照年代先后分列十一章，即第二章《秦代事迹》；第三章《秦汉兴亡》；第四章《汉初事迹》；第五章《汉中叶事迹》；第六章《汉末事迹》；第七章《新室始末》；第八章《后汉之兴》；第九章《后汉盛世》；第十章《后汉衰乱》；第十一章《后汉乱亡》；第十二章《三国始末》。这样看来，首先，吕著《秦汉史》其实并非如杨宽所概括，是"把两汉政治历史分成十一个段落"，而是"把秦汉政治历史分成十一个段落"。其次，是将"三国始末"放置在"秦汉史"的框架之中。前者可以说是杨宽的小小疏误，后者，则是值得上古史研究者注意的史学架构设计。

在东汉末年的社会大动乱中，曹操集团、刘备集团和孙权集团逐步扩张自己的实力，各自翦灭异己，逐步在局部地域实现了相对的安定，形成了魏、蜀、吴三国鼎立的局面。三国时期，是中国历史上一个重要的时期。一般所说的三国时期，自公元220年曹丕黄初元年起，到西晋灭吴，即吴末帝孙晧天纪四年（280），前后计60年。三国时期的历史虽然相对比较短暂，可是对于后来政治军事史的影响却十分深远。三国时期,文化节奏比较急迅,民族精神中的英雄主义得到空前的高扬,东汉以来比较低沉的历史基调迅速转而高亢。同时,各种政治主张和政治智谋也在复杂的政治斗争中得以实践。三国史还有一个引人注目的特点,就是三国历史人物和三国历史事件在后世几乎为社会各色人物所熟知。历史知识在民间的普及达到这种程度,是十分罕见的现象。将三国史置于秦汉史之中进行叙述和总结,是有一定的合理性的。吕思勉的这种处理方式,可能和他在《秦汉史》中提出的如下认识有关。他说:"以民族关系论,两汉、魏、晋之间,亦当画为一大界。自汉以前,为我族征服异族之世,自晋以后,则转为异族所征服矣。盖文明之范围,恒渐扩而大,而社会之病状,亦渐溃而深。"(吕思勉:《秦汉史》,第4页)于是秦汉史的历史叙述,至于《三国始末》之《孙吴之亡》(吕思勉:《秦汉史》,第400—466页),随后一节,即《三国时四裔情形》(吕思勉:《秦汉史》,第467—476页)以与"转为异族所征服"的历史相衔接。近年史学论著中采取将秦汉与三国并为一个历史阶段,在魏晋之间"画为一大界"这种处置方式的,有张岂之总主编《中国历史》中的第二卷《秦汉魏晋南北朝》。《中国历史》第二卷《秦汉魏晋南北朝》(高等教育出版社2001年)又题《秦汉魏晋南北朝史》,在台湾出版(王子今、方光华:《秦汉魏晋南北朝史》,五南图书出版股份有限公司,2002年)。

青年毛泽东在《〈伦理学原理〉批注》中这样谈到人们的历史感觉:"吾人揽〈览〉史时,恒赞叹战国之时,刘、项相争之时,汉武与匈奴竞争之时,三国竞争之时,事态百变,人才辈出,令人喜读。至若承平之代,则殊厌弃之。"(《毛泽东早期文稿》,湖南出版社,1990年,第166页)读"战国之时"的历史,自然会关注秦的统一战争这条主线。而"三国竞争之时"本来即起始于汉末,如果并入汉史一同叙述,则许多人共同熟悉并深心"赞叹"的"事态百变,人才辈出"的上述四个历史阶段,都归入秦汉史的范畴了。按照吕思勉《秦汉史》的说法,即:"战国之世,我与骑寇争,尚不甚烈,秦以后则不然矣。秦、汉之世,盖我恃役物之力之优,以战胜异族,自晋以后,则因社会之病状日深,而转为异族所征服者也。"(吕思勉:《秦汉史》,第4页)这是从民族史和战争史的角度,指出了秦汉历史的时代特征,"社会"问题亦已涉及,而战国时期和三国时期均被概括到了这一历史阶段之内。

"以新、汉之间为大界"

吕思勉《秦汉史》第一章《总论》开头就写道:"自来治史学者,莫不以周、秦之间为史事之一大界,此特就政治言之耳。若就社会组织言,实当以新、汉之间为大界。"又说:"以社会组织论,实当以新、汉之间为大界也。"(吕思勉:《秦汉史》,第1—2页)

这其实是十分重要的发现。两汉之际发生的历史变化,除社会结构外,政治形式和文化风格也都十分明显。

不过,对于这一历史"大界"的说明,吕思勉《秦汉史》并没有揭示得十分透彻。就此课题进行接续性的工作,显然是必要的。可惜至今尚少有学者就此进行认真的探讨。

"秦汉时人民生活"

吕思勉对社会生活情景研究的重视,却实现了积极的学术引导作用。他在《秦汉史》中于讨论"秦汉时人民生计情形"之外,专有一章论述"秦汉时人民生活",分别就"饮食""仓储漕运籴粜""衣服""宫室""葬埋""交通",考察了秦汉时期社会生活的各个方面。"宫室"一节,是说到平民之居的,甚至"瓜牛庐"和"山居之民""以石为室"者。大体说来,已经涉及衣食住行的各种条件。而"葬埋"

是死后生活条件的安排，当时人们是十分重视的，研究者自然不应当忽略。已经有学者指出，"重视反映社会生活方式的演变史"，是吕思勉历史著述的"一个显著优点"，"而这些正是现在通行的断代史著作中缺少的部分。"（王玉波：《要重视生活方式演变的研究——读吕思勉史著有感》，《光明日报》1984年5月2日）

我们欣慰地看到，现今一些学者的辛勤努力，已经使得我们对秦汉时期社会生活史的认识逐渐充实，日益深化。刘增贵《汉代婚姻制度》（华世出版社，1980年）、彭卫《汉代婚姻形态》（三秦出版社，1988年；中国人民大学大学出版社，2010年）、刘乐贤《睡虎地秦简日书研究》（文津出版社，1994年）、彭卫《中国饮食史》第六编《秦汉时期的饮食》（华夏出版社，1998年）、彭卫、杨振红《中国风俗通史·秦汉卷》（上海文艺出版社，2002年）等论著的问世，标志着秦汉社会生活方式研究的显著进步。而吕思勉《秦汉史》作为先行者的功绩，当然是后学们不会忘记的。

我们还看到，吕思勉《秦汉史》中《交通》一节加上《仓储、漕运、籴粜》一节中有关"漕运"的内容，篇幅达到一万四千字左右，这是从来没有过的对秦汉交通的集中论述。这在中国交通史的学术史上，是应当占有特别重要的地位的。

"考据"传统与"自由回照"

有学者总结说："吕先生的中国通史（包括断代史）著作是全部著作中的最巨大工程。"这一工作，"把他早期的想法《新史抄》逐步扩大和充实。所谓《新史抄》，其实也是自谦之辞"。"吕先生说的'抄'，是说写的历史都是有'根据'的，不是'无稽之谈'，也非转辗抄袭，照样有独到之功。"他自以为"性好考证"，"读史札记是他历年读史的心得"。除了继承乾嘉学者重视文献学功夫的传统之外，

"吕先生的读史札记还重视社会经济、少数民族历史和学术文化方面的各种问题。因此,他既继承了清代考据学的遗产,同时又突破乾嘉学者逃避政治现实,为考证而考证的束缚。"

论者还指出,"写在'五四'以前"的《白话本国史》,在第一编上古史中"三次公开提到马克思和他的唯物史观与《资本论》,并说春秋战国时代社会阶级的变化,很可以同马克思的历史观互相发明"。"从这一点来说,吕先生接受新思想的态度是很积极的,是跟着时代的脚步前进的。"《吕著中国通史》抗日战争时期出版于日本人占领的上海,吕思勉在书中"是有寄托的",他说:"颇希望读了的人,对于中国历史上重要的文化现象,略有所知;因而略知现状之所以然;对于前途,可以豫加推测;因而对于我们的行为,有所启示。"这部中国通史最后引用梁任公译英国文豪拜伦的诗作作为全书总结:"如此好山河,也应有自由回照。……难道我为奴为隶,今生便了?不信我为奴为隶,今生便了!"(胡嘉:《吕诚之先生的史学著作》,俞振基:《蒿庐问学记:吕思勉生平与学术》,三联书店,1996年,第44—46页,第50页)

回顾悠久历史亦期盼"自由回照",也是今天的治史者和所有关心中国历史文化的人们的共同心愿。

吕著《秦汉史》的结构布局

关于吕思勉《秦汉史》的撰述方式,汤志钧指出:"分上、下两编,上编叙述政治史,实际上是王朝兴亡盛衰的历史,基本上采用纪事本末体;下编分章叙述当时社会经济、政治制度、文化学术上的各种情况,采用的是旧的叙述典章制度的体例。尽管不易看清历史发展的全貌及其规律性,但他从浩如烟海的史料中钩稽排比,鉴别考订,给研究者带来很多方便。特别是下编社会经济、政治制度、文化学术部分,原来资料很分散,经过搜集整理,分门别类,便于检查。"(汤志钧:《现代史学家吕思勉》,《中国史研究动态》1980年第2期)杨宽也曾经总结说,"吕先生为了实事求是","采用了特殊的体例"。这就是:"分成前后两个部分,前半部是政治史,包括王朝的兴亡盛衰、各种重大历史事件的前因后果,各个时期政治设施的成败得失,以及王朝与周边少数民族的关系等等,采用的是一种新的纪事本末体。后半部是社会经济文化史,分列章节,分别叙述社会经济、政治制度、民族疆域、文化学术等方面的具体发展情况,采用的是一种新的叙述典章制度的体例。"(杨宽:《吕思勉先生的史学研究》,《中国史研究》1982年第3期)

具体来说,以秦汉史为对象"分别叙述社会经济、政治制度、民族疆域、文化学术等方面的具体发展情况",《秦汉史》的第十三章到第二十章是这样进行学术布局的:《秦汉时社会组织》《秦汉时社会等级》《秦汉时人民生计情形》《秦汉时实业》《秦汉时人民生活》《秦汉政治制度》《秦汉学术》《秦汉宗教》。首先注重"社会组织"和"社会等级"的分析,将有关"政治制度"的讨论更置于"人民生计情形""实业"和"人民生活"之后,体现出极其特别的卓识。在对于"秦汉时社会等级"的论述中,所列《秦汉时君臣之义》和《士大夫风气变迁》两节,其中论议得到许多学者赞赏。这种新体例的创制,带有摸索试探的性质,自然不能说至于尽善尽美,但是对于史学论著中断代史撰述方式的进步,毕竟实现了推动。而且,我们今天看来,也并不认为这种方式会使人们"不易看清历史发展的全貌及其规律性"。

我们以为,对于"历史发展的全貌及其规律性"的说明,最高境界是让读者通过对历史真实的认识,获得自己的理解。而作者强加于读者的说教,早已令人反感。特别是简单化、公式化和生硬地贴标签式的做法，往往使得历史学的形象败坏。

关于"直以札记体裁出之"

对于以《秦汉史》为代表的吕思勉的断代史研究，严耕望曾经著文《通贯的断代史家：吕思勉》予以评价。他写道："有一位朋友批评诚之先生的著作只是抄书，其实有几个人能像他那样抄书，何况他实有许多创见，只是融铸在大部头书中，反不显豁耳。"对于《秦汉史》等论著的撰写方式，严耕望也有自己的批评意见："不过诚之先生几部断代史的行文体裁诚有可商处。就其规制言，应属撰史，不是考史。撰史者溶化材料，以自己的话写出来：要明出处，宜用小注。而他直以札记体裁出之，每节就如一篇札记，是考史体裁，非撰史体裁。"又据钱穆的说法，就《秦汉史》这几部断代史的写作初衷有所说明："不过照宾四师说，诚之先生这几部断代史，本来拟议是'国史长编'。"严耕望说："作为长编，其引书固当直录原文。况且就实用言，直录原文也有好，最便教学参考之用。十几年来，诸生到大专中学教历史，常问我应参考何书，我必首举诚之先生书，盖其书既周赡，又踏实，且出处分明，易可检核。这位朋友极推重赵翼《廿二史札记》。其实即把诚之先生四部断代史全作有系统的札记看亦无不可，内容博赡丰实，岂不过于赵书邪？只是厚古薄今耳！"（严耕望：《通贯的断代史家：吕思勉》，《中国历史研究》1986年第1期）

关于"撰史体裁"和"考史体裁"的区分，本来只是个别学者的意见。借用这一说法，应当说传统史学以"考史"居多。不过，在西方史学传入之后，"撰史体裁"压倒了"考史体裁"。其实，史学论著的体裁和形式本来应该允许多样化。苏轼诗句"短长肥瘦各有态，玉环飞燕谁敢憎"（《孙莘老求墨妙亭诗》，《东坡诗集注》卷二八），指出了自然之美"各有态"的合理性。清人陈维崧笔下所谓"燕瘦环肥，要缘风土；越禽代马，互有便安"（《毛大可新纳姬人序》，《陈检讨四六》卷一二），也强调了多样性的自然。此所谓"风土"，本义是空间概念，或许也可以移用以为时间概念，则古人"王杨卢骆当时体"（杜甫：《戏为六绝句》，《万首唐人绝句》卷一）诗意，似乎也隐含其中。

时下最被看重的史学成果的载体，是所谓学术论文。现今一些学术机构的价值评定系统，对于论文的品评，又有若干附加的条件，例如刊物的等级，摘引的频度，篇幅的长短等等。实际上，论文这种形式的通行，其实对于具有悠久传统的中国史学而言，是相当晚近的事。长期以来，中国传统史学所谓"汗牛充栋""浩如烟海"的论著，并非是以今天人们眼界中的"论文"的形式发表流传的。我们看到，即使20世纪论文形式开始兴起之后，一些史学大师的研究成果，其实也并不是以这种整齐划一的定式生产出来的。有的学者认为有必要为高校历史学科的学生选编史学论文的范本，如果严格按照现今的论文格式规范要求，说不定王国维、陈寅恪等学者的许多杰作也难以编列其中。清乾隆《御选唐宋诗醇·凡例》写道："李杜名盛而传久，是以评赏家特多。韩白同出唐时，而名不逮。韩之见重，尤后于白。则品论之词，故应递减。苏陆在宋，年代既殊，名望亦复不敌。晚出者评语更寥寥矣。多者择而取之，少者不容傅会。折衷一定，声价自齐。燕瘦环肥，初不以妆饰之浓淡为妍媸也。"关于诗人"名望"所以差异，论说未必中肯，然而最后一句，却指明了内容和形式之关系的真理："燕瘦环肥，初不以妆饰之浓淡为妍媸也。"学术的"品论"和"评赏"，应当首先重视内容，形式方面"妆饰之浓淡"，不是判定"妍媸"的主要标准。

所谓"札记"，其实就曾经是传统史学的"当时体"。许多中国史学名著当时都是以"札记"的形式面世，而后亦产生了长久的历史影响的。王应麟的《困学纪闻》、顾炎武的《日知录》、赵翼的《廿二史札记》和《陔余丛考》等，虽著者或谦称"睹记浅狭，不足满有识者之一笑"（赵翼：《陔余丛考小引》），而内心实有"平生之志与业皆在其中"（顾炎武：《与友人论门人书》）和"自信其书之必传"（顾炎武：《与杨雪臣书》）的自负。这些论著在后来学人心目中的等级和价值，在史学学术史上的地位都是毋庸置疑的，然而这些论著均以札记形式存世。

近世史学学者仍多有沿用札记形式发表学术创见者。如顾颉刚上海合众图书馆1949年油印《浪口村随笔》，后经增订，辑为《史林杂识初编》（中华书局，1963）。十卷本《顾颉刚读书笔记》经顾颉刚亲订、并由后人整理，学术价值尤为珍贵（台湾联经出版公司，1990年）。中华书局又补入早年笔记5种等，2011年1月出版17册本。此外，陈登原《国史旧闻》（三联书店，1958年）、钱锺书《管锥编》（中华书局，1979年）、周一良《魏晋南北朝史札记》（中华书局，1985年）、贾敬颜《民族历史文化萃要》（吉林教育出版社，1990年），以及吴承仕《检斋读书提要》（北京师范大学出版社，1986年）、罗继祖《枫窗三录》（大连出版社，2000年）等，也都是治史者不能忽视的名著。有的学者将论文、札记、报告以及演讲稿的合集题为"札记"，如李学勤《夏商周年代学札记》（辽宁大学出版社，1999年），也说明对"札记"这种学术形式的看重。吕思勉《秦汉史》等书有"札记"的痕迹，丝毫不减损其学术价值，反而使史学收获的样式更为丰富多彩。对于其价值甚至"过于赵书"即超过赵翼《廿二史札记》的意见，我们虽未必百分之百赞同，也愿意在进行学术史评判时以为参考。

而《吕思勉读史札记》（上海古籍出版社，1982年）一书的问世，当时也是史学界的一大盛事。至今我们依然可以时常在其中得到学术营养。其中甲帙"先秦"184条,乙帙"秦汉"120条,丙帙"魏晋南北朝"101条,丁帙"隋唐以下"56条,戊帙"通代"65条。我们看到,秦汉史料所占的比重也是相当可观的。

"拆拼正史资料,建立新史规模"

对于吕著《秦汉史》选取资料主要注重正史的情形,严耕望有这样的解释:"至于材料取给,只重正史,其他是史料甚少参用,须知人的精力究有限度,他的几部断代史拆拼正史资料,建立新史规模,通贯各时代,周赡各领域,正是一项难能的基本功夫,后人尽可在此基础上,详搜其他史料,为之扩充,发挥与深入、弥缝,但不害诚之先生四部书之有基本价值也。"

吕思勉《秦汉史》等史学论著在引录史料的时候也难免千虑一失。严耕望说:"引书间或有误引处,但以这样一部大著作,内容所涉又极广泛,小有错误,任何人都在所难免,不足为病。"(严耕望:《通贯的断代史家:吕思勉》,《中国历史研究》1986年第1期)这样的意见,我们也是赞同的。

此外,吕思勉治史存在的另一问题,也已经有学者指出:"吕先生虽然认识到地下古物'足以补记载之缺而正其伪','而在先史及古史茫昧之时,尤为重要'(吕思勉:《先秦史》,第5页),他却过于怀疑当时'伪器杂出',没有能利用甲骨、金石,补古代文献之不足,使他在古文字学方面的高深造诣,不能更好地为考订古史、古书工作服务。这不能不给他的古史研究带来损失,是不应'为贤者讳'的。"(邹兆琦:《吕思勉先生与古代史料辨伪》,俞振基:《蒿庐问学记:吕思勉生平与学术》,第78页)这一问题,在《秦汉史》中的表现,读者朋友应当也会注意到。对考古文物资料的不熟悉,也容易导致对文献资料理解的误见。例如《交通》一节关于交通道路建设,吕思勉言

"边方又有深开小道者"。所据史料为:"《汉书·匈奴传》:侯应议罢边备塞吏卒曰:'建塞徼,起亭隧。'师古曰:'隧谓深开小道而行,避敌钞寇也。'"(吕思勉:《秦汉史》,第604页)如果有关于西北汉简中烽燧资料的知识,则可知颜师古注的错误。"亭隧"的"隧",是不可以解作道路的。好在后辈学者学习先贤重在继承其学术精神。面对今天丰富的出土资料,新一代秦汉史研究者自会有自己的学术方法和学术路径的选择的。

对《二十四史》通读过几遍?

中青年治秦汉史者可能更要努力学习的是吕思勉等老一代史学家刻苦研读文献的"硬功夫"(黄永年说)、"踏实而深厚的基本功"(杨宽说)。前引杨宽说吕思勉"先后把《二十四史》反复阅读了三遍",严耕望说:"世传他把二十四史从头到尾的读过三遍,是可以相信的。"(严耕望:《通贯的断代史家:吕思勉》,《中国历史研究》1986年第1期)又黄永年回忆吕思勉时写道:"吕先生究竟对《二十四史》通读过几遍,有人说三遍,我又听人说是七遍,当年不便当面问吕先生……但我曾试算过一笔账,写断代史时看一遍,之前朱笔校读算一遍,而能如此作校读事先只看一遍恐怕还不可能,则至少应有四遍或四遍以上。这种硬功夫即使毕生致力读古籍的乾嘉学者中恐怕也是少见的。"(黄永年:《回忆我的老师吕诚之先生》,《学林漫录》第4辑,中华书局,1981年)

《二十四史》通读七遍、四遍或者三遍,今天的学者似乎已经难以做到或者说也确实没有大家都这样做的必要了。但是支撑"这种硬功夫"这种"踏实而深厚的基本功"的内心的学术理想和科学精神,确是我们必须继承的。而就研究秦汉史而言,无论有怎样先进的电子图书检索手段可以利用,认真地通读"前四史",仍然是无论如何必须具备的"基本功"。

要取得秦汉史研究的新收获，要推出"有系统、有分量、有见解的"秦汉史学术论著，应当说"首先得力于"这一条件。这是我要对愿意学习秦汉史的青年朋友们说的一句诚心的话。

星崇拜与"救星"意识的发生

考察先秦时代星辰崇拜意识的流变，关注天文与人文神秘对应关系的政治解说，应当有助于认识上古信仰体系的世俗风貌和精神基底。天星名号与人物形象的结合，在秦汉时期已经可以看到明确的史例。分析元明清民俗文化现象中所见"救星"的泛用，也有助于理解形成近代中国"救星"赞颂的社会理念基础。考察与此相关社会文化现象，可以发现天人关系学说的久远影响，也有益于理解中国民间政治迷信的历史渊源。

上古"星"崇拜与"祭星"礼俗

关注上古时代的天文意识，可以发现古人曾经将包括星象在内的天界秩序，看作充满神秘意义的体系和制度。同时，又深信天文和人文的对应关系。对"星"的崇拜曾经显著影响着社会理念和社会生活。

《书·洪范》："五纪：一曰岁，二曰月，三曰日，四月星辰，五月历数。""庶民惟星，星有好风，星有好雨。"孔安国传："星，民象。故众民惟若星。箕星好风，毕星好雨，亦民所好。"所谓"五纪：一曰岁"者，其实也是"星"。而"星有好风，星有好雨"，体现出农耕社会"庶民""众民"的"风雨时节"期望。《汉书》卷二八下《地理志下》："风雨时节，谷籴常贱，少盗贼，有和气之应。"《汉书》卷七四《魏相传》:"君动静以道,奉顺阴阳,则日月光明,风雨时节,寒暑调和。"汉镜铭文"风雨时节五谷熟"是常见句式。

《管子·四时》写道,"东方曰星","南方曰日","西方曰辰","北方曰月"。在天象秩序中,"星""辰"非常重要。而体现为"柔风甘雨",使得"百姓乃寿,百虫乃蕃"的即所谓"星德","其德喜嬴而发出节。"《孙膑兵法·月战》:"孙子曰:十战而六胜,以星也。十战而七胜,以日者也。十战而八胜,以月者也。"反映"星"在兵阴阳学说中占据与"日""月"并列的地位。星象与兵战的关系,又见于《史记》卷一一〇《匈奴列传》:"举事而候星月。"《史记》卷二八《封禅书》记述秦汉神学中心雍地的祭祀之所:"雍有日、月、参、辰、南北斗、荧惑、太白、岁星、填星、辰星、二十八宿、风伯、雨师、四海、九臣、十四臣、诸布、诸严、诸逑之属,百有余庙。"在秦帝国最重要的神祀中心规模为"百有余庙"之信仰体系中,"日、月"之后,"风""雨"之前,"星"即所谓"参、辰、南北斗、荧惑、太白、岁星、填星、辰星、二十八宿"等,作为崇拜对象占据了当时的信仰世界中相当大的比例。据司马贞《索隐》的解释,"诸布"也与"星"崇拜有关:"案:《尔雅》:'祭星曰布。'或'诸布'是祭星之处。"西汉对秦的祠祀体系予以全面继承。《汉书》卷二五上《郊祀志上》也有与《史记》卷二八《封禅书》同样的说法。

汉代民间信仰史料也提供了重要的相关信息。河南南阳出土许阿瞿墓志感叹这位五岁童子的夭亡:"年甫五岁,去离世荣。遂就长夜,不见日星。神灵独处,下归窈冥。"(南阳市博物馆:《南阳发现东汉许阿瞿墓志画像石》,《文物》1974年第8期)"日星"以分别照耀昼夜的光明,受到特别的崇敬。

文物资料可见楚帛书中反映星岁纪年和岁星占的内容。曾侯乙墓箱盖漆文表现的星象,有学者认为有确定的意义。马王堆三号汉墓出土帛书有《五星占》(王树金:《马王堆汉墓帛书〈五星占〉研究述评》,《湖南省博物馆馆刊》2010年)。所谓《天文气象杂占》中的彗星图,也各有对应的世间政治军事现象。有的研究者称之为"彗星图占"(席泽宗:《一份关于慧星形态的珍贵资料——马王堆汉墓帛书中的彗星图》,《文物》1978年第2期;王树金:《马王堆汉墓帛书〈天文气象杂占〉研究三十年》,《湖南省博物馆馆刊》2007年)。汉墓出土画像资料中多有表现天际星座的画面。较有代表性的,如西安交通大学西汉墓葬壁画二十八宿星图(陕西省考古研究所:《西安交通大学西汉壁画墓》,西安交通大学出版社,1991年),南阳画像石星象图(韩玉祥主编《南阳汉代天文画像石研究》,民族出版社,1995年)等,均显示了当时人对"星"的崇拜。马王堆汉墓出土帛书《养生方》可见"敢告东君明星"等文字(魏启鹏、胡翔骅:《马王堆汉墓医书校释(贰)》,成都出版社,1992,第55页)。这里所谓"明星"指的是可以以其神力影响人生健康与命运前景的天星。这里的"告",应是指请示、祭告一类在神圣语境中的对话形式。

星象与人世"吉""凶"

在古人的意识中,天际星象与人世"吉""凶"有神秘的对应关系。

先秦秦汉社会通行的用以趋吉避凶的选择用书《日书》中,可以看到根据星相判断行为宜忌的内容。例如随州孔家坡8号墓出土《日书》中的《星》篇,在二十八星宿每宿名下各有警示文字,提醒使用者选择时日必须注意。例如:"东辟(壁),不可行,百事凶。司不(府)。以生子,不完。不可为它事。(六二)"(湖北省文物考古研究所、随州市考古队编著《随州孔家坡汉墓简牍》,文物出版社,2006年,第134页)

在古人的意识中，有的星象出现预示"疾疫"，有的星象出现预示"饥馑"，有的星象出现，会预示战争或者政治变乱。如《史记》卷二七《天官书》："（土星、水星、金星）三星若合，其宿地国外内有兵与丧，改立公王。"又《汉书》卷二六《天文志》："三星若合，是谓惊立绝行。""三星若合，是谓惊位，是谓绝行，外内有兵与丧，改立王公。"云梦睡虎地秦简《日书》中的《星》篇，也是告知人们如何以星象判断未来吉凶的。极端的情况下将致"百事凶"，相反则有"百事吉"的预示（王子今：《睡虎地秦简〈日书〉甲种疏证》，湖北教育出版社，2003年，第159—161页）。"玄戈"是星名。睡虎地秦简《日书》有《玄戈》篇，其中写道，在有的情况下将"大凶"，有的情况下"少吉"，有的情况下则"大吉"（王子今：《睡虎地秦简〈日书〉甲种疏证》，第134—135页）。导致最后一种情形即"大吉"而出现的天文现象，其积极的社会作用值得特别注意。对于《史记》卷二七《天官书》所谓"黄圜和"，张守节《正义》解释道："太白星圜，天下和平。"对于"毕星"，又说："星明大，天下安，远夷入贡。"又如《汉书》卷二六《天文志》写道："填星所居，国吉。"说的都是全社会普遍期望的吉祥星象。新疆民丰尼雅遗址出土织锦文字"五星出东方利中国"（《丝路之魂：天府之国与丝绸之路》编辑委员会编著《丝路之魂：天府之国与丝绸之路》，商务印书馆、四川人民出版社，2017年，第106页），更是知名度非常高的体现相关理念的文物发现。

　　《史记》卷二五《律书》介绍了当时人知识体系中二十八宿"营室"的作用："营室者，主营胎阳气而产之。"就个人境遇而言，在难产往往导致母子死亡的医疗条件相对恶劣的上古时代，营室这时对于产妇及其家庭的意义，可以说有救死的作用。

拟人星：人际称谓与星辰名号

星辰崇拜，体现古人的信仰理念中的天文观。而天文与人文的对应，透露出有关天人关系的思想。《史记》卷二七《天官书》写道："为国者必贵三五。上下各千岁，然后天人之际续备。"司马迁在致任少卿的信中自叙撰写《史记》的心志，有"欲以究天人之际，通古今之变，成一家之言"的话。班固把这段文字记录在《汉书》卷六二《司马迁传》中。在《太史公自序》中介绍"八书"的撰述主题，也说"天人之际，承敝通变"。有人评价《史记》，以为正是因为追求这一境界，于是成就辉煌，"七十列传，各发一义，皆有明于天人古今之数"。而《货殖列传》"亦天人古今之大会也"（〔清〕恽敬《大云山房文稿》初集卷二《读货殖列传》，四部丛刊景清同治本）。理解"究天人之际"的文意，当然不能脱离当时的文化背景，关注人们对于"天"具有浓重神秘色彩的深心崇敬。曾经就《公羊春秋》的研读对司马迁有所指导的董仲舒曾经应汉武帝的询问对"天人之应"多所讨论（《汉书》卷五六《董仲舒传》）。《汉书》卷三六《刘歆传》说："刘氏《鸿范论》发明《大传》，著天人之应。"《史记》卷一《五帝本纪》说尧"敬顺昊天"。张守节《正义》解释为"敬天"。后世注家对《史记》文字的解说，也可见"敬天常"（《史记》卷一一七《司马相如列传》司马贞《索隐》引《吕氏春秋》）、"严敬天威"（《史记》卷四《周本纪》裴骃《集解》引孔安国曰）等说法。如果认识到秦汉社会的"敬天"理念包含对自然的尊重，对生态的爱护，应当珍视其中值得继承的文化因素。《韩诗外传》卷七写道："善为政者循情性之宜，顺阴阳之序，通本末之理，合天人之际，如是则天气奉养而生物丰美矣。"又说："修往古者，所以知今也。""《诗》曰：'昊天太怃，予慎无辜。'"当时，"天人"和"古今"的关系，似乎是许多人共同关心的文化命题。汉武帝说:"善言天者必有征于人,善言古者必有验于今。"董仲舒说:"天人之征,古今之道也。"(《汉书》卷五六《董仲舒传》)公孙弘也曾经言及"明天人分际,通古今之义"(《史记》卷一二一《儒林列传》)。《淮南子·泰族》写道:"天之与人有与相通也。""故圣人怀天气,抱天心","学者能明于天人之分,通于治乱之本……见其终始,可谓知略矣。"《淮南子·要略》总结全书,也强调"尊天""仰天""取象于天","上因天时","合诸人则","通古今之论","经古今之道","埒略衰世古今之变","擘画人事之终"。看来,相信"天人"之间存在神秘关系是贯通"古今"的规律,代表了一种具有显著时代特征的历史文化理念。

在深信"天人之应"的意识背景下,天上星辰名号,有时可与世间某种社会身份对应。《史记》卷二七《天官书》言天际星象,有象征"太一"者。此外,又有对应"三公""正妃""藩臣""上将""次将""贵相""诸侯"等诸星座。张守节《正义》以为"太一""天帝之别名也"。又引刘伯庄云:"泰一,天神之最尊贵者也。"相反,对应社会底层人等者,有"贱人之牢"。星象和人事的密切关系,使得古人天文知识的民俗表现,又出现了星和人的对应性结合,出现了拟人化的星。如《史记》卷二七《天官书》说到"婺女"星。张守节《正义》解释,"婺女"就是"须女",又说:"须女,贱妾之称,妇职之卑者,主布帛裁制嫁娶。"而"婺女",按照《广雅》的说法就是"务女"(司马贞《索隐》引《广雅》),劳作者的身份是明确的。此星象征的世间身份是负责"布帛裁制"的"妇职之卑者"。而"织女"星,据张守节《正义》,"主果蓏丝帛珍宝",如果星光"暗而微",则"天下女工废"。劳动者身份成为天星名号的情形,值得我们特别注意。睡虎地秦简《日书》甲种的《取妻》篇可见"牵牛以取织女"的说法(王子今:《睡虎地秦简〈日书〉甲种疏证》,第292页),说明至迟在秦代，牛郎织女爱情传说已经形成了比较确定的主题，形成了比较完整的结构。而男耕女织的劳动生活以此拟人形式进入到天文体系。

传说时代部族联盟领袖"蚩尤"，曾经与黄帝、炎帝作战，被尊为"兵主"。"蚩尤旗"则成为星象名号。《史记》卷一《五帝本纪》裴骃《集解》引《皇览》曰："蚩尤冢在东平郡寿张县阚乡城中，高七丈，民常十月祀之。有赤气出，如匹绛帛，民名为蚩尤旗。肩髀冢在山阳郡巨野县重聚，大小与阚冢等。传言黄帝与蚩尤战于涿鹿之野，黄帝杀之，身体异处，故别葬之。"此"蚩尤旗"是兵战之象。《汉书》卷二七下之下《五行志下之下》："占曰：'是为蚩尤旗，见则王者征伐四方。'"《续汉书·天文志下》："占曰：'蚩尤旗见，则王征伐四方。'"所谓"赤气"即"蚩尤旗"，多理解为星象。《后汉书》卷九《献帝纪》："（初平二年）九月，蚩尤旗见于角、亢。"《续汉书·天文志》："孝献初平二年九月，蚩尤旗见，长十余丈，色白，出角、亢之南。"《后汉书》卷三〇上《苏竟传》："流星状似蚩尤旗，或曰营头，或曰天枪，出奎而西北行，至延牙营上，散为数百而灭。"如果理解"蚩尤"是远古人物，则"蚩尤旗"或许可以看作最早的以人名为天星符号的实例。还有一位神话人物"造父"的名字也成为星座代号。造父是秦人先祖，曾经为周穆王驾驭八骏，远行至西王母之邦。据《晋书》卷一一《天文志》，有被命名为"造父"的天星："传舍南河中五星曰造父，御官也，一曰司马，或曰伯乐。"造父虽然后来身份显贵，但是成名时的身份，只是服务于君王的御车者。

据《史记》卷二八《封禅书》，秦代已经在杜亳建"寿星祠"。司马贞《索隐》说：寿星，就是南极老人星。老人星出现，"则天下理安"，所以"祠之以祈福寿"。《续汉书·礼仪志中》说到仲秋之月在国都南郊老人庙"祀老人星"的情形。

明季小说《西游记》里的"太白金星",在天际世界是一位风格平和的老者。太白金星即长庚老。曾上炎著《西游记辞典》:"【长庚老】长庚星。神话传说中的上界神仙之一太白金星。"(河南人民出版社,1994年,第41页)《西游记》第三回《四海千山皆拱伏,九幽十类尽除名》与第四回《官封弼马心何足,名注齐天意未宁》有"太白长庚星""太白金星""金星""招安""妖猴孙悟空"故事,形象为"老人",自称"西方太白金星",又自称"老汉"。孙悟空嗔语亦谓"金星老儿"(吴承恩著:《西游记》,人民文学出版社,1990年,第23页至第24页,第30页)其实,传说渊源久远的"太白金星"具有多方面的神能。《史记》卷二七《天官书》:"太白主中国。"《汉书》卷二六《天文志》:"太白主兵。"《晋书》卷一二《天文志中》:"太白主大臣。"明人万民英《星学大成》卷一六《三辰通载·五星》则表述了民间理念:"双女宫太白星,又名天军星,主兵军武贵也。诗断:太白金星主大权,喜临楚分息尘烟。出则将兮入则相,三分足用喜骈骈。"顾炎武《日知录》卷二五《湘君》说神界配偶形式,曾经指出:"甚矣,人之好言色也。"所举的第一个例子就是"太白星":"太白,星也,而有妻。《甘氏星经》曰:'太白上公,妻曰女媊。女媊居南斗,食厉,天下祭之,曰明星。'"天星"有妻",应看作体现民间对作为崇拜对象的天界予以人性化理解的情形。民间传说中太白星的人格化,至迟不晚于汉代。《风俗通义》卷二《正失》"东方朔"条:"俗言东方朔太白星精。"《太平广记》卷五九《梁玉清》条讲述了这样的故事:"《东方朔内传》云:秦并六国,太白星窃织女侍儿梁玉清、卫承庄,逃入卫城少仙洞,四十六日不出。天帝怒,命五岳搜捕焉。太白归位,卫承庄逃焉。梁玉清有子名休,玉清谪于北斗下,常春。其子乃配于河伯,骖乘行雨。子休每至少仙洞,耻其母淫奔之所,辄回驭。故此地常少雨焉。(出《独异志》)"与汉武帝时代真实历史人物东方朔相联系的太白星,在这些传说中却是不大庄重的形象。

另一则与太白星有关的故事,即五代人王定保《唐摭言》卷七《知己》说李白见识于贺知章事:"李太白始自蜀至京,名未甚振,因以所业贽谒贺知章。知章览《蜀道难》一篇,扬眉谓之曰:'公非人世之人,可不是太白星精耶?'"(清《学津讨原》本)清王琦注《李太白文集》注引《唐摭言》:"李白始自蜀至京,道未甚振,因以所业贽谒贺知章。知章览《蜀道难》一篇,曰:'子谪仙人也。'"文句略有不同(〔清〕王琦注:《李太白全集》,中华书局,1977年,第166页)。贺知章称李白为"太白星精",是以天星喻非常之人的例证。

俗文学作品中的"救星"

体现星崇拜意识遗存的人际称谓"救星"后来出现,并且形成了非常广泛的社会影响。

文献中我们看到的"救星"语汇最早的出现,见于辽代耶律纯《星命总括》卷上的一句话:"方入煞神之初,或出煞神之末,不见救星来,未有不凶者。"看来"救星"的说法很可能源起于古星象学。

分析中国传统社会心理,似乎"救星"意识的生成,与乱世的灾难有关。《吕氏春秋·劝学》说到"救病",高诱注:"救,治也。"《说文·攴部》:"救,止也。"段玉裁注:"《论语》:子谓冉有曰:女弗能救与?马曰:救犹止也。马意救与止稍别。需谓凡止皆谓之救。"《汉书》卷四五《蒯通传》有"折北不救"的说法,颜师古解释"不救"就是"无援助"。"救,助也",是通行的训诂定义。慧琳《音义》卷四三《幻师颰陀所说神咒经》"救之"条:"《广雅》云:救犹助也。谓相起助也。《声赞》云:援助也。"(徐时仪校注:《一切经音义三种校本合刊》,上海古籍出版社,2008年,第1250页)对于"救星"

的崇敬，大概出自人们在极端困苦之中完全无助境遇下的心态。"救星"的"救"，作为一种社会渴求，其实是乱世梦想的特殊表现。

后来引人注目的文化迹象，是民间对"救星"语汇使用的普遍。这一现象，以俗文学作品中的表现较为集中。"救星"的出现，以明代小说中最为密集。而《醒世姻缘传》中出现"救星"频次尤高。如第十七回《病疟汉心虚见鬼，黩货吏褫职还乡》："……却又遇着一个救星，却是司礼监金公。"第十八回《富家显宦倒提亲，上舍官人双出殡》："若请个名医来看，或者还有救星，也不可知。"第五十六回《狄员外纳妾代庖，薛素姐殴夫生气》："亏得天不从人，狄员外每次都有救星。"第五十七回《孤儿将死遇恩人，凶老祷神逢恶报》："若那命不该死，他自然神差鬼使，必有救星。"所谓"有救星"，是面临"灾难"时的深心期盼。作者对"救星"这一语汇的偏好，或许体现了当时民间的语言习惯。

此外，又如冯梦龙《新列国志》第七十回《杀三兄楚平王即位，劫齐鲁晋昭公寻盟》："灵王一连三日，没有饮食下咽，饿倒在地，不能行动。单单只有两目睁开，看着路旁，专望一识面之人经过此地，便是救星。"也是同类的例证。凌濛初《拍案惊奇》卷二十九《通闺闼坚心灯火，闹囹圄捷报旗铃》："张妈妈道：'你做了不老成的事！几把我老人家急死。若非有此番天救星，这事怎生了结？'"又如第五十九回《孝女于归全四德，悍妻逞毒害双亲》："唬得脸上没了人色，左顾右盼，谁是他的个救星？"第八十八回《薛素姐送回明水，吕厨子配死高邮》："众人合了一股，大家作践。若不是有个救星，这个狗命，料想也是难逃。"第九十回《善女人死后登仙，纯孝子病中得药》："也是胡无翳手段高明，又是这些病人应有救星，手到病除，一百个人吃了药，倒有九十九个好。"第九十一回《狄经司受制嬖妾，吴推府考察属官》："幸得狄希陈渐渐的有了救星，离成都不远，只有了三站之地……"第九十二回《义徒从厚待师母，逆妇假手杀亲儿》："源源相接，得晁夫人这个救星，年来不致饥寒。"第九十六回《两道婆骗去人财，众衙役夺回官物》："虽自家不到跟前，可也是我的护身符，刘姐也是救星。"第一百回《狄希陈难星退舍，薛素姐恶贯满盈》："胡无翳掐算了一会，说道：'喜得还有救星。……'"（〔明〕凌濛初著，陈迩冬、郭隽杰校注：《拍案惊奇》，人民文学出版社，1998年）其中所谓"天救星"，或作"大救星"。明崇祯尚友堂刻本《拍案惊奇》作"大救星"。"大救星"语汇的出现，值得我们特别注意。

大家比较熟悉的文学作品，如《西游记》中，也可见"救星"语汇的使用。第三十一回《猪八戒义激猴王，孙行者智降妖怪》："师父在洞，幸亏了一个救星。原是宝象国王第三个公主，被那怪摄来者。"第五十五回《色邪淫戏唐三藏，性正修持不坏身》："孙大圣才按云头，对八戒、沙僧道：'兄弟放心，师父有救星了。'沙僧道：'是那里救星？'行者道：'才然菩萨指示，教我告请昴日星官。老孙去来。'"营救唐三藏的"昴日星官"，当然是真正的名副其实的"救星"。

和"有救星"对应的是"没救星"。《金瓶梅》第五十九回《西门庆露阳惊爱月，李瓶儿睹物哭官哥》写道：官哥儿夭亡，"合家大小放声号哭，那李瓶儿挝耳挠腮，一头撞在地下，哭的昏过去，半日方才苏省，搂着他大放声哭叫道：'我的没救星儿，心疼杀我了！'""西门庆即令小厮收拾前厅西厢房干净，放下两条宽凳，要把孩子连枕席被褥抬出去那里挺放。那李瓶儿倘在孩儿身上，两手搂抱着，那里肯放！口口声声直教：'没救星的冤家，娇娇的儿，生揭了我的心肝去了！'又第六十二回《潘道士法遣黄巾士，西门庆大哭李瓶儿》："西门庆归到卷棚内，看着收拾灯坛，见没救星，心中甚恸，向伯爵，不觉眼泪出。"

"救星"作为小说语言,亦为较高层次的知识人所接受。李贽评议《水浒》第三十八回《及时雨会神行太保,黑旋风斗浪里白条》:"李和尚曰:宋公明每至尽头处,便有救星的,是真命强盗。"(《李卓吾先生批评忠义水浒传》,明容与堂刻本)

明代剧曲所见"救星"语汇,有孟称舜《酹江集》:"今来遇着丈人,这是俺命儿里该有救星,天幸得遇丈人,望赐一言救俺则个。"也说"有救星"。又如:"【驻马听】枉煞心痴向猛虎丛中来救你无端负义,这鬼门关上诉凭谁,遇着顽禽蠢木总无知,道是屠牛伐树都差异,这搭儿难回避,丈人呵,俺不道救星儿恰撞你。"(明崇祯刻《古今名剧合选》本)又如张大复《快活三》卷上"【风入松】看如螺云结晚山埋,见蜃楼海市堪怪,江豚吹浪如山大,簸箕儿轻舟风摆,许不尽猪羊赛,叫不应救星来。"(旧钞本)

讲究"星气"和"人事"对应关系的明人万民英《星学大成》一书中"救星"凡30见。可以推知民间俗语"救星"的普及,依然是有以"星学"为标榜的文化背景的。书中亦多言"有救星""无救星",如卷一五"留段"条:"火入留段,名为天刿天哭星。若人于身命见之,皆主好杀。其心不慈不仁。若有救星,却主平善。若入陷无救星,皆坐远配军州不祥之祸断之。"(文渊阁《四库全书》本)

清代文学名著《红楼梦》中,也可见使用"救星"俗语的例证。第一〇二回《宁国府骨肉病灾祲,大观园符水驱妖孽》:"贾蓉没有听完,唬得面上失色道:'先生说的很是。但与那卦又不大相合,到底有妨碍么?'毛半仙道:'你不用慌,待我慢慢的再看。'低着头又咕哝了一会子,便说:'好了,有救星了!算出巳上有贵神救解,谓之'魄化魂归'。先忧后喜,是不妨事的。只要小心些就是了。"又如第一一五回《惑偏私惜春矢素志,证同类宝玉失相知》:"贾政忽然想起,头里宝玉的病是和尚治好的,这会子和尚来,或者有救星。"

"救星"：近代通行政治语汇

"救星"作为流行甚广的社会语汇，曾经在20世纪形成非常普遍的影响。"救星"颂歌曾经响彻寰宇，又确实深入人心。作为一种社会意识现象，"救星"期盼和"救星"依赖的心理背景其实是比较复杂的。

近世中国作为政治语汇的"救星"的早期使用，称颂对象曾经是思想导师、政党、军队以及所遵循的主义。在1927年5月5日马克思诞辰纪念日，西安六万余民众集会纪念"五一""五五"，冯玉祥、刘伯坚以及苏联顾问乌斯曼诺夫等出席。西安中山学院院长、共产党员刘含初致辞，说到马克思"是我们被压迫民族的救星"（中共西安市委办公厅编《中国共产党西安市委员会志（1925.10～2002.7）》，2004年，第31页）。中共崇明县委于1927年创办的对外宣传报纸，定名《救星报》，应当是以马克思主义为"救星"。这份报纸出自至2期，停刊日期不详（叶绪昌主编《江苏革命史词典》，南京大学出版社，1993年，第838页）。毛泽东1937年11月分析当时形势时指出："共产党和八路军的政治影响极大地极快地扩大，'民族救星'的声浪在全国传布着。"（《上海太原失陷以后抗日战争的形势和任务》，《毛泽东选集》第2卷，人民出版社，1991年，第389页）他在《新民主主义论》中也曾经写道："现在的世界，依靠共产主义做救星；现在的中国，也正是这样。"（《毛泽东选集》第2卷，第686页）何其芳《全中国的人民都反对进攻边区》一文有"他们知道谁是中华民族的真正的救星"的说法（《解放日报》1943年7月19日），即指中共及其领导的军队为"中华民族的真正的救星"。

"救星"成为特定称谓，专门用以指代政治家个人，是稍后的事情。

1940年，陈嘉庚率"南洋华侨回国慰劳视察团"在延安访问考察八天。回到新加坡后，他召集第二届南侨大会，明确地发表了自己对民族前景的判断："中国的希望在延安。"在新加坡一次万人大会上的讲话中，他说："我未去延安时，对中国前途甚为悲观，以为中国的救星还未出世，或还在学校读书。其实此人已经四十五岁了，而且已做了许多大事了。此人现在延安，他就是毛泽东。"（胡锦昌、叶健君、黄启昌主编《中国抗日战争年度焦点（1940~1942）血肉长城》，湖南人民出版社，2005年，第32页）

1945年，毛泽东赴重庆与国民党谈判，重庆纱厂女工致毛泽东的信中，称他为"亲爱的毛泽东——我们人民的领袖"。在表达对毛泽东的热爱时，也使用了"救星""大救星"称谓。信中写道："我们老是想，我们不能这样永远过下去，我们会遇到救星的。从报纸上，从许多好朋友的口中，我们晓得中国人有了一个大救星，这个救星就是您。"（《一群女工致毛泽东同志的信》，《新华日报》1949年9月1日）1946年农历正月十五，延安川口区六乡的秧歌队来到王家坪中共中央军委驻地，向毛泽东祝贺春节快乐，并且献上了"人民救星"金字匾（白崇贵等：《人民救星》，江苏文艺出版社，1993年，第87页）。重庆的女工和延安的农民所使用的"救星"称谓，体现出社会下层民众的语言习惯。而陈嘉庚言"中国的希望"，"中国的救星"，应当是借用民间语言发表自己的政治意见。

其实，站在毛泽东敌对阶级立场的另一位政治活动家蒋介石，可能更早也曾被称为"救星"。《蒋介石日记》关于西安事变的部分，说到在临潼被张学良东北军孙铭九部捕捉时，"叛兵"也曾当面称蒋"你为中国救星"："在余洞穴之上闻一叛兵曰'这里有一个是着便衣的'。又一叛兵曰'此必委员长'。前一叛兵曰'先击他一枪再说'，另一叛兵曰'不要胡来'。余闻此言，乃知叛兵中有能明大义者。少顷，叛兵即问曰'你是谁'？余曰'余即蒋委员长／今既为你等所执／应即可将余枪毙／但余尚为你的上官／除枪毙余以外／你不得对余有所侮辱'。叛兵曰'你为我们中国救星／又为我国领袖／我们无敢加以侮辱／只求你带我们抗日而已'。此时叛兵向天空连放三枪，声言委员长在此地。"（《蒋中正西安事变日记·1936年12月12日》，胡佛学院抄写本）

  "救星"在相当宽广的社会层面的普遍使用，作为民俗语言现象，其实也反映了人民面对灾厄病痛时的强烈的求助愿望。在社会动荡年代，这种表现成为十分醒目的文化景观。20世纪前叶的世情，国家民族面对严重危机，救亡成为时代主题。在这样的历史条件下，民间"救星"情结的显扬是很好理解的。似乎"救星"一语的使用，起先并没有特别的党派与政治立场指向。我们看到，国共两党都曾经分别利用了民间"救星"期待，并施以有利于建构政治权威方向的引导。值得特别注意的，是社会"救星"向往的政治化与权力利用趋向。"救星"原生名义逐渐为政治符号品质所翳蔽。"救星"原本经常被泛用或说滥用的情形有所改变，成为政治崇拜享有者的专用性代号。考察可能被看作"个人崇拜""政治迷信"的相关现象的历史文化源流，不宜忽略上古意识的早期传统，也不宜忽略民间社会的底层基础。

鲁迅读汉画

北京鲁迅博物馆将所收藏鲁迅生前精心收集的历代拓本5100余种，6000余幅陆续整理、编目、分类，辑为汉画像、碑刻、墓志、瓦当、造像记、砖刻等卷，经西泠印社和浙江越生文化创意有限公司努力，编为《鲁迅藏拓本全集》。其中《鲁迅藏拓本全集：汉画像卷I》和《鲁迅藏拓本全集：汉画像卷II》的出版（北京鲁迅博物馆编《鲁迅藏拓本全集》，西泠印社，2014年），不仅为汉画研究者提供了新的学术信息，对于所有关心汉代历史文化的人们来说，也是好消息。

鲁迅对汉画的关注

蔡元培曾经高度赞赏鲁迅继承金石学传统，搜购、收藏、欣赏和研究金石拓本的工作，突出肯定他对于"汉碑之图案"即汉画的重视："金石学为自宋以来较发展之学，而未有注意于汉碑之图案者，鲁迅先生独注意于此项材料之搜罗，推而至于《引玉集》《木刻纪程》《北平笺谱》等等，均为旧时代的考据家、赏鉴家所未曾著手。"

当然，简单地说金石学者"未有注意于汉碑之图案者"，汉画等"材料之搜罗""为旧时代的考据家、赏鉴家所未曾著手"，判断似未必符合学术史的真实。我们知道，南宋洪适《隶释》《隶续》著录多种汉画像石。此前涉及汉画像石的有东晋戴延之《西征记》、北魏郦道元《水经注》、北宋沈括《梦溪笔谈》、赵明诚《金石录》等。清代金石学者多有对汉代画像予以关注者。有的学者曾经判断，自清末至民初，"著录和研究汉画像石的金石学著作""总数不下数百种"（信立祥：《汉代画像石综合研究》，文物出版社，2000年，第5页）。

但是，我们依然可以确定地指出，鲁迅对于汉画的关注，体现出一位对于中国古典文化非常熟悉的学者特别敏锐的学术感觉。以鲁迅当时的态度对照今天汉画发现、整理、研究带动的美术史、美术考古的学术繁荣，我们不能不感叹他超前的学术进取意识和学术创新追求，以及对学术发展前景判断的先知先觉。

鲁迅对汉画的研究

《鲁迅藏拓本全集：汉画像卷Ⅰ》收录的《七日山画像之三》有鲁迅注："七日山三石，鱼形之一石，《山左金石志》不载。"（140页）可知鲁迅对其收藏对象是进行了研究的，且对前人相关论著有所参考。又《徐村画像》，鲁迅注："此汉画象残石六枚，有字之一枚从河南来（字盖伪刻），他五枚从山东来，不知确出何处。"（145页）这也是鲁迅对汉画曾经有所研究的例证。

他对于出土地点的特别关注，也值得注意。鲁迅对于某些拓片判断为"赝品""翻刻"的意见（1935年5月14日致台静农信），体现出他的鉴定功夫。

《鲁迅藏拓本全集：汉画像卷Ⅱ》可见编号为287的题"甘肃成县黄龙画像碑"者，碑首题"黄龙"，画面左侧雕画"黄龙"，右上方为"白鹿"画面，榜题"白鹿"。画面左下方为"木连理"，右为"嘉禾"，右下方为"甘露之种"。"甘露之种"左侧有"承露人"。《论衡·讲瑞》关于汉代"瑞物"崇拜，说到"天上有甘露之种"。这幅画像，显然是值得重视的有关祥瑞的汉代意识史料。而画面左侧题刻："君昔在黾池，修崤崡之道，德治精通，致黄龙、白鹿之瑞，故图画其像。"（317页）"昔在黾池，修崤嶔之道"的交通建设，被看作"德治精通"之政绩，以致有"致黄龙、白鹿之瑞"的宣传。而这件文物发现于距"黾池"甚远的"成县"，也体现相关理念的普及。这是包含汉代交通史、行政史以及政治观念史信息的极可宝贵的汉画资料。这样的文物珍存，在《鲁迅藏拓本全集：汉画像卷》中并不是孤例。

"倘能遇到，万不可错过也"

鲁迅收集汉画的努力，表现出对于这种古代文化遗产的倾心热爱。他除了向友人指出这些文物"颇可供参考"（1934年2月20日致姚克信）外，又曾表示，其中"极难得"者，"倘能遇到，万不可错过也。"对于"我有一点而不全"，鲁迅心存遗憾（1934年3月6日致姚克信）。他在致友人的书信中表示："倘能得一全份，极望。"（1935年8月11日致台静农信）诚心恳求朋友"代我补收"（1934年6月9日致台静农信）。鲁迅1936年10月19日去世。而他在8月18日致朋友的书信中，依然表达了对新发现汉画资料的真诚渴望："桥基石刻，亦切望于水消之后拓出，迟固无妨也。"

这封致王正朔的书信，有学者以为可以看作他有关"南阳汉画像石，乃至整个汉画像石刻艺术"的"遗嘱"（王建中：《汉代画像石通论》，紫禁城出版社，2001年，第31页）。"以'极望'得一全份画像石开始，以'切望'水消之后拓出桥基画像石告终，表现了鲁迅先生对濒临毁灭的历史文化遗产的无限关怀。"（王建中：《鲁迅与南阳汉画像石艺术》，《中原文物》1981年特刊）这样的分析，是得体的。

汉画与"中国精神"

汉画蕴含的精彩的文化品质，汉画透露的汉代社会的时代精神，为鲁迅所发现。他多次强调，其中有值得继承的积极的内容。鲁迅书信中在与对话人讨论"中国精神"时发表这样的认识(1935年2月4日致李桦信),无疑值得我们重视。

鲁迅说:"惟汉代石刻,气魄深沈雄大,唐人线画,流动如生,倘取入木刻,或可另辟一境界也。"(1935年9月9日致李桦信)对于以汉画为典型代表的汉代艺术,他还赞赏道:"遥想汉人多少闳放,新来的动植物,即毫不拘忌,来充装饰的花纹。""汉唐虽也有边患,但魄力究竟雄大,人民具有不至于为异族奴隶的自信心,或者竟毫未想到,绝不介怀。"(《坟·看镜有感》)我们注意到汉代民族精神表现出当时人所谓"骋驰"(《淮南子·修务》)、"奔扬"(《史记》卷一一七《司马相如列传》)、"驰骛"(东方朔《七谏》)、"奋迅"(《后汉书》卷八《灵帝纪》李贤注引《东观记》)的积极进取的英雄主义风格。鲁迅又特别强调"汉代石刻"之"气魄深沈雄大",以及通过其他艺术形式透露的"魄力究竟雄大"。而基于"自信"的"闳放",也是鲁迅深心欣赏的。

读汉画,理解汉代社会的"气魄",通过"装饰的花纹"的观察,透视当时"人民"的"自信心"。以这样的眼光看文物,显现出鲁迅作为一位文化伟人非同寻常的洞察力。他认为通过汉画可以体会秦汉社会风貌,如"看汉代石刻中之《武梁祠画像》",有助于认识"秦代的典章文物""生活状况",理解"汉时习俗"。不仅如此,他还建议版画家李桦参考学习汉画风格,以推进艺术的进步:"倘参酌汉代的石刻画像,明清的书籍插画,并且留心民间所玩赏的所谓'年画',和欧洲的新法融合起来,许能够创出一种更好的版画。"(1935年2月4日致李桦信)

我们今天体味这样的话,也可以获得启示。现今的文化创造,"倘参酌汉代的石刻画像",认真继承其中的精华,同时"留心"其他文化形式,包括"民间所玩赏"的作品,再"融合"现代"新法",

"许能够创出一种更好的"文化极品。对于历史学学术的发展,这样的建议其实也可以参考。

鲁迅藏汉画的文物品质

此前我曾经得到两册由上海人民美术出版社出版的《鲁迅藏汉画象》。然而其中存在讹误,而且未能收录鲁迅为每幅画像所写的文字说明。此次《鲁迅藏拓本全集:汉画像卷》补足了这一缺憾。据《鲁迅藏拓本全集:汉画像卷》"出版说明"介绍,"鲁迅搜藏的拓本,其中有些原物已不存在;有些原物因岁月的磨砺,漫漶严重,字迹、图像模糊不清,因此更显珍贵。"也就是说,这些拓本本身已经成为"珍贵"的文物。此次出版,承著名汉画研究专家、山东石刻艺术博物馆杨爱国审读第一卷,南阳汉画馆石红艳审读第二卷,提出了一些修改和补充意见,使得全书的学术质量又有提升。许多幅拓片以"编者注"的方式核证并补充了许多重要信息,如"立石时间""出土时间""出土地点""原石现存地点"等,均明朗标示。对于若干"鲁迅藏两幅""鲁迅藏三幅"的情形,也在注文中有所说明。

书后附《鲁迅金石杂抄》(汉画像部分)以及《鲁迅汉画像年表》,也为相关资料的研究和理解提供了便利的条件。

这当然都是《鲁迅藏汉画象》的研究者和一般读者都应当对编者和出版者表示诚挚的谢意的。

后　记

　　这是继《秦汉闻人肖像》（社会科学文献出版社，2011）、《秦汉文化风景》（中国人民大学出版社，2012）出版之后，又一本性质接近的小书。大略是2013年之后写作的一些主题与题材相类同的文章的集合。

　　基本定稿，准备今晚就寄给编辑先生的这本《秦汉英雄气运》书稿，最终要草写《后记》了。这时候，不能不说到近几天大家纷纷热议的这个日子。40年前，1977年12月9日至10日，我参加了1966年教育秩序被破坏之后得以恢复的第一次高考。记得当时可以报四个志愿，我报的是：1. 北京大学考古专业；2. 北京大学图书馆专业；3. 武汉大学图书馆专业；4. 西北大学考古专业。最终以第四志愿录取。

　　回忆人生道路的这一转折，有人说，最应当感谢的是提出恢复高考建议的一位大学教授；有人说，最应当感谢的是做出恢复高考决策的一位领袖人物。对于我这样一个在1977年得到争取迈进大学校园机会的普通青年来说，深心以为最应当感谢的，是鼓励和支持我走上学术道路的亲爱的母亲。那一年，小我3岁的妹妹已经以"工农兵学员"身份享受了高等教育，小我4岁的弟弟已经决心备考。高考报名限定的年龄是25岁，但是又宣布特别注意招收高66级和高67级的学生。作为初66级学生，我们和高68级学生正好在报名限定年龄之外。后来得知，陕西有的地区的同学，就因为这样的规定，虽然准许参加考

— 351 —

试，最终却没有录取。他们大都是后来参加了1978年高考才走进大学的。我因为报名年龄的规定而犹豫，也因为没有上过高中而缺乏自信，也由于工作确实忙，不大愿意请假复习，已经倾向于放弃这次机会了。是母亲坚定地主张我报名并努力准备考试。记得本科毕业之后考虑是否报考攻读硕士学位研究生时，母亲又一次敦促我报名。为了减轻我的负担，她把我一岁多的女儿接到北京亲自照料。最后一门考试结束的当天，母亲就把我女儿心一送回西安。在西安站的月台上接到她们时，我真切体会到母亲为了我的学业承受了怎样的辛劳。读书时，我是带着47元的铁路装卸工的工资的，这在全班大概是最高的。但是许多历史学考古学书籍，都是母亲为我购买的。母亲离开我们已经8年多了。我今天教学与研究所使用的一些基本文献，许多扉页上仍然保留着母亲名字的鲜明朱印，含泪抚摩，恸切无已。

收入本书的37篇文章，角度不一，主题各异，试图自不同视角从英雄主义、进取精神、开放胸怀等方面介绍秦汉时期我们民族精神具有历史积极意义的时代特色。秦汉文化对后世的影响，也力争有所说明。希望通过通俗解读历史学知识的方式，与读者一起深化对中华民族优秀文化传统的认识和理解，以利于继承其中有益于促进社会进步的内容。

王子今
北京大有北里
2017年12月10日